刀水歴史全書98

インディアンの「文明化」

ショーニー族の物語

トーマス・W・アルフォード著／中田佳昭・村田信行共訳

刀水書房

Civilization
and The Story of the Absentee Shawnees
by
Thomas Wildcat Alford
With a Foreword by Angie Debo

刊行にあたって

本書『インディアンの「文明化」――ショーニー族の物語』が世に出てから八〇年の後に、海を越えて日本の地で翻訳の日の目を見るとは誰が予想し得たであろうか。

原著 *Civilization and The Story of the Absentee Shawnees* は、トーマス・ワイルドキャット・アルフォード（一八六〇～一九三八年、Thomas Wildcat Alford）の話をフローレンス・ドレイク（Florence Drake）が聴取・編集して、先住民研究の拠点の一つであるオクラホマ大学で一九三六年に出版され、一九七九年には先住民研究の第一人者であるアンジー・デボー氏（Angie Debo）の序文が加えられ第二版が刊行された。

著者は、アメリカ・インディアン史に残る伝説的英雄テクムセ（Tecumseh、テカムシとも、一七六八～一八一三年）の直系の子孫である。私は一九八七年、同僚で大学の先輩でもある故中田佳昭氏とともに、アメリカのカリフォルニア州で、著者の直系の孫であるポール・レオン・アルフォード氏（Paul Leon Alford、一九四〇年～）に出会い、この書籍を贈呈された。英米文学の研究者ではあっても特にアメリカ先住民（インディアン）を専門にするわけでもなかった私たちが勤務大学の共同研究としてこれを翻訳したのは、ひとえにその内容が興味深く、世界各地域における文明の衝突や現在の日本の国際的関係性に思いをいたらせるほどの魅力に富んでいたからである。

西部開拓時代の白人によるインディアンの組織的な「文明化」という大きなうねりの中で、ショーニーという小さなインディアン部族のエリート（リーダー）である若者が、白人的価値とインディアン的価値の中で文字通り苦悩し翻弄されながら、その架け橋となろうと懸命に生きてゆく様子を、口述を通して自伝として残したものである。

Civilization（文明化）は、その内容からも、また著者自身にとってもきわめて矛盾した意味合いを持っていた。一般的理解によれば、インディアンの「文明化」は、白人の進出に対する強い抵抗はあったにもせよ、何らかの統一的意志によらず自然に進行した歴史の必然的プロセスと考えられている。しかし実のところ「文明化」は、合衆国政府によってインディアンに対して計画的・組織的かつ継続的に仕掛けられた、白人文明への同化政策であった。そしてこの文明化政策、さらには強制移住政策等により、インディアンたちは抵抗もむなしく徐々に自らの土地を失い、多くは狭い不毛の保留地へと封じ込められていった。

このようなインディアンの「文明化」を一部族の内側から冷静に、しかし熱い思いに突き動かされて記録されているこの自伝は、その内容が一般の読者、特に歴史や国際関係に興味を持つ読者にも訴えるのではないかとの思いから、訳者としては何とか出版ができないかと考えてきた。

この自伝は、現在ブームとなっているようなインディアン的思想や価値を直接賛美したものでないとして一般の読者を得ないとしたら、それもまた非常に残念なことである。アメリカ史の不明瞭で不名誉な部分を照らし、また広くは文明化という人類の進行方向を再検証するための貴重な資料にもなるのではないだろうか。世界中にはインディアンの一部族の中の個人の伝記や自伝はかなりの数紹介されているが、この自伝に書き残されている物語は、平原インディアンの一部族の日常生活の詳細な記述として有益であるとともに、個人の思い出の域を超えて、アメリカ史の隠されていた部分を担うだけの重みと切実さを私たちに突きつけるように思う。

村田信行

刀水歴史全書98　インディアンの「文明化」　ショーニー族の物語　目次

装丁・的井 圭

T.W. アルフォード（前列左）とその家族：妻と二人の男の子

Bird's Nest「小鳥の巣」（本文 143頁参照）

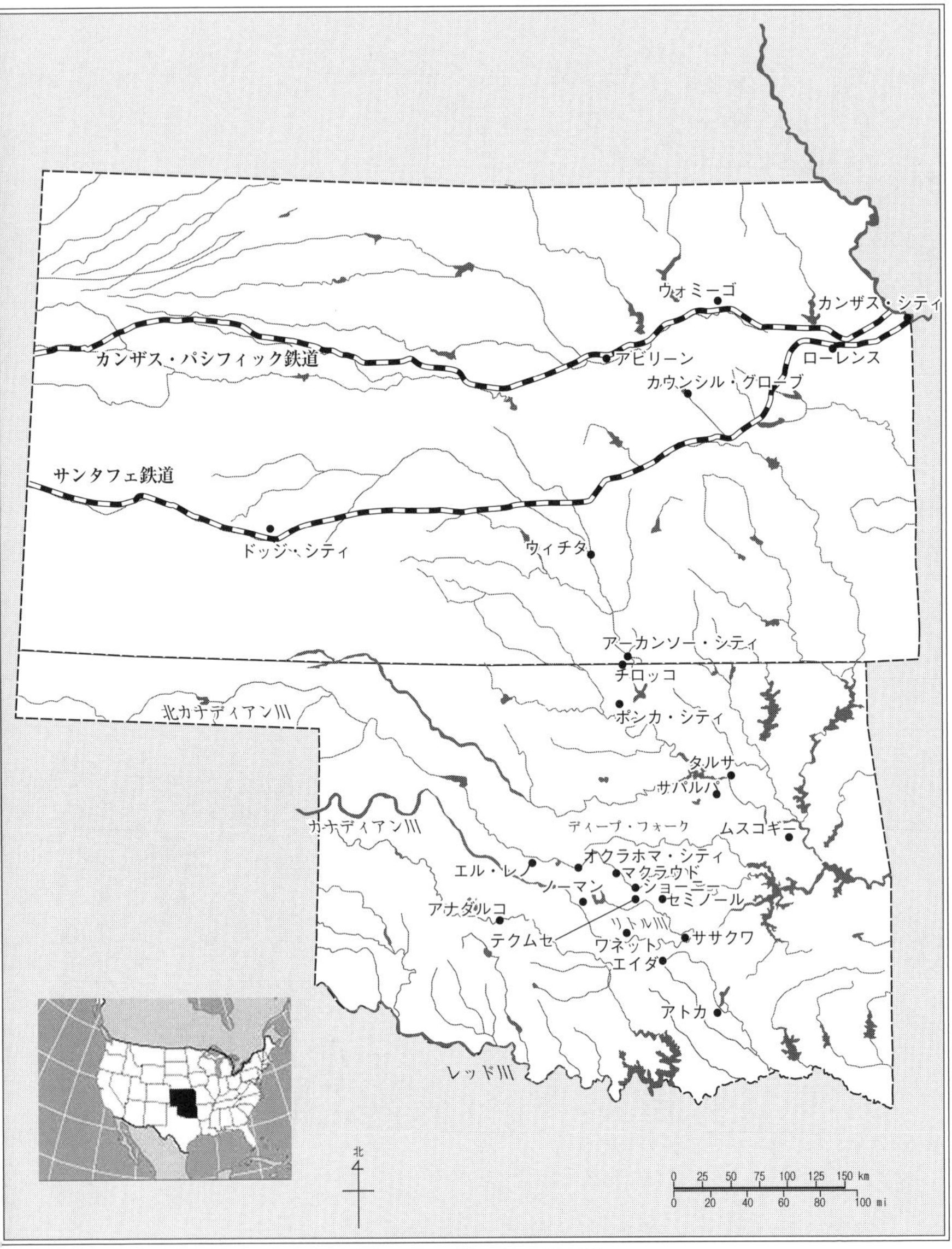

オクラホマ州・カンザス州

インディアンの「文明化」 ショーニー族の物語

序　文

トーマス・ワイルドキャット・アルフォードの『文明化』が再版の運びとなったことを喜び歓迎したい。『文明化』は、一八六〇年に現在のオクラホマ州ショーニー市からさほど遠くないインディアン特別保護区[1]の奥地に生まれ育った一人のショーニー・インディアンの経験を直接に記述した物語である。それは、インディアンの生活については少年時代を知るのみで、当時の教育政策を通して、血以外は結局すべて白人となってしまった一人の人間の赤裸々な成長の記録である。

バラ色に輝く幸せな日々の思い出を語るということから、彼はともすれば幼年時代のインディアンの生活を理想化し過ぎているかも知れない。しかしインディアンの生活上の様々な手順や習慣についての記述は（共同体の組織や生きるための工夫から、彼の母の料理の方法にいたるまで）十分信頼に足るものである。彼の生まれ育った当時のインディアン特別保護区は、急速にその孤立性を失いつつあった。一二歳で少年はクエーカー教徒が開設した学校に通い始め、そこはその後すぐに合衆国インディアン局[2]に引き継がれた。入学当時に彼が知っていたのはたった一語の英語にすぎなかったが、四年が過ぎる頃までには少年は英語で教育を受けるに足る十分な力を身につけていた。

まもなくショーニー族の長老たちは彼ともう一人の若者をさらに勉強させるために東部のハンプトン学院〔3〕に送ることにした。自分たちインディアンの生き方を固く信じて疑わなかった保守的指導者たちは、白人たちの狡猾な学問に賢く対処するために何人かの若者を選んで教育する必要を感じていた。しかし結果は彼らが期待していたようにはならなかった。未開の荒野を一二〇マイルの旅をして、ようやく一番近い駅のあるクリーク族の土地のわびしい小さな町ムスコギーに着くと、二人の若者はそこから汽車に乗り、そして東に向かった。白人に言わせればどうということのない普通の旅も、若いインディアンの目から見れば大きな冒険であった――クッションのきいた座席やカーペットを敷いた通路の想像を絶するすばらしさ、車窓から見るにぎやかな都市や豊かな田園の風景――著者の回想によればそれは「実にすばらしいおとぎの国」で、しかもただあこがれるだけの夢ではなく、実際に手の届く現実のようにも思われたのだ。

著者にとってハンプトン学院での教育は、必要な職業的技術のみならず白人社会のほんのちょっとした習慣、しきたりにいたるまで、インディアンの生徒に合わせて組み立てられているように思われた。彼は心からこの新しい生活に身をゆだね、いずれかの機会にこうした文化的生活の様々な利点をショーニー族の人々に伝えたいという信念を支えに、ハンプトン学院での三年間の勉強に励んだ（彼の友人は、さらに長くハンプトンに学んだ後、オクラホマに帰り商人として成功した）。

しかし同胞を愛し、彼らの助けになりたいと心を砕きながらも、アルフォードは同じショーニー族の仲間から拒絶され、胸の張り裂けるような思いを味わった。彼は最終的に地元のインディアン局管理事務所〔4〕に働き場所を見つけ、最初は教師として、後には職員として務め〔5〕、そしてこれが彼の生涯の仕事となった。彼は一度としてインディアンをアメリカ市民として組み込むという政府の統合政策に疑問を呈することはなかった。彼はむしろインディアン特別保護区のインディアンたちが頑強に反対していた一八八七年のドーズ一般土地割当法〔6〕やその他の同じような法の下に押し進められていた部族共同体とその土地の解体政策を認めてさえいた。かくして彼は個人による土地所有制の利点を説き、誠意を持ってショーニー族や近隣の他の部族の一人ひとりに土地を割り当てる仕事にあたりながら、一方で割り当てられて残った余剰の土地が白人の入植者に与えられ、かつてインディアン特別保護区であったその土地が、オクラホマという活気に満ちた開拓の前線へと変貌して行く過程を興味深く見つめていた。

やがてインディアンを騙しその割り当てられた土地から追い出そうという陰謀が、起こるべくして起こった。ショーニーとその近隣の部族に関わる一件には、急速に発展しつつあるショーニー市のいかさま地方官吏（公務員）と、その共謀者であるワシントン政府の高官がからんでいた。陰謀はインディアンを信用させて（自分たちが手に入れるために）その個人の割り当て地を放棄するよう説得し、今まで通りのインディアンの生活を続けることができると言ってありもしないメキシコ地域の楽園に追い払おう、というものだった。インディアン局は、結果としてインディアンたちを落ち着く場所のない放浪の民にしてしまうこの陰謀と正面から戦った。仕事の多くはその地域のインディアン局管理事務所の肩にかかることとなり、なおショーニー族との関係を保っていたアルフォードは彼らを守るために積極的に働いた。戦いは数年におよび、行政上、法律上の訴訟と裁判とを経て――ようやくインディアンの主張が最終的な勝利を得た。アルフォードはこの勝利への貢献を「自分の生涯の最も誇るべきできごと」と述懐している。

彼は政治的影響力を行使してこの陰謀を押し進めようとしたワシントンの政府高官の名前を明らかにしなかったが、後年「まさにそれをオクラホマ・インディアンの歴史に属するものとして」、オクラホマ歴史協会の「ファイルにきちんとした記述を残しておく」という計画を持っていた。まさしくそれはオクラホマ・インディアンの歴史の一部に相違ない。何年か後アレル・M・ギブソンは徹底した調査により隣のキカプー族に対してもくろまれた陰謀の全容を明らかにして出版したが、概してオクラホマの歴史家たちは、インディアン所有地の分割の後に起こった大規模なインディアンの個人所有地の略奪の全貌を明らかにすることを避けてきたように思われる。明らかにアルフォードでさえも未来への歴史の証言として「真実の記録」を残した形跡はなく、それはどこからも発見されていない。彼はいかさま師たちを告発してはいるが、彼らに略奪の機会を与えることになった政策そのものについては、なおそれを支持していた。彼には白人の生活の方がなお優れているように思われたのだ。そしてアルフォードにとっては、まさにその通りだった。当時彼の息子の一人によって書かれた手紙が、社会においても農場においても、アルフォード一家が送っていた明るく幸せな家庭生活が正にそうであることを雄弁に伝えている。

アルフォードはこの本を終えるに当たり、インディアンは最終的には民族としてのアイデンティティーを失うことになるだろうが、その影響は真のアメリカ的性格の形成に貢献するものとして永遠に残るだろう、という予言で結んでいる。この記述は（少なくともこじつけられた感があり）今日あまり支持されてはいないが、このアルフォードの物語は、私たちがたどった発展の歴史を内から眺めながら、新たに生き生きと再体験できる機会となるだろう。

一九七九年五月一日

アンジー・デボー

編者はしがき

本書の原稿を整えて出版できるのは大きな喜びであるが、その気持ちを台無しにするのは、アルフォード氏の考えを正確に彼自身の言葉で伝えられず、その美しさと重要な意味を十分伝えきれなかった私の力のなさである。しかしアルフォード氏は、彼がその生涯を通して自らの部族のために尽くしてきたのと同じ忍耐を持って、この私の仕事にお付き合いくださった。私としては、理解ある読者の共感をいただき、私が伝えられなかった言外の意味をお汲み取りいただくことを願うのみである。

オクラホマ州テクムセ市
フローレンス・ドレイク

第一部　ショーニー族

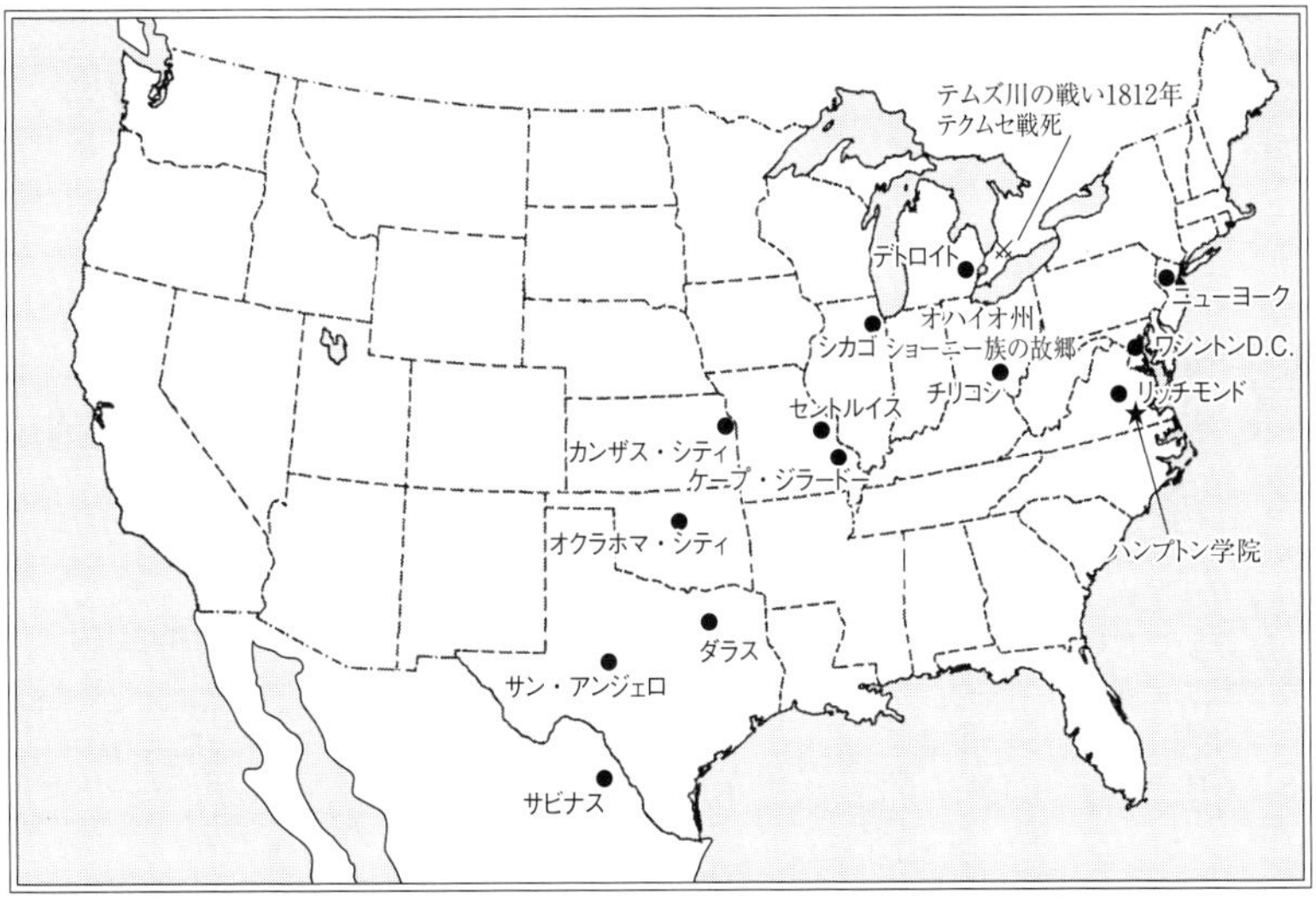

ショーニー族ゆかりの地

1章　祖先たち

両親によれば、私が生まれたのは一八六〇年のブラックベリー（クロイチゴ）の実る季節、おそらくは七月一五日頃のことであった。私は二番目の子どもで、上には二歳年上の姉がいた。両親はそれまで住んでいたテキサス州の保留地からの強制的移動の後、ショーニー族の他の仲間とともに、クリーク族ムスコギー・インディアンの好意的な許可を得て、このクリーク族の土地に定住したのだった。私が生まれたとき、両親は現在のオクラホマ州セミノール郡の町ササクワに近いカナディアン川の岸辺に住んでいた。

父はインディアン名をゲータキピアーシカ（ショーニー語の読み方[7]、これは藪に潜んで待ち伏せするという意味で、彼はワイルドキャットとも呼ばれていた）といい、イギリス人の捕虜を祖母に持つ混血であった[8]。そして、父の父はセリートカで、ショーニー族を代表して合衆国政府と三つの条約を締結したチーフ[9]、キクアスカーロワの息子であった。

私の父の祖母が小さな赤ん坊の頃にイギリス人の家族からさらわれた経緯は、彼女を連れ去ったショーニー・インディアンの斥候班の話には多少眉唾めいた部分もあったが、私には大変興味深いものだった。赤ん坊を拉致したインディアンたちは、彼女を子どものなかったチーフの妻のところに連れていった。彼女はこの小さな白人の少女を大変かわいがり、心を込めてできうる限りの世話をした。その子どもは成長し、他のインディアンの子どもたちと楽しく遊ぶようになった。

ウェーペーケーレカ（グレイの目をした）と呼ばれるそのさらわれてきた子どもが一四歳になったとき、インディアンは政府との協定により、すべての白人捕虜を解放することになった。そしてその幼いイギリス人の少女は、ふたたび自分の家族のところへ戻っていった。しかし彼女はインディアンとその自然の中での自由な生活を懐かしみ、育ててくれた母を慕って、彼女と離れて暮らすことを大変悲しんだ。

とうとう少女はインディアンの村に、育ててくれた母のもとに戻る決心をし、インディアンから学んだあらゆる手立てを使って逃げる計画を立てた。計画ができあがると、彼女はしばらく親戚を訪れたいと申し出て家を出た。彼女は親戚の家に着き、家族には無事だと信じさせたうえで、親戚にはすぐに家に戻らなければならないと告げた。親戚の者たちは、少女が長い間インディアンと暮らしていたのだから、その不可思議な行動も無理からぬものと考え、彼女の心変わりをそのまま受け入れて、一人で家に帰すことにした。そして少女は自宅にではなく、インディアンの土地へと向かった。途中少女はインディアンから学んだ知恵を使って歩き、流れを泳ぎ渡り、野生の木の実や穀物を食べ、身を隠し、白人の住むところを避けて道を急ぎ、とうとうあるインディアン部落にたどり着いた。そこで彼女は保護され、彼らの助けによって、ようやく育ててくれたインディアンの両親のもとに戻ったのだった。

この間、チーフの妻、少女の養母は娘がいなくなったことを深く悲しみ、もはや死人も同然であった。彼女は食べ物を拒み、やせ衰えていった。とうとう彼女は外出することもできず、憔悴しきってベッドに横たわり、知人たちが嘆き見守る中で今にも息を引き取るかのようであった。そしてある日このインディアンの部落に突如として大事件が起こった。インディアンたちは興奮して大騒ぎとなった。ウェーペーケーレカが戻ってきたのだ。

病床の養母を見守っていた人々は、彼女の変化に気がついた。彼女はベッドに身を起こし、そこに少女が近づくと、二人はしっかりと抱き合って再会を喜んだ。養母は病を脱し、急速に体力を回復して、長生きをした。少女はインディアンと生活していることが外部に漏れないよう秘して育てられ、成長してやがてキクアスカーロワの妻、八人の息子の母となった。そのうちの一人が私の祖父セリートカである。

私の母はウェーラースケセ（優美な人）という名で、英語の名前は与えられなかった。彼女の父はネーサーウェーナで、名をはせたショーニー族の戦士テクムセ[10]の息子だった。

生まれて一〇日目、私は一族の習慣により、家族の昔からの友人によって名前を与えられた。それにより私はその名付け親が属するウムソーマと呼ばれる同じ社会集団に属することになった。私に与えられた名前は、ゲーノワピアーシカ（野生の馬の群れのような長い列のリーダー）で、それはまもなくトーマスがトムとなるように、ゲーノワと縮められた。ショーニー族の間では姓は使われなかった(1)。

原注(1)　ショーニーには六つのウムソーマがあった（インディアンの言うウムソーマの意味にもっとも近い

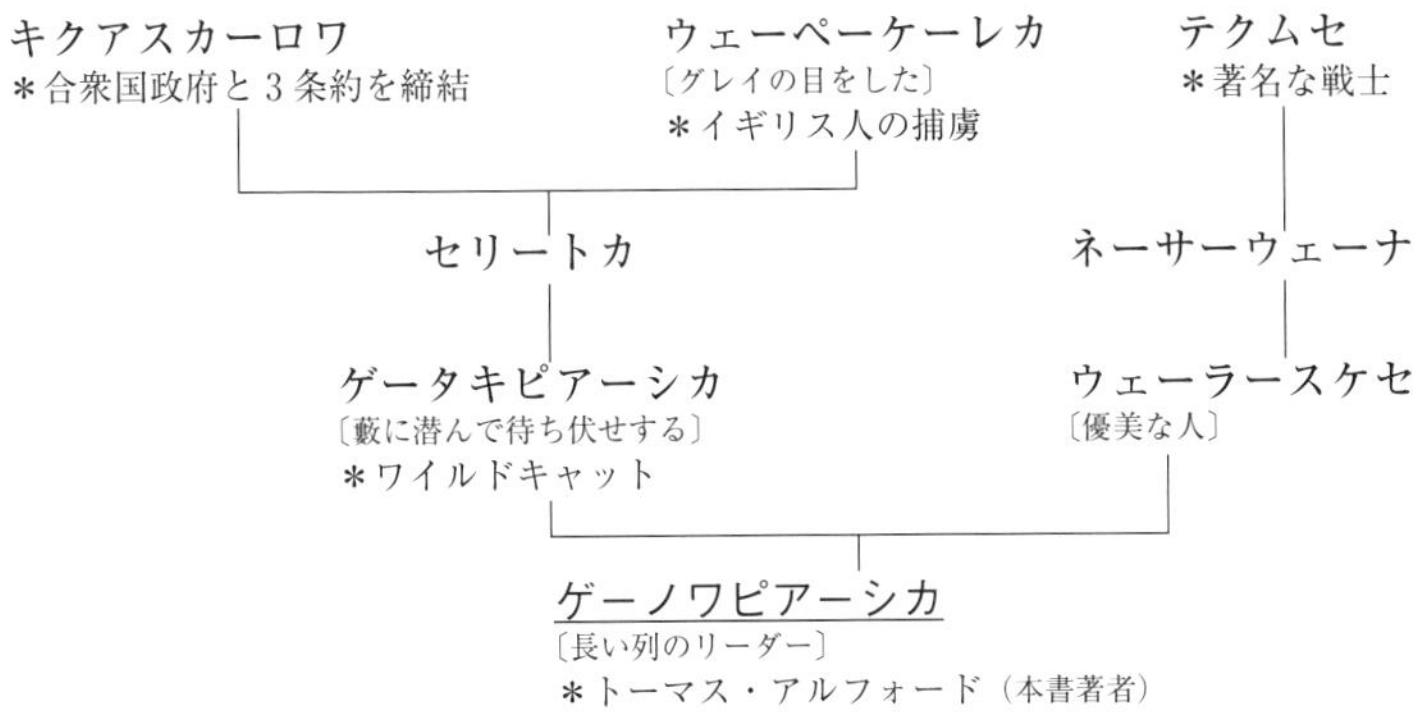

英語の単語は good genius「よき天才、守護神」であろう）が、それはショーニー族の中にあった社会的な支部族制度であった。子どもが名前をつけられると、自動的に名付け親が属するウムソーマに属した。同じウムソーマに属するインディアンたちの仲間関係や党派心は特別なもので、快活なライバル心や無邪気ないたずら心などにつながるものだった。しかし、部族政府を構成する部族内の支部族の分け方とは混同すべきではない。

もし私が女の子だったら、両親は名前をつけるのにもう二日ほど待ったかも知れない。しかし名前に同じウムソーマを入れたいということであれば、（最後尾の姓の部分を空けておくことで）結果は同じことになったであろうと思われる。子どもは名付け親と同じ社会集団にクラス分けされ、同じ配慮、同じ世話のもとに育てられる。このクラス分けは、グループの強い絆と快活なライバル心を呼び起こす契機となる。しかしそれは単なるグループ区分であり、後で説明する部族のチーフや、実際の組織のあり方そのものを決定するショーニー族全体の制度と混同すべきではない。

私は他のインディアンの子どもとの違いについては、何も聞かされることはなかった。普通インディアンの家庭においては女の子より男の子が望ましいとされていて、両親は私が最初の男の子であるとの理由から私を誇りとし、一般の男の赤ちゃん以上に注意深く育てたのではなかったかと思う。両親は人並み以上に一般的教養に優れ、他の親たち以上に子どもの教育に心を砕いていた。

母は当時の他のインディアンの母親と同じようにティキソーウェーと呼ばれる板のようなものにしっかりと私をくくりつけて、背中に背負った。大人たちは、今日でも時として乳母車が親の誇りと羽振りを示しているように、競ってこのティキソーウェーを好みの形に曲げたり、装飾を施したりした。

インディアンの母親たちが子どもたちを背中に背負ったのには、いくつかの理由がある。まず第一にそれは子どもを守るためであった。野生動物がしばしばインディアンの土地を襲うことがあったので、子どもを当時の粗末な小屋に無防備な状態で放置するのは危険であった。しばしば家から数時間も離れた場所に働きに行く場合など、母親たちはその仕事ために、子どもの他にも重い荷物を背負わなければならなかった。子どもをしっかりとティキソーウェーにくくりつけて背中で揺すりながら、母親たちは自由になった手で仕事をしたり、道具や水瓶やその他必要なものを運んだ。子どもをティキソーウェーにくくりつけたもう一つの理由は、子どもの背筋を真っ直ぐに伸ばし丈夫に育てるためであった。また子どもの小さな頭は後頭部を平らにするために、ティキソーウェーの平らな板に固定された。それは、その部分にお皿のようなものをつけ、そこにショーニー族の戦士にふさわしい鷲の羽根の飾りをつけるためであった。

私の母はその時代の典型的なインディアンの女性であり、丈夫で精力的で自立心が強かった。彼女は忍耐強い不屈の精神を持ち、ひるむことのない勇気は他にも影響を及ぼすほどのものだった。私はまた彼女がその当時の一般的なインディアンの女性よりもはるかに優れた知性を持っていたようにも思う。彼女は食事の準備、子どもの衣服の支度、家や家族のための一般的な世話といった今日の女性に求められている主婦の仕事のみならず、それ以上にもっと多くの家族を養うための仕事を引き受けていた。当時において、すべての作物を植え栽培するのはインディアンの女性の仕事であった。彼女は土を耕し、トウモロコシや他の種を蒔き育てそして収穫した。彼女はまたトウモロコシを粉にひき、家族のためのパンを作った。さらに彼女は夫が持ち帰った獲物を料理し、使える場合には皮をなめし、肉を薫製にして貯蔵した。

私が物心ついた最初の頃は、こうした仕事のすべては母がしていたのだが、やがて家族が増えるにつれて父が少しずつそれを引き受けるようになっていった。父は明らかにこうしたもっともきつい仕事の多くが女性に負わされていることを、不当なことだと考えていた。

私の幼年時代一八六〇～六一年は、アメリカの他の市民と同様に旧インディアン特別保護区に住んでいたすべてのインディアンにとっても不安の時代であった。周知のように南部と北部の間に黒人の奴隷制と州の自治権の問題に端を発した南北戦争（一八六一～六五年）が始まったのだ。南部の人々は（特に奴隷の所有について）それぞれの州が独自の法を施行する権利を有すると信じていた。北部諸州はすべての州における奴隷制の廃止を主張していた。多くのインディアンは南部諸州に同情的であったが、連邦政府に忠実なインディアンもいた。

こうした私の幼年時代のいろいろな出来事は、ショーニー族とその歴史に大変深く関係している。私はこれらの問題が様々な角度から語られ議論されるのを何度となく聞かされてきたので、長老たちが語ってくれたことと個人的思い出とをほとんど区別することができない。しかし記憶に留められた事実については、できる限り順序正しくそれらを語りたいと思う。

ショーニー・インディアンは、この戦争についてクリークのタリハッシー・タウン、デラウェア、ピアンカショー、キカプーといった他のいくつかの部族との協議に加わった。彼らは集まって協議をし、リーダーたちは言った。「これは我々の戦いではない。白人同士の戦いだ。戦いから得るものは何もない。勝手にやらせておけばいい」。そして彼らはそうすることに同意した。

同じ頃タリハッシー・タウン族のミッコ・フットケとショーニー族のロバート・ディアはワシントンにでかけて行って、リンカーン大統領に会った。リンカーンは彼らに同じことを言った。

「これは君たちの戦いではない。白人同士の問題だ。インディアンは立ち入らない方がいい。もしあなたがたの土地の平和が乱されるようなことがあったら、その地を出て待避するがいい。財産が失われるようなことがあったら、政府がそれを保証しよう」。

その約束に満足してインディアンたちは家に戻った。

しかし受け取った忠告と部外者にとどまろうとする決意にもかかわらず、インディアンたちは徐々に紛争に巻き込まれていった。彼らは南北両方に友人を持ち、双方から絶えず加勢をして欲しいと求められていた。クリーク族の大部分は南部の新政府に同情的であったが、他は確固として合衆国側（北部）であり、条約はすべて彼らとの間に取り交わされたものだった。ショーニー族は戸惑い、どちらにつくかを決めかねていた。

一八六二年までにはインディアン内の意見の不統一のために、状況は大変危険なものになっていった。その年ジョン・ロジャーズとカンザスに住んでいた他のショーニー・インディアンたちが私たちを訪ねてきた。彼らは私たちの苦しい立場を理解し、兄弟としてカンザス州の彼らショーニー族の保留地に来てはどうかと誘ってくれた。カンザス州は戦争に巻き込まれておらず、ショーニー族はその枠外にいると信じていたのだ。

しかし我がショーニーたちは、家を離れたがらなかった。彼らには栽培中の作物があり、またある者たちは牛や豚を飼っていた。彼らはそのときその申し出を受け入れなかった。しかし彼らにはまた置かれたその苦境を抜け出す方法もなかった。議論は（仲間の間では）どちらの側に立つ者も、どちらかについて意思表示をし、どちらにより共感しているかを示すべきだというものであった。当時それは実際に参戦するか否かの問題というよりはむしろどちらに共感するかという問題であった。中立でいることはほとんど不可能なことであった。

とうとういくつかの部族が集まって密かに会議が開かれた。密かにというのは、彼らが絶えず厳しい監視下にあったためである。カウンシル・グローブ［カンザス州東部、評議会の森という意］と呼ばれる場所で評議会が開かれることになった。当時この森は（裸族の）大平原地帯のインディアンや東部森林地帯のインディアンの集会の場所として有名だった[11]。それは現在のオクラホマ市の西方に当たる。そこでショーニー族は、表向きには長期の狩りの旅に出かけるということで、家族を連れて一時期みんなで保留地を離れるという結論に達した。それぞれの家族は一緒に行くことを気づかれないために、別々の方向に進路をとり、日時を定めてカウンシル・グローブで落ち合うことにした。

父が狩りの旅を装い家族を連れて家を離れたのは、私が二歳頃のことだった。父は二、三頭の子馬と家族のためのわずかな必需品を持ったのみで、豚や牛、農具、そして生育途中のトウモロコシなど、財産の大部分を後に残した。母は自分の母からもらった五〇頭の馬を持っていたが、連れて行くことができたのはわずかに数頭のみだった。そして慎重に疑いをそらすための工夫をこらし、父は家族を連れてカウンシル・グローブに向かった。そして我々は他の家族と同様に、約束の日時にそこに到着した。

2章　南北戦争の日々

カウンシル・グローブは大草原の端に位置し木のうっそうと繁った広く細長い土地で、そこにはキャンプのための十分な便宜が整っていた。森は暑い夏は涼しい木陰を提供し、冬は寒い風を遮断した。火を起こすための十分な木があり、澄んだ冷たい泉があった。その場所は東から西まで、国中のインディアンに知られていた。

私の父とその仲間がカウンシル・グローブに着いたとき、そこにはすでにいくつかのインディアンの部族がキャンプを張っていた。その森にはまた逃げ出してきた黒人奴隷の一団が隠れていた。彼らは各地の主人のもとから逃亡し、国中を探し回っている捜索隊の目を逃れるためにそこに集まってきたのだ。逃げてきた黒人たちは、自分たちが置かれた奴隷たちの悲惨な実状について語り、主人のもとに戻るよりは死んだほうがましだと言った。インディアンに語られたこれらの物語は、彼らが南北どちらの側の主張に与するかを決める手がかりとなった。

彼らがどちらの側につくべきか議論しているとき、ほとんどはクリーク族からなる南部の兵士の一団がやって来て、ショーニー族に一緒に来てほしいと言った。ショーニー族はこれを拒否し、それはそこにいた他のインディアンの部族にも支持された。数において劣勢な南部の兵士たちは、なすすべもなく戦わずに帰って行った。しかしショーニー族たちは自分たちがわずかな猶予を与えられたにすぎないこと、そしてクリーク族がショーニー族は南部に加担すべき恩義があると考えていて、その目的達成のためにまたやって来ることを知っていた。ショーニー族と他のインディアンたちは、急いでそこを立ち去ることにした。父とその家族もこの中におり、彼らは北のカンザスへと逃れて行った。

この旅について、私はいくつかのことを思い出す。私たちは木一本さえ見えない広い草原を越えて行った。ある場所でキャンプしたとき、あたりには料理のために火を起こすものが何も見当たらなかった。藪も小枝も燃やす草さえもなかった。やっとのことで母は、バッファロー・チップスと呼ばれる乾燥させたバッファローの糞で火を起こすことに成功した。この糞は十分にあり、そしてよく燃えた。男たちもまた何頭かの水牛を殺して、十分な肉を確保し、そしてもちろんその皮を保存した。皮は種々の目的に使用され役に立つので、大変貴重なものと考えられていた。この旅は大変長い旅だったと考えられる。というのも私たちがカンザス州のベルモントに近いショーニー族の保留地にたどり着いたのは一八六三年の初めのことであった。そこには馬が食べる草もあり、食料としての魚も獲物も十分に獲れた。

私たちの大チーフ、ジム・スクワイアー（インディアン名は「遠くに飛ぶ」という意味のペイローエスサ）はショーニー族のチーフ、ブラック・ボブと彼の仲間に会い、どうしたらいいかを相談するために、さらにカンザスの奥地へと出かけて行った(2)。

原注(2)　ショーニー族の中の分類やそれぞれの一団やグループの場所を理解するためには、ショーニー族の全般的な歴史に通じなければいけない。

かつては数も多く強かったこの部族が本来いた場所は、現在のケンタッキー州とテネシー州あたりであった。その地域から部族は一団やグループになって、戦いのときや遠出の狩りの際に、数か月や時には数年にわたって、移動を繰り返した。部族の一団やグループと白人の間に結ばれた条約の記録が、合衆国の互いに結構離れた地域に残っている（のはそのためだ）。疑いようもなく、グループ間には多少の意見の不一致や羨望の感情が起こることもあったが、部族は結束の強い組織で、重要な問題が部族全体に影響を与えるようなときにはいつも評議会を一緒に開いた。

独立戦争の直前には明らかに意見の不一致が起きて、部族を永久に二つのグループに分断してしまったが、それぞれはサウェギーラとチャラカーサの二つの主要な支部族の出身者をチーフとしていた。サウェギーラの代表に率いられた一団はニュースペイン[12]（現テキサス州）に行き、そこでスペイン政府からケープ・ジラードー

（現ミズーリ州）に二五マイル平方の土地を与えられた。チャラカーサ出身者がチーフをしていた一団はオハイオ川の地域にとどまり、それ以外のほんの少数は広い地域に散り散りとなった。一つの大きなグループはオハイオでその地域の白人開拓者たちに対する戦いや襲撃のいくつかに関わっている。

ショーニーの歴史家たちが主張するところでは、スペイン政府からケープ・ジラードーの土地を与えられたグループはさらに分裂をして、多くはメキシコ地域に行き、現在のテキサス州メンコに落ち着き、そしてメキシコ政府は彼らにその土地を与え、テキサス―メキシコ戦争の後、テキサス共和国はその土地の権利を彼らに認めたとされる。

しかし、ショーニーの歴史家たちが主張するには、テキサスがアメリカ合衆国に併合された後、（合衆国の）兵士たちはショーニー族の土地へ行き、そこの家財道具を馬車に積み、持ち去った。兵士たちはその行動について説明したが、インディアンたちは理解できなかった。インディアンたちは家財道具の詰まった馬車を追いかけた。インディアン特別保護区の南の端に差し掛かったときに、兵士たちはインディアンの道具を下ろして、地面にいくつもの小さな山にして置いてから、インディアンの主たち一人ひとりに一〇〇ドルずつ与え、去っていった。

インディアンたちは彼らの家財道具を持てるだけ持ってインディアン特別保護区に入り、クリーク族の地域まで来た。クリーク族とショーニー族は、ともに西の地域に移動を開始する以前から友好関係にあり、このときもクリーク族は住むところのないショーニー族を歓迎してくれたのである。

一方、ケープ・ジラードーに居ついていたグループは一八二五年に合衆国と条約を結ぶにいたり、ケープ・ジラードーの土地とミズーリ州西方のカンザス川沿いの土地を交換した。後に一八三二年に、政府はオハイオのショーニー族に対して、彼らの承認なしに他のグループ（もう一つのショーニー）に与えられていた土地の権利を認めた。オハイオを不在にしていたショーニーは、一つの条約の中でアブセンティー・ショーニー（不在であったショーニー）の所有は限られると述べられてはいたものの、そのことを知らされてもいなかったし、打診もされていなかった。この条約があればこそ、著者アルフォード一家が所属し、サウェギーラの代表に率いられたグループに対する表現としてアブセンティー・ショーニーが定着したのである［解題参照237頁］。

私たちのチーフがブラック・ボブの住む村に着いたとき、彼はそこに住むショーニー・インディアンたちに暖かく迎えられ歓迎された。ブラック・ボブと仲間の何人かはジム・スクワイアーとともに戻ってきて、冬の間私たちのもとに滞在した。二人の偉大なリーダーは別々の集団に分かれていた間のそれぞれの経験を語り合い、部族間の違いを認め合い、そして忘れ、盛大な宴と積もる話が続いていった。二つのグループが五〇年以上も離れていたにもかかわらず、それぞれが確固としてその信条、習慣、伝統を守り、ほとんど変わっていなかったのは興味深いことである。彼らは対立し争うことなく結ばれ、ふたたび一つの仲間となった。

チーフ、ブラック・ボブは私たちのチーフに、仲間とともにベルモント地方にいるようにと忠告した。それはすでに述べた理由の他に、もう一つの重要な、その地方にはウィスキーが売られていないという理由があった。

チーフ、ブラック・ボブは翌年の春死んだ。

私たちがクリーク族と一緒の間は、なんとか戦争に巻き込まれずに過ごしていたが、カンザスに移ってからはもはやその圧力に抗し難くなっていた。おそらく若いインディアンたちは昔の戦争についての興味深い話をずいぶんと聞かされて、実際に戦ってみたいと思うようになっていたのではないかと思われる。若いインディアンの多くはカンザス第五騎兵隊M中隊に名を連ねていた。父もその一人であり、一中隊の伍長として戦争の終わりまで兵役に従事した。私は今も彼の除隊通知を手元に持っている。

私は今も父が従軍していた間に起こったある出来事をよく覚えている。ある日私たちの親戚にあたる一人のショーニー族のインディアン兵士が、休暇で帰郷した。彼は私の母に父からの贈り物だといってひと包みの大きな荷物を持ってきた。私を含め子どもたちはみんなしきりとその中身を見たがったが、母はその兵士が行ってしまうまで待って、ようやくその包みを開けた。それは連合軍の兵士が着るような大きな青いコートだった。母はその軍服の袖を肩からむしり取り、私のすね当てに作り変えた。それは多少長すぎたが、私はすそをまくり上げ、うらやましがる保留地の他の子どもたちの間を鼻高々と歩きまわった。当時の私たちの服装は長いシャツとすね当てで、そして冬にはシカの皮から作った靴（モカシン）をはいた。すね当ては厚手の羊毛か、皮で作られた。モカシンは母が動物の皮をなめして作った。私たちは、夏はただ上着だけを着ていた。母は父が送ってくれたコートの他の部分を、当時は三人いた他の子どもたちの衣服に作り変えた。一日、二日後に任務に復帰するインディアン兵士が母に父への言づてを聞きにやって来たが、彼は私がきれいな青いすね当てをしているのを見て愉快そうに笑い、私をつついて言った。「兵隊さん」。その日から私は仲間の間では「兵隊さん」ということになった。それが私に与えられた最初の英語の名前であり、私はそれを大変誇りに思っていた。私はこの名前をニックネームとして一二歳頃学校に行くまで使用していた。

南北戦争終結の後、西部へ大量の人口流入があった。カンザスの人々が奴隷制に反対の立場を取ったことからカンザス州を好ましいとする風評は大いに上がり、多くの人々が土地を求めて集まってきた。特に参戦した兵士たちの入植を促すための勧誘が行われた。政府は条件のいい保留地に居住しているインディアンたちを移住させるための場所を探し始めた。いくつかの部族が協議し抗議をしたが、すべては無駄だった。白人のための土地が必要とされており、インディアンは移動させなければならなかった。

執拗な抗議の後、ショーニー族は土地と財産に関する懸案の問題をすべて解決可能と思われる一つの提案に同意した。チーフのジョン・ホワイトはアブセンティー・ショーニー族のインディアン保留地への移動と引き換えに、他の部族に割り当てられていない土地であればどこでも自由に選べる、とする条約を結ぼうと交渉していた。この一八六七年の条約は結局批准されることはなかった。したがってこれは政府の公式文書にも残っていない。この条約が最終的に批准されなかったのは、それに何の利点もなかったからではなく、どこかで何かそれを不都合とする強い利害が働いたためと思われる(3)。

原注(3)　アブセンティー・ショーニーが特別保護区にもどり、すでに他の部族に占有されるか所有権を主張されてはいない土地を保留地として選べるという一八六七年の条約は批准されなかったために、上院の文書にも残っていない。ショーニーが保留地の土地として選んだのは、政府が合衆国から移動させる必要のあった小さな部族を定住させようとセミノール族から購入した土地であった。後に政府がポタワトミー族と交渉してカンザスの保留地を離れ特別保護区の土地を取らせようとしたとき、アブセンティー・ショーニーがすでに住んでいた土地がポタワトミーにあてがわれたのであった。そのことを示す記録がまったくなかったからである。ポタワトミーがその土地に到着したとき、彼らは自分たちこそが正当な所有者だと信じていたので、二つの部族の間には非常に苦々しい思いがあった。オクラホマが白人の開拓者たちに開放される前に最終的にホームステッド（自作農地）[13]が確定するまでは、両部族にとって納得のいく形で事態が収束することはなかった。

私が八歳の頃、私たちはインディアン特別保護区に戻り、やがて現在のオクラホマ州ポタワトミー郡に落ち着いた。ある人々はリトル川北岸のサンタ・フェ鉄道が川を横切るあたりに落ち着いた。そこに彼らは通常は村や保留地の中心となるダンスの広場を定めた。他は川の下流に向かってセミノール族の土地に定住し、またその他の人々は現在のテクムセ市の南西の一角に近い森の中にキャンプを張って、そこにダンスの広場を作った。他は北カナディアン川渓谷の高台に一時的に居を定め、後に現在彼らの住んでいる土地を永住の地としてそこに移り住んだ。これらのいくつかの場所は、一八七二～七三年に作られた最初のアメリカ測量局の地図上に家は小さな四角形、田畑はひっかき傷のように示されている。

当時のインディアンにとって、移動は時として長い旅になることもあったが概してやさしいことだった、と言っておいたほうがいいだろう。時々私たちは、洪水が引くのを待ったり、リーダーの考えるあれこれの理由で、ある場所に数週間、さらには数か月も滞在することもあった。また時にはふたたび移動を始めるまでの間に、トウモロコシを植えて、収穫することもあった。急ぐ理由も、取引上の必要も、果たすべき約束もなかった。私たちの家であるウェギワと呼ばれる小屋は、数日間で建てることができ、時には無造作に放棄された。私たちは家財道具というものをほとんど持たなかった――わずかばかりの衣服、バッファローの毛皮、毛布、料理道具、そしてキャンプの周辺で仕事をするための粗末な、限られた道具。ほとんどの場合荷馬車もなかった。家財道具は通常束ねられて馬の背にくくられるか、そうでなければ女たちが運んだ。森や草原を、山や丘や湿地帯を進みながら、インディアンたちはおしゃべりをし、時には陽気に浮かれ騒いだ。浅瀬を渡り、流れが深すぎたり速すぎたりしたときには、筏を作ってそれを横切った。

当時ショーニー族は主として狩りの獲物とトウモロコシを主食としていた。時には豆やカボチャが植えられた。すでに述べたように、わずかな例外を除いては ウェギワという家を建てることをも含めてほとんどは女性の仕事であった(4)。このウェギワという家の建築は仲間のうちに友好的ながらも大いなる競争心をかきたてる原因となったが、それはきちんとした家を建てるのには特別な技術や器用さが必要とされていたからだ。家は防水で、厳しい寒さの中でも一見して人が思うよりもずっと快適だった。ハンマーものこぎりも釘も使わずに建てられたのだが、今日の一般労働者の家と同様に、暗黙のうちに家の所有者とそれを建てるものたちの技術とプライドとが試された。ウェギワを建てるのには(他の樹皮も使われることはあったが、通常はニレの)幹の下の方に枝のない高くほっそりした木が選ばれた。地上近くから木の幹の周りの樹皮に斧や他の鋭い道具で切れ目を入れ、同じように上の方へできるだけ高いところまで切っていって、そして一番上から地面に近い周囲まで樹皮を縦に切り裂く。その裂け目にこの目的のために乾燥させて準備した硬い棒の平らな楔型をした一端を突っ込んで樹皮を剝ぎ取り、それを広く平らに延ばす。これは木の樹液が豊かな春や夏には比較的簡単な作業だった。それから剝ぎ取った樹皮は平らな地面に内側を下にして並べられ、その上に重しとして小さな丸太を乗せてある程度まで乾かし、まだ柔らかく、曲げやすいうちに使用された。それから若い真っ直ぐな木を切ってポールを作り、それを建てようとするウェギワの大きさに即して適当な距離をおいて地面に立てる。中に虫が巣食うのを防ぐためポールから樹皮はすべて剝いでおく。枝別れした二股の先端を残した二本のポールを、ウェギワの広さを二分する位置に相対して立てる。次にこれらの枝の又の部分にウェギワの幅の長い木の両端を置き、粗い木の皮でこれをきつく結ぶ。これが天井の梁となり、この梁に側面の壁を作るために適当な高さで曲げた別のポールを、これもまた木の皮でがっちりと結わえる。この骨組みの上に屋根の梁から適当な間隔をおいて、屋根の先端さらには壁から地上まで横木を結ぶ。この横木に屋根や壁を蔽うため用意しておいた樹皮を張り、その上から固定するために別の木をあてがい、それを内側の木にきつく縛りつける。こうした作業は（特に初心者には）複雑で大変に見えようが、六〇年前の器用なインディアンの女性にとっては、容易な手早い仕事であった。

原注（4）　英語の wigwam という単語はインディアン語のウェギワから来たもので、東部地方、つまり森林地帯のインディアンの家や住まいを示すために使われた。同じ意味で lodge という単語を使う書き手もいる。ウェギワは固定されていて移動可能ではなく、長方形か正方形の家のような形をしていた。樹皮、動物の皮、むしろなどでできていて、垂直な壁と傾斜した屋根があった。teepee（tepee）という単語は西部の、つまり草木のない大平原インディアンの住まいに当てられた名前である。こちらは移動可能で、動物の皮、イグサ、布きれなどでできていて、何本かの棒で持ち上げ、てっぺんでしっかり結ばれていて、円錐形をしていた。

またインディアンのある者たちは、同じような方法でベッドを作った。まず先端が二股になった四本の木を正方形あるいは長方形に地面に立て、それに長い丈夫な木を二本乗せ、その上に何本かの横木を置いて、これをきつく結んで丈夫で平らなベッドを作った。それほど働きものでない者たちは、ウェギワの地面に広げたシダの上に寝具を敷いた。起用なインディアンは工夫して他にも棚やベンチ、テーブルなど作った。衣服や他の生活必需品は、その家の主婦の性格によって時に整然と、また時に乱雑に垂木の棒に吊るされた。

3章　インディアンの子どもの生活

当時インディアン特別保護区として知られていた土地に、私の父母が部族の他の者たちと戻って来たのはおよそ一八六八年のことで、そこで終の棲家を選ぶように言われていた。八年間、父母は定住する家もなくあちこちとさまよったが、家族は増えていた。よく私たちは屋根もない地面に寝たことがあった。食料は何度も不足したが、家族の生活はそれなりに規則正しく営まれたし、子どもたちの世話やしつけについても、確立された地域社会で幸せに暮らしているのと同じくらいに十分考慮されていた。

きっと多くの人は、インディアンの親たちが他のどの民族にも負けないくらい子どものしつけに対して責任感を持っていると聞くと驚くだろう。実際今私は思うに、五〇年前のインディアンの家族は今日の平均的白人の家族よりも子どものしつけに注意を払っていた。学校もないし、先生という職業もないが、当時民族の誇りも向上心も今より強かった。

インディアンは異教徒で野蛮だと考えられていたが、それぞれの部族は何らかの宗教や独自の信仰を守っていた。私たちはモネートと呼んでいた至上者（神）の存在を信じていたが、彼は宇宙を支配し、彼の善意を獲得したものには恵みと好意を分け与え、彼の悪意に値する行為をなした者には不興や反発を示して、言語に絶する悲しみをもたらした。偉大なる聖霊、すなわち運命の支配者[14]は、スケモータと呼ばれる巨大なクモの巣を絶えず紡ぐおばあさん（先祖）だと考えられていて、ショーニーの信仰では、その大きなクモの巣が作られると地上へ降ろされ、自らの行為によってよりよき世界、つまり幸福の狩場の住人に値すると証明されている者はみんなその中にからめ取られる。そして世界は終わり、残されたものには何か恐ろしい運命が待っている、ということだ（代名詞の「彼」は偉大なる聖霊のことを話すときに使われるが、ショーニーの言語には女性語はないのである。男性も女性も同じ性として話され、ただ個人の名前だけに区別がある。個人の代名詞にも男女の差はなく、多くはただ単語に付ける接辞語である）。

ショーニーの人々は独自の宗教的信仰と信念を持っていた。子どもたちは、よいことをすれば報われるし、悪いことをすれば悲しみがやって来ると言われていて、ごく小さい頃からこの考え方を教え込まれていた。行動の基準は他の民族の法律と同様に厳格なものだったが、よい行いを力ずくでさせることは稀だった。一人ひとりが判断を下した。欺くことは罪だった。私たちは自分自身の基準と主義によって生活したのであって、他人がどう考えるかではなかった。互いに完璧に正直であることは人格の基本であった。人々は、白人が何を「よい育ち」と呼ぶのかもまったく知らなかったし、「黄金律」〔新約聖書のマタイ福音書にある山上の説教の一節「すべて人にせられんと思うことは人にもまたそのごとくせよ」をさす〕のことも聞いたことがなかったが、どちらの考え方も人々のつきあいの中に具体化されていた。それはショーニーの言葉で次のように表現されていた。

隣人を殺したり傷つけたりしてはいけない。なぜなら、傷つけてしまうのは隣人ではなく、自分自身だから。代わりに隣人によいことをしなさい。そうすれば、隣人の幸福な日々を自分のと同じように増やすことができる。

隣人に不正をしたり憎んだりしてはいけない。なぜなら、不正をしてしまうのは隣人にではなく、自分自身にだから。代わりに隣人を愛しなさい。そうすれば、モネートが自分を愛してくれるのと同じように隣人も愛してくれる。

このように私たちは、不正をすればそれがした人のところにブーメランのように返ってくるものだと教えられ、この考え方は広く我が民族の一番無知なる者にも受け継がれた。この精神が他の民族とのつきあいにおいて欠けていたとしても、それには正当な理由がないと誰が言えるであろうか。もし白人と交渉する際に狡猾さやごまかしがあったとしても、それは赤き人〔インディアン〕が共通の条件のもとで対処するには無力だと感じたもの、それを表現する言葉は持たなかったものに対して、やむをえず対応したのである。私たちの信仰に迷信をもとにするものがあったとしても、それらがキリスト教の教えに似てなくもないことは認められるべきだ。肝心な違いは、私たちの先祖は自分たちの民族、特に部族そして自分たちに親切にしてくれる人々に対しての行動にのみ責任があると信じたことだ。白人に対しては、白人から受けた扱いをそっくりそのまま返す以外は何も責任を負ってはいなかった。

若い世代に対するしつけと教えは、だから、先祖の生活において重要な部分をなしていて、たとえ家族が定住の地を持たなくても家庭の規則を定めていなくても、軽視されなかった。男たちは女たちに、今日多くの人がするように、子どものしつけを任せなかった。実際きっと我が部族の男たちは息子のしつけに対して、私が知っていた白人の男たちよりも興味を持っていたと思う。白人の男たちは子どもの道徳的教育を普通妻に任せるものだが、子孫に対する誇りは我が部族の生活の中のもっとも強い要素の一つだ。どのインディアンの父親も息子たちに絶対知っておかなければいけないと思う事柄を教え、どのインディアンの母親も娘に生涯忘れない教訓を教え込もうと努めた。何事も学校の先生や偶然の出来事にまかせなかった。親は自分の責任を肝に銘じていた。

まず第一に、子どもたちは自分の親ばかりでなく、成長の跡を見せ始めたばかりの者たちも含めて、すべての年長者を尊敬することを教えられた。これはつまり権威の尊敬を意味する。よく観察されるのは、インディアンが白人よりも組織的な教育に頼ることである。インディアンの子どもはよい兵士になるし、規律を守り、実直に鍛錬される。これは権威を尊重するように教えられるからであり、インディアンは疑うことなく従う。

私たちの教えはすべて年長者から学ばなければならなかった。私たちのすべての歴史、伝統、掟は世代から世代へ口づてに言葉で伝えられた。私たちは本も印刷された言語も文書になった規律も持たなかった。記憶は明瞭で正確に保たれなくてはならなかったし、観察は鋭く、自制心は絶対でなくてはならなかった。

インディアンの親はほとんど命令をしなかった。というのも、行動と考え方の自由を信じていたからであるが、絶対服従も強く求められた。子どもが罰せられることは稀であった。なぜなら親や年長者がほめるわずかな言葉が、よい行いに対する最大の褒美とみなされたからだ。子どもはそういうほめ言葉を得ようと全力をあげて努めたものだが、一方で体罰には無関心であった。しかし、あやまちを犯す若者に何かしっかり教訓を与えるために、罰が利用される場合や状況もあった。インディアンの子どもにとっていつも辛い罰は、犯したいくつかの罪を客や友人に語って聞かせられることであった。厳しい罰が必要だと考えられる場合、子どものももやふくらはぎにララソーワカという道具で引っかき傷をつけることもあった。それは専用のもので、柔らかい木の棒に数ミリおきにピンや硬いとげで穴をあけ、反対側に突き出るようにしたもので、この道具自体の幅は三センチほどあった。これは非常に痛い罰で、使われることは珍しかった。時々親は子どもを打つために鞭や枝を使ったが、それは双方にとって恥ずかしいことと考えられた。

当時のインディアンの子どもたちは、森の動物と同じくらい健康で、遊びの中でさえ体を鍛え筋肉を強くするようなことをしていた。走ったり、泳いだり、飛び跳ねたりはあたりまえだが、大人たちはなるべく力をつけるような遊びをするように勧めた。それに弓矢を正確に上手に使う方法を教えてくれた。

男の子たちが集まって遊ぶときに好まれたゲームは、動く標的を打つ技術を学べるゲームだった。丸い輪を、野生のブドウのつるの両端を重ね合わせるまで折り曲げて作り、木の皮からできたひもでしっかり結んだ。それから柔らかい木の皮でびっしりと編みこんで、厚く強く滑らかな輪ができた。男の子たちは、まるで白人の男の子たちがゲームをするときのように、「組を決めて」一五～二〇フィート離れて互いに向き合い、二列に並ぶ。一人の子が地面の上に輪を転がすと、一方の組の子全員が、輪が前を通るときにそれめがけて矢を射る。矢が輪に突き刺さった子の勝ちとなる。次に反対の組の子は自分の矢を地面に突き刺し、勝った子は矢の列めがけて輪を地面と平行に投げて、矢をなぎ倒す。倒すのに成功した数だけ自分のものになる。このゲームに似たものは、今日小さい子どもたちがビー玉で遊んでいるのを見ることがある。

私たちには、滑らかで丸い石を使うゲームがあった。モモの種や石をボールの形に切って代わりにすることもあって、それを白人の男の子たちがするビー玉遊びのように使った。私たちはボール遊びもしたが、今日の野球のようではなかった。私たちのする遊びはすべて力や技術や適応力を伸ばすよう計算されていた。持っていたおもちゃといえば、自分たちの作ったものだけだった。私たちはレスリングをしたり、かけっこをしたり、子馬に乗ったり、釣りや狩りをしたり、鳥やウサギ用の罠を仕掛けたりした。

インディアンの女の子たちは、けっして男の子たちと遊ぶことを許されなかった。実際幼い男の子は歩けるようになると、自分の姉妹たちより自分がまさっていると感じるようになり、女の子と遊ぼうとする子は笑われ者だった。幼い女の子は、今日のように大いに遊んだが、思うに、母親の家事の様子をまねたり、ケーキを作ったり、泥や土の船をこねたりしていた。もちろん、「家を守り」弟や妹の世話を母親代わりにしていたが、それは最近私の娘たちがしているのとちょうど同じだった。

我が部族はあらゆる種類の技術や知識を高く評価して、鋭い知性を持つと思える若者や男の子にはその能力を伸ばすよう奨励したが、我が部族の生活の土台となる知恵については当然ながらもっと重視した。戦いや歴史や自然についての様々な知識、それは野生動物の習慣を知り、樹木や野生の植物や果実について知り、天候をうまく読めるようになり、どんな季節になるかとか寒い冬なのか雨の少ない夏なのかなどを言い当てたりするためなのだが（こういった事柄を読み取れるようになれるしるしはいろいろあった）、こういった事柄は平均的な若いインディアンの男にとって必要な多方面にわたる教育であった。これらは、よい記憶力や正確な観察力や緻密な応用力を要求していて、それらに恵まれてこそ、当然人は他の分野でも大いに学ぶことができるものだ。忍耐と自制心はとても厳しく教えられたので、インディアンの性質の一部にさえなった。インディアンの少年にとって、父親が自分のことを十分成長して実際の訓練を始めていい頃だとみなしてくれた（とわかる）日は誇り高くうれしい日であった。

まるで昨日のことのように覚えているのは、父親が静かにショーニーの言葉で母親に「ゲーノワは立派な少年になってきた」と言い、私にもわからないはずはない思わせぶりな笑みが二人の間に行き交った日のことである。私は精一杯いずまいをただし兄弟の間を十分誇らしげに歩き回った。というのも十分私は父がその言葉の中に特別な意味をこめたことを知っていたからだ。数日後、初霜の降りた日の早朝、父は私に言った。

「ゲーノワ、シャツを脱いで小川まで走って行って、水に飛び込みなさい」。

寒さの中飛び込むことを考えると、私は震えが来たが、命令に背くなんてことは考えなかった。というのも父が私を一人前の男、勇者、おそらくはチーフにするべく訓練を始めたことがよくわかっていたからだ。誇りが私の心に満ちた。私は兄弟たちが賞讃と尊敬のまなざしで見つめる中、父の言う通りにした。その冬の間毎朝、私は必要なときには氷を割ってその行為を繰り返した。

数週間後、父は私が別のテストに進んでもよいと考え、ある朝私に一回でなく四回小川に飛び込めと言った。四度目に水から出てくるときに、私は手に何かを――水中でたまたま私の手と出会った何かをつかむことになっていた。それは木から落ちた一枚の葉っぱ、馬の毛、貝、あるいは他のどういう物でもかまわなかった――ただしそれが何であろうと、それが私のオパワーカ（神の指示）であった。なぜなら、私はそれを源として大霊から恵みと立派な行為を成す力を受け取り、それが生涯を通して私を導くことになっていたからだ。私は水中でそれをつかんでから、父の前に立つまで手を開いてはいけないことになっていた。私は言われた通りにしたが、手に何かをつかみ損ねていた。それは私が神の恵みを何か他の方法、つまり自分の立派な行為で手に入れなくてはいけないことを意味すると解釈された。

少年に課せられる忍耐を要する別のテストは、私がおよそ一〇歳のときに与えられた。ある朝少年が目を覚ますと、顔に墨が塗られて真っ黒になっていて、彼は何か食用の獲物を取りにやらされた。それはウズラかウサギか、あるいはリスかもしれず、それ以上大きいことは稀であった。彼は手に入れるよう指示されたものを持って帰ってくるまでは食料は与えられなかった。顔は黒いので、彼を見かける者はその外出の理由を知っていて、食べ物を与えたり何か手助けしたりはしなかった。何の援助もなく彼は目的のものを見つけなくてはならない。完全に自分でなんとかしなくてはならない。時には数分や数時間で見つかることもあった。たいていは何時間も探し回って歩かなくてはならず――それは運の問題だった。私の場合父が持ち帰るように指示したウズラを仕留めることができるまで二日かかった。当時ウズラはたくさんいたが、私はただ自分の弓矢で仕留めることができなかった、と思われる。何時間も食料なしでさまよっていると、自分の目的は定かでなくなってきて、自分の努力次第なのだ、試されているんだ、という漠然とした気持ちが生まれる。しかしとうとう矢が一羽を打ち落とし、私は自分の足跡を家へ向かって逆にたどることができた。

ああ、うれしいことに、心にはどんなに誇りが満ち、待ちわび固唾を飲んで見守る家族のもとへ意気揚々と帰ってきたことか！　インディアンの少年は、今私が説明したようなテストを経て、父親や友人や一族の者たちに励まされせき立てられながら、自然と自分の訓練を続けていった。

4章　幼き日々の冒険

こうした私の若い頃には、家族は白人文明との境界線あたりを、森の中や川岸、あるいはインディアンの村や集落に住みながらあちこちを転々としていたが、私は白人に出会った記憶がない。夜キャンプで火を囲んでいるとき、私は数多くの白人の話、戦いの話、欺きや出会いの話を聞いたが、それらは白人たちに対する信頼や信用につながるようなものではなかったのと同様、当時の白人の子どもたちに語られたインディアンたちとその裏切りや戦いについての話も、インディアンに対する信頼や信用にはつながらなかった。少年の頃私は、白人が「荒野のインディアン」に対して抱いていたのと同じくらい、白人に対して大いに恐怖を抱いていた。そして、ちょうど白人の少年がインディアンと会いたい好奇心を持っていたのと同じように（父親に守られ安全ならばだが）、私も白人の男や少年に会いたいと熱烈に思っていた。

よく覚えているのは私が初めて会った白人の男のことだ。一目で彼から私はものすごい恐怖と畏敬の念を受けた。しかし愛想のよい態度と父に対する友好的な話し方のために、すぐに私は気持ちが変わって、彼の言葉は一つも理解できなかったが恐怖心はなくなった。しかし、この気持ちはその男に対してだけであり、白人全般に対してではなかった。

長らくカンザスで滞在した後、私たちが初めてインディアン特別保護区に戻ってきたとき、父はその冬現在のポタワトミー郡にあるリトル川にキャンプをした。周囲には風をよけられる深い森林があって、川には魚が豊富で、森林にはリスやその他の獲物もとても多く、ペカン〔クルミ科のナッツ〕の木には実がたくさん取れたので、冬の間食料を確保できた。実際そこは冬を越すにはよい場所だが、春になると、もっと北部の開けていて開拓しやすい場所へ移動して、そこでトウモロコシが成長し収穫できるまで生活した。そこに住んでトウモロコシが実るのを待つ間に、私は先ほど触れた白人に会ったのだ。彼は公認の交易業者で私たちの住んでいた近くに店を開いていて、インディアンに多くの役に立つ日用品を売ったり、インディアンが川沿いで罠を仕掛けて獲った動物の毛皮を買って輸送したりしていた。名前はマクドナルドといったが、インディアンたちはマックと呼んだ。

近くには他に三つのショーニーの家族が住んでいた。一つはブルフロッグといい、もう一つはサンプソンで、三つ目は英語がよく話せたので長年ショーニーの通訳を務めていたロバート・ディアといい、後に政府に通訳として雇われた。彼は賢い男で、私たち子どもは彼が話しているのを聞くのが大好きだった。彼はかなり旅をしていて、話して聞かせる面白い話をたくさん持っていた。

私はこれらの家族の子どもたちとよく遊んで、親たちとマックの店に行っては、彼が店に出しているたくさんの面白い品を驚きながら眺めたものだ。彼はいつも優しくて、私たちは彼のことを恐れなくなった。一度何かの皮を売るつもりの父とそこに行ったとき、マックは私にストライプのシャツをくれたが、それはすっかり私の心をとらえた。

私が身に着けた初めての「店から買った靴」はその店のもので、どんなに自分がそれを誇らしく思ったかを私はよく覚えている。それは、カンザスから戻ってきたその最初の年のトウモロコシの収穫が終わってからのことだった。父はある土地に定住し農場を始めていたが、それは現在のショーニー市の近くの北カナディアン川にあった。父は部族の他の者よりも倹約家であったので、すでに少々の豚を蓄えていたが、川沿いの低地に豊富に育っているたくさんのブナやペカンやオークのどんぐりを与えられて太っていた。私たちが新しい家に移ってきたとき、豚たちがこの新しい場所に慣れて落ち着くまでは番をして守らなくてはいけなかった。この役目は弟のデーブと私にあてがわれた。土地は一面にいばらやとげの多い灌木に覆われていて、血が出るほどに手や足に引っかき傷を作った。私たちは豚を集めておくのに苦労をした。それで父はマックの店に行って、二人それぞれにブーツを買ってくれた。それは大きくて、真鍮の金具がつま先についている不恰好なものだったが、私たちはそれをとても自慢に思った。私たちはブーツを持っているんだと非常にうれしく思いながら歩き回ったので、森に散り散りになってしまった豚たちのことをすっかり忘れてしまった。父はそれを全部見つけるのにずいぶん苦労した。もしまた仕事をなまけるようだとブーツを取り上げるぞと脅かされたので、私たちはそれ以降注意するようになったが、やはりブーツのことは自慢だった。

この土地に落ち着いてからは、私たちは自分たちの家が持てたのだと、本当に感じた。初めて私たちは、丸太を切って立てた家を持った。父と母は土地を切り開き耕して、父はリンゴの若木をアーカンソーで苗木屋をやっていて果樹園を始めたある白人から買った。私たちにはトウモロコシ、肉、カボチャ、豆類が十分あって、これは当時としては十分なものだった。父は時に少々の皮を売って、マックの店から家族のために役立つものを買ってくれた。家族みんながどれだけ自慢に思っていて幸せだったかを覚えている。私たちの家庭生活にはもっと規則正しく単調な仕事がもちろんあった。私たちは、政府が家と土地を奪い去ることはないという約束をしていたので、家や土地の所有については安心していた。馬には十分な牧草があったし、豚にはよい土地があった。私たちには文明の様々な恩恵があって、満足していた。

私たちはよく、馬たちが遠くに行ったり速く歩いたりできないように両足を縛って不自由にして、草を食べさせに外に出したりした。時には群れの中心の馬に鈴をつけた。というのも、人間が権力のありそうな人物の後をついて行く傾向があるのと同じように、馬の群れにもいつも群れを引っ張って行く馬が一頭いたからだ。働かせたり乗ったりするために馬が一頭必要なときには、私たちは群れを柵の中に追い込んで必要な馬を捕まえ、残りをまた牧草の方へやったものだ。そうして、馬はせっせと牧草を食べた。

ある日サンプソン家の少年の一人が私たちのところへやって来て、牛を追い立てるのを手伝いに来てくれないか、代わりに君のところの馬を家に連れ帰るのを手伝うからと言った。彼は、「馴らされた」ばかり、つまりそのときまで人を乗せたり、乗せるよう仕込まれていない、あるいは手綱で操られる訓練を受けていない馬に乗っていた。その馬は二人を乗せるようまったく馴らされていなかったが、そうするのも馬にコツを教えるよい機会になるだろうと考えた。私はサンプソンの少年の後ろに乗りこんだが、驚いたことにまったく反抗せず、しばらくはとてもおとなしかった。それから突然馬は自分がだまされていると悟ったように見えた。たぶん私がなれなれしく踵で横っ腹を蹴ったので、上下に跳ね始めた。馬が狂ったように跳ねて上下に激しく揺れれば揺れるほど、私の方は馬が自分の背中の荷物から自由になろうともがくにつれ、しっかりと馬の腹を締め付けた。やがて馬は大きくつんのめり、私は不意打ちを食らった。自分が宙に浮いているのがわかったが、すぐに同じく地面に投げ出された同伴者から数フィート離れたところに着地した。立ち上がろうとしながら、私は奇妙な目のくらむような感覚を持った。左腕が脇にだらんと下がっていた。折れていたのだ。もう一人の少年は落馬で呆然自失としていたが、大きな傷は何も負っていなかった。

私は始め痛みをまったく感じなかったが、もう一方の手で痛んだ手をつかんだとき、痛みが襲い始めた。私はおびえ、狂わんばかりに森を震わせるような唸り声を上げて、家の母のもとへ急いだ。母は私の腕を調べて、そんな大声を出すなんて恥ずかしいと言い、男なら静かに痛みに耐えなさいと訴えた。それから母はできるかぎり私を楽にしようとしながら、急いで包帯を用意したが、母はその扱い方のうまいことで知られていた。家の近くの小川に行って、ニレの木から私の腕ほどの大きさの枝を切って来ると、すばやく器用に枝の皮をむき、私の折れた腕に当てた。母は骨を引っ張ってもとの位置に注意深く戻して、木の皮を腕にぴったりと気持ちよく専門の外科医でなくてはほとんどできないような手並みで巻いてくれた。私は静かにしていて、熱がなくなるまでは冷たい飲み水を十分与えられた。そしてやがて私の腕は完全に治った。

この悲しい出来事の後、私が完全に回復したときに、父は私に専用の子馬をくれた。私はプキメー（蚊）と名付けて、それを心から愛した。

私が初めて仕留めた大きな獲物のことは覚えている。ある朝早く私は父の長いライフルを持って子馬に乗って一日の猟に出発した。北カナディアン川を渡って五マイルほど北東の方角に進んだ。大草原の端にある小さい木立ちで止まった。馬にまたがったまま四方の地平線をじっと見ていると、まもなく期待していたものを見つけた――巨大なシカが北の方から、明らかに私の存在に気づかずこちらに速足で向かっていた。私は馬を飛び降り、木に結びつけるとライフルを手にシカめがけて走った。私の頭くらいまである背の高いヒメアブラススキが私をシカから隠してくれたが、シカは時々自分の群れの跡を追っているかのように地面の方に頭を落としながら、すばやく私のいる方角へ向かっていた。私はライフルの支えにできる木のところに来ると、シカはちょうどいい距離にいて、私は短く鋭い口笛を吹いた――シカの気を引くためにするよう父から教わっていたことだ。牡シカはすぐさま止まり、その堂々とした頭が耳を澄ますように持ち上がった――私は狙いを定めて、撃った。非常に驚きがっかりしたことに、シカは跳ねまわり向きを変え、そして素晴らしい跳躍をして小さい丘を駆け上がったので、私はシカを撃ち損ねたと思った。撃てばシカが死んで倒れると思っていたのだ。ところがシカは走り去った！　しかし、すぐにシカは私の左手に回って開けた大草原に出たので、私はシカをはっきり見ることができた。するとうれしいことに、心臓のすぐ近くに赤い点があった。私は確かにうまく狙ったのだ。こう結論に達したちょうどそのとき、シカはもう一度大きな跳躍をして、倒れた。銃を落とすと、私は両足の可能なかぎり速くシカのところへ走った。行ったときには息を切らしていたが、それは私にとってすばらしい光景だった。シカは死んでいるように見えて、私は喜びのあまりどうしていいのかわからず、シカの両後ろ足をしっかりつかんだ。しかし、また驚いたことには、シカはひどく私を蹴って一〇フィートも飛ばし、私は背中から落ちたが、それはシカの最後のあがきだった。

まだ時間も早かったので、私はすぐにシカの皮を剝ぎ始めた。それからシカ肉を小分けして、持ち上げ子馬に積めるようにした。私は立派な頭も忘れずに、そのシカのほとんどすべての部分を家に持ち帰った。作業を終えたのは夕方遅く、帰宅したのはすっかり暗くなってからだった。自分の手柄を誇りに思ったとか、家族は大喜びで迎えてくれたとか言ったところで、そのときの自分の気持ちを表現するのにはどうしようもなく不十分であった。

私の小さい頃には、我が部族は馬泥棒にずいぶん苦労した。私たちはアビリーン街道[15]として知られていた道の近くに住んでいたが、それは広くて開けた道というか街道で、テキサスから来る牧場主がカンザスシティや他の市場へ大量の牛を追い立てていくのに使われていた。アビリーン街道は直接テキサス州アビリーンからつながっていて、この地域を東西に横切り私たちの集落の北四〇マイルのところを走っているチザム街道と合流していた。

いろんな階級のとても多くの人間たち、法の手から逃れようとする多少の無法者たち、向こう見ずに冒険を求めるものたちなどが、この街道を通り過ぎ、例のごとくインディアンたちは悪事の標的だった。こういう人間を抑える法律はなく、インディアンにも彼らの悪事をこらしめる手段はなかった。ショーニーが（実際取った、あるいは）取ることの可能な手段は、戦うことだけだった。自分たちの馬が盗まれれば、その泥棒を捕らえようとしたし、それで自分たちの所有物を泥棒から取り返せないならば――戦いになった。

私の幼い頃に白人とインディアン双方が殺されたそういういくつかの実例を、私は覚えているが、今それにこだわるつもりはない。しかし私が申し上げたいのは、当時のインディアンが起こした非常に多くの残虐行為は、私が今話したような白人側の行為の結果であると私は信じているということだ。我が部族はその頃、現在の私たちのように物事を穏やかに考える能力でもって事態を冷静に見られなかった。傷つけられれば、ただ自分たちのやり方で仕返しをするばかりであり、当然自分たちの論法しか持っていなかった。

しかし私たちの馬泥棒の経験は、限られたたった一度のことだった。私たちはソークという大変高く評価していた馬を持っていた。彼はいろんな目的に使えるいい馬だったが、特に乗馬に向いていた。特別の頭のよさを授かっているように思われた。ソークに乗っている人間が家を遠く離れたり、深い森で道に迷ったりすれば、やって来た暗闇がどんなに深かろうとも、ただソークに手綱を取らせれば、間違いなく家に無事戻ることができた。家族の誰かがソークに乗って出かけたときは、母は決して心配しなかった。ソークが信頼できる馬で、ちゃんと家に私たちを連れて返ってくると知っていたからだ。しかしソークには一つ欠点があった！　それは、しっかりつながれると逃げ出したがる気質のことだった。見張られたりつながれたりすると、その場所に飽きてしまい、わざと後ろに下がったり、背中を曲げたり、急にぐいっと動いたり、綱を引いたり、一番丈夫な綱さえも切ろうとして、ついには自由になってしまった。これは困った癖で、というのも、どこかでソークに逃げられてしまうと、発見は請け合えなかったからだ。

ある夜ソークが盗まれた。私たちは朝早く彼がいないことに気づいて、父と私はすぐに足跡をたどった。普通の道は避けるにしても、泥棒がどちらの方角へ向かうのかはきわめてはっきりしていたからだ。私たちはほとんどずっと馬を速足で走らせていた、なぜなら、足跡から明らかにソークも速足だったし、足跡ははっきりしていたからだ。一〇時頃に足跡は北に向き、私たちはキーオクック・フォールズで北カナディアン川を渡った。食事をする時間も取らなかったが、馬には川で水を飲ませた。私たちは、暗くなって足跡がはっきりしなくなるまでずっと泥棒を追ったが、父と馬たちはすっかり疲れ切ってしまった。ソーク・アンド・フォックス管理事務所の南東五マイルほどのところにキャンプをし、馬をつないで夕食をした。父はいつになく静かで、すわってパイプを吸っていたが、考えにふけっているようだった。なぜなら、ソークは価値の高い馬だし、私たちは彼を失うだなんて考えられなかったからだ。私たちはその夜巨大なオークの木の下で眠った。

次の朝私たちは夜明けに起きて、急いで朝食を取った。すると父が私に、

「ニ・クエーサ（息子よ）、家に帰ることにしよう。泥棒はちょっと出足がよすぎたみたいだから、私たちはあの馬に追いつけないだろう。管理事務所に行って、一番いいと思うところへ通知を出して

もらおう」(5)。

原注(5)　ショーニー・インディアンがインディアン保留地に戻って来たときは、ソーク・アンド・フォックス管理事務所の管轄下に置かれていた。馬の盗難といった事柄も含め、自分が担当するインディアンの福祉全般に関係することは何でも面倒を見るのがインディアン管理官の務めであった。すべての年金は管理事務所を通して払われたし、インディアンの関わる契約書はすべて、合法的で拘束力を持つように管理事務所管理官にサインしてもらわなくてはいけなかった。

私たちは事務所に行き、そして家へ向かったが、一日中先を急ぎ、悲しみと失望のうちに帰り着いたのは夜だった。翌朝朝食を取っているとき、私たちは聞き覚えのある馬のいななきを聞いて、みんな確かめようと表に走り出た。そこには、首の周りに短い綱をつけてソークが立っていて、見るからに家に戻れてうれしそうにしていたが、彼が戻ってきて私たちも同じくうれしかった。間違いなく、彼は自分で泥棒から逃れてきたのだった。私たちはもう、ソークの逃げ出す癖を欠点だとは考えなくなった。

第二部　インディアンの生活

上：ペカンの実、下：北カナディアン川

5章　インディアンの食べ物

トウモロコシは（正しくはインディアン・コーンと呼ばれていたが）私たちの主食だったので、いくつかのその料理の仕方について述べておくことは興味深いことかも知れない。それはパンを作ること以外にも実に様々な用途で使われた。

私たちは移住という生活様式のために、実質的な貯蔵庫、トウモロコシを貯めておくための小屋を持たなかった。実際に次の作物が育ち収穫されるまでの間、前年のものを貯めておくのには大変な工夫が必要とされた。一般的に使われていたのは、トウモロコシの皮だけをむいてヘタから切り離さず、それを結んで長いロープに下向きにつるすという方法であった。ロープは小屋や、小屋のないときにはウェギワの天井高く張られた。こうしてたくさんのトウモロコシが乾燥され、安全に保存された。冬の間馬に与えるのに十分なトウモロコシを収穫できる家はほとんどなかったが、代わりに干し草はいつも十分で、他の野菜や草もあって家畜は良好な状態に保たれていた。

トウモロコシは何種類かあり、それぞれの種子は他と混じらないように注意深く別々に保存された。特定の食べ物や料理には、特定のトウモロコシが必要とされた。

色づき熟してくるとトウモロコシは格好の食べ物で、すぐそのまま使用したり、収穫後の季節に使うために貯蔵したり、様々な使用方法があった。収穫したばかりのトウモロコシの好まれた食べ方にウェスクーピミと呼ばれるものがあり、それは次のように料理された。

深さ、幅ともに約一フィート、使うトウモロコシの量に必要とされるだけの長さの溝を掘る。掘った土は溝の両側に盛り土として積み上げ、それを支えとしてその上に溝の長さほどの二本の長い若木を置く。溝に棒を渡す前に、溝の中でヒッコリー［クルミに似たナッツ］の木を燃やし、赤く燃える熾床を作っておく。それから注意深く皮をむいて揃えたトウモロコシを、先端を二本の若木にもたせ掛けるようにして、溝の両側の地面との間に渡して焼く。十分注意して目を離さず幾度もトウモロコシをひっくり返し、実がこんがりと茶色になるまで火を通す。よく焼いてこれを冷ますと、トウモロコシの実を骨から作った刃か鈍いナイフで軸から切り離し、日光で乾燥させる。十分に乾くとそれは冬のために大切に保存された。冬これらのトウモロコシは料理され煮て食べられた。時にこれをおいしくするために、肉を加えて味付けすることもあった。トウモロコシにしみ込んだヒッコリー炭の香ばしいにおいは特に好まれた。

新鮮なトウモロコシをその香ばしい香りもそのままに保存するもう一つの方法は、実を乳状にすりおろし、それをしっかりとふたのできる鉄のオーブンか鍋に流し込んで、ゆっくりと丹念に固いケーキのようになるまで焼くというものだった。これはネパンウィ・タクワー（堅パン）と呼ばれるもので、食べるときは今日一般に売られているシリアルと同じ方法で調理された。

またいくつか、収穫せずに茎につけたままで実らせ乾燥させたトウモロコシを、食用として使用する場合もあった。最も好まれたのは、ショーニー族には、タクワー・ネピィ（水パン）、それをショーニー族に教えたと思われるムスコギー・インディアンの間ではアフカ、あるいは一般的に彼らの言葉でソフカと呼ばれるものであった。この料理にはいろいろな種類の固いトウモロコシが使われた。まず深いすり鉢の中に入れたトウモロコシをすりこぎで皮がむけてはがれるまですりつぶす。次にそれを広く浅いラーアスクワーシカ（ふるうもの）と呼ばれる籠に入れてふるい、戸外で風に飛ばして皮やクズを完全に取り除く。それからそれをお湯の中で十分に柔らかくなるまで火を通し、白くこってりとした固まりを作る。これにさらに水と木を燃やした後のきれいな灰をろ過して作った少量の液を加える。これをすべて大きな木製の容器に移し、ふたをして十分に発酵させる。こうしてできあがった水パンは、いつまでも保存が可能であった。とてもおいしく、甘いピクルスのような味わいがあり、もてなし好きなインディアンの家庭では常に準備されていて、来客があると飲み物や食べ物として提供された。

十分に実った柔らかいトウモロコシのもう一つの食べ方は、白人が挽いたトウモロコシの粉で粥を作る方法に似ていた。トウモロコシの実を木を燃やした灰の混じったお湯の中に入れ、皮がむけてはがれるようになるまで煮る。それをきれいな水で洗って、完全に皮を取り除く。それから鍋に入れ、時には肉を加えて味付けして、さらに実が十分柔らかくなるまで煮る。この食べ物はスデーワルディ（膨れた穀）と呼ばれた。

母が作ってくれたもう一つの大変おいしい食べ物は、固いトウモロコシを使ったオササーボ（ねばねばする液体）と呼ばれるものだった。その作り方は前に述べた水パンとほぼ同じだが、ただ最後の灰でろ過した水を加えて発酵させるという部分だけが違っていた。そのかわりクルミ、ペカン、ヒッコリーなどのいろいろな木の実を砕いてトウモロコシに加え、これをすべて一緒に料理した。それはとてもおいしく、私たちの大好物でこれに優る食べ物はなかった。

毎日食べるパンについてはインディアンの女たちは、これを次のような方法で作った。まず柔らかいトウモロコシをすり鉢で挽いて細かい粉にする。それをふるいにかけ、残った部分をふたたび鉢に戻して、さらに細かい粉になるまですりつぶす。これに水を加えて（あれば小麦粉も加えて）柔らかく練り上げ、それを鉄の鍋か、深いオーブンのようなものに入れてきちんとふたをし、そのふたの上にも熱い熾を乗せて焼く。時には練ったトウモロコシの粉を、濡らしたきれいなトウモロコシの皮に包んで幾層にも重ね、これを熱い灰の中に埋めて焼き上げる。こうして焼いたパンはたとえようもなくおいしく、その味は今日ではただ熟練したキャンパーのみがこれを知っているにすぎない。

もう一つのトウモロコシを使った食べ物はゴルサーワリー（非常食）と呼ばれるものだった。この食べ物は（もし乾燥が十分であれば）いつまでも保存がきき、使う前にトウモロコシの実をからからに乾燥させるという点を除けば、使用方法も他の食べ物を作る場合とほぼ同じだった。インディアンは突然の旅のような非常用の食料としてこれを保存していた。それは兵隊やハンター用非常食で、彼らは必ずこれを持って旅に出た。これは非常に凝縮した食べ物で、インディアンはそれをシカの皮の大きなバッグの中に小さな袋に入れて携行した。これを少量コップの水に入れてかき混ぜると、飲み物としても申し分なく、また栄養価も十分で、これにより他に食べ物がない非常の場合にも何日も命をつなぐことができた。

またこれとは別にトウモロコシを材料としたスケプルハウナ（青いビスケット）と呼ばれるパンもあった。挽いたトウモロコシの粉に、今日重曹を入れるように少量の特別な灰を入れ、水を加えて固くこねる。練ってから青味を帯びた生地を手でちぎって三角のビスケットの形にして、水を沸騰させた鍋の中に入れる。できあがるとこのビスケットは濃い青色をしていて、独特の香ばしい香りがあった。この食べ物は時には乾燥させて、必要なときにもう一度火を通して使えるよう保存されることもあった。この青いビスケットを作るために使われた灰は、成長した豆殻を平らな石の上で燃やして作られた。燃えた豆殻は真っ白い灰となり、女たちはそれを袋に入れて今日重曹をとっておくように保存していた。

ここでインディアンの女たちが料理を作るのに使ったふるいや籠をどのように作ったかについて、述べておくのも興味深いことだろう。それを作るのには今日では失われてしまった特別な技術が必要だった。まずインディアンの女たちは材料として手ごろなエノキやニレの木を切り倒す。それから木の幹のキズやコブのない部分を選んで適当な長さに切り、皮をむく。次にその幹を斧の刃の平らな側面で慎重にしっかりと満遍なく年輪の層がばらけるまで打ち、そこから細く均一でしかも薄くて強い板片を取り出す。

女たちはこの板片を材料として、編み目の大小を調節してその使用目的に合わせた籠を編んだ。ぴったりと編み目をきつくした水を入れるための籠、食材をふるうための籠、またトウモロコシを挽いて一定サイズ以下のものをふるい落とすための特別な籠。インディアンの女たちのなんというすばらしい才能！

この籠を作るというのは大変な仕事であったが、一度きちんと作られた籠は長い間の使用に耐えた。こうした籠の中で、白人と取り引きしていたインディアンの商人たちからもっとも引き合いがあったのは、白人用のふるいであった。

この他の食べ物として、当時は多くの種類の肉もあった。バッファロー、シカ、野生の七面鳥、アヒル、ガチョウ、そして草原ライチョウやウズラといった小型の家禽類やその他の小さな鳥などが豊富にいた。しかし時代が進み、一帯に人々の数が増えてくると、こうした野生動物の数もリスやフクロウネズミすらめったに見られないほどに少なくなっていった。少年の頃川にはたくさんいた魚も、今では小さな群れでもつかまえられれば幸運な日ということになってしまった。

肉の料理方法について、私の育った時代のインディアンの女たちは、今日のどんな方法をもってしても及ばないほどおいしい食べ方を知っていた。広げた熱い炭の上で焼いた肉は、贅沢な台所の白く磨きあげたピカピカのエナメルのストーブの上で料理した肉などと比べようもないほどに、肉汁も豊かで柔らかだった。私の知る限り濡らしたトウモロコシの皮に包んで、熱い灰の中で焼いたりあぶったりしたアヒルやリスの肉に優るものはない。直接に火で焼いたりあぶったりする以外にも、趣向を変えて肉を鍋やオーブンでたっぷりと汁を加えて煮込み、食べることもあった。前にも述べたように肉は時に豆やトウモロコシと一緒に料理された。

肉を煮るための方法としては、まず先端が二股になった三フィートの一本の丈夫な木を六〜七フィート離して地面に差して立てる。別の一本の棒の両端をこの二股の木に渡し、それに鍋を吊るして広げた熱い炭の上に掛ける。これが実際に大きな肉を料理するときに使われた方法だった。炭の熱を均等に行き渡らせながら、棒に吊るした鍋の中で何度もひっくり返しながら料理した肉はたとえようもなくおいしく、また香りも豊かだった。そのにおいは料理をしている間にもあたりに漂い、今日のどんな高価なソースよりも食欲を刺激した。

季節になれば野イチゴ、木イチゴ、クロイチゴ、サクランボ、スモモにブドウといった山野の果物が豊富に採れた。地方によってはポポーの実がたくさん採れ、熟すととてもおいしかった。それはバナナ科に属するのではないかと思う。また丘の斜面によってはコケモモ（ハックルベリー）が採れるところもあり、時には見栄えのしないカキですら粗末に扱われるどころか、いくつかの理由で大いに珍重された。

果実について通常私たちはそれを木や枝から採った新鮮な状態で使用し、ほとんど加工することはなかった。母たちは果実を腐らせないで保存する方法も、そのための入れ物も持たなかったが、乾燥して保存できる果実は大いに重宝された。たとえば、カキはていねいに保存されたものの一つである。糖度が高く、種と渋味の元である中心の繊維質の部分を取り除けば、おいしい食べ物だった。カキを使って母たちは今日のナツメヤシを使ったお菓子に似たムクハーシーミニ・タクワー（カキパン）と呼ばれるお菓子を作った。カキを保存し乾燥させるために、まず種と渋味の元である繊維質の中心部を取り除く。残った部分をこねて一定サイズの長方形にし、これを日光にあてて完全に乾燥させる。必要なときそれは熱い湯に入れて戻して使うか、または乾燥させたまま食べても口に合った。スモモやイチゴなど他の果実も同様の方法で乾燥されたが、時には事前に軽く焼いてから乾燥させる場合もあった。

母はよくプシグイブハー（誤った呼び名で、酸っぱい食べ物）と呼ばれていたみんなが大好きで、私の口にもよく合った食べ物を作ってくれた。今も一緒に住んでいる「ジェニーばあちゃん」は時々それを作ってくれる。それは野ブドウにすこし熱湯を注いで濃くて甘いジュースをブドウより絞り出し、それを熱して沸騰している間にだんごのようなものをその中に落としたものである。あればそのジュースに砂糖を加えることもあった。

砂糖やシロップはサトウカエデの木から採られたが、それが採れないところではこれに代わってソフト・メイプル［材質の柔らかいカエデの総称］やネグンドカエデ、時にはヒッコリーの樹液が使われたが、できあがった製品はそれほどおいしくはなかった。時々ハチが木の洞穴にため込んだ貴重この上ないハチミツが発見されることもあった。父と母は昔サトウカエデに蜜がしたたる季節になると、多くの人々が集まって砂糖やシロップを作った頃のことをよく話してくれた。もちろんそれは彼らが現在のインディアン保留地へやって来る前のことで、本当のサトウカエデはこの地方には見られない。

振り返って我がショーニー族が堪え忍んだ当時の困難や苦境を思うたびに、私の心は哀れみに震え、そして祖先たちがこうした苦しい状況に対していかに誇り高く戦ったかを思って、胸は誇りでふくらむ。母たちはバランスのとれた食事ということについては、何も知らなかった。彼女たちはカロリーとかビタミンとかいうことについても何も聞いたことがなかったが、生まれながらの知恵により家族にはいつも丈夫で健康的な食べ物を用意した。もっとも一般的とさえ思われる食料を買う市場すらなかった。めずらしく贅沢な食べ物や季節外れの野菜や果物などは望むべくもなかった。しかし彼女らはひと言の不平も言わず快活に明るく、勤勉に知恵を働かせ様々な工夫を凝らして、家族のために食べ物や他の生活必需品を工面した。彼女らのこうした生き方は今の世代にとって、少なからぬインスピレーションとなるべきはずのものであろう。当時のインディアンの子どもたちは、小動物のように健康で幸せだった。不満を育み、インディアンの中に多くの病人をもたらしたのは、文明と白人の生活習慣である。

6章　部族の政治と組織

私の父は、南北戦争中にある病気にかかったが、父は時々それにかかったもので、その直後は数日間調子がとても悪く自分のこともやっていられなかった。この弱点と私が長男ということもあって、母親は父がどこかに出かけたり狩りの遠出に出たりするときにはいつも、私をお供につけ、父の面倒を見たり、具合が悪くなったときに連絡できるようにした。そういうわけで、私は年長者と居合わせることが多く、ふつう私の年齢の少年では知らないようなこともたくさん学んだ。

まだ若いうちに私は、大人の考え方で物事を見ることや責任を感じること、それも父に対してだけでなく、家族全体にそしてある程度は我が部族に対しての責任を感じることを学んだ。実際私が父の面倒を見たことや父に対して感じた責任のおかげで、私は同年齢の少年としては不似合いな落ち着きとまじめさを持っていた。間違いなく、このまじめさゆえに私は我が部族のチーフや指導者たちに強い印象を残し、そのために彼らは他の少年たちよりも私に興味を持った。まだずっと幼い頃にも、彼らは私に部族の多くの伝統や掟を教えてくれた。私は、面白さや美しさの点でも古代の神話に劣らない彼らの話を聞くのに飽きたことはなかった。世代から世代に口伝いに伝えられる部族の歴史は、どんな作り話よりも魅力的である。

本来ショーニー族を構成する支部族は五つあって(6)、主要な二つの支部族サウェギーラとチャラカーサを含み、そのどちらかから部族全体のチーフあるいは大チーフが出た[16]。残りの三つ、ペクーウェ、キスプーゴとメイクージェにはそれぞれチーフがいるが、部族全体の問題については大チーフに従い、自分たちの支部族の義務に関わる問題については独自の判断ができた。それぞれの支部族は部族全体のために行動するというある種の義務を負っていた。たとえば、ペクーウェ族あるいはそのチーフは秩序を維持する責任があり、宗教か信仰に関する祝い事の面倒を見た。キスプーゴ族は戦いに関することと戦士の準備と訓練に責任があった。メイクージェ族は、部族全体の健康と医療と食料に関することに責任があった。しかし、二つの有力な支部族、サウェギーラとチャラカーサ(7)は政治の問題と部族全体に影響する問題すべてに責任があった。実際、部族政府は合衆国政府にたとえられるかもしれない。各州（各支部族）は知事（チーフ）を先頭に各地域の問題には絶対の権限を持つが、国全体の問題には合衆国大統領（大チーフ）に従う。違いは、合衆国大統領には選挙の必要があり選挙ごとに代わるかもしれないが、大チーフは世襲によりその職に就いて、一生あるいは正しい職務の続く限り任務を全うする。

原注（6）ショーニーの五つの支部族の名前は、植民地時代（アメリカ独立以前）にも残っていた。
原注（7）オハイオ州のチリコシ（Chillicothe）は、ショーニーの一支部族であるチャラゴーサ（Cha-lah-gaw-tha）、あるいは別の表記でチャラカーサからつけられた名前である。

この時代、ショーニー族は長年にわたって分裂していて、サウェギーラ、ペクーウェ、キスプーゴ族がアブセンティー・ショーニー族に代表を出していた。この三つの支部族はいつも密接な関係にあったし、チャラカーサとメイクージェもいつも連立していたが、南北戦争の頃にカンザスに住んでいたと私が述べたグループの中に代表を出していた。

各支部族のチーフの他に、部族の中には評議会を構成する人々がいて、それはすべての支部族から代表が出ていた。評議員は聡明で頼りになり、部族に影響のある問題について十分アドバイスする能力があった。彼らは、部族を取り仕切る責任を一身に負っていた。私の父も評議員の一人で、その仲間は知性と英知の人々であった。彼らは我が部族の繁栄に関わる問題について深く心配しながら議論した。自分たちの歴史だけでなく他の部族の歴史も知っていた。記憶は抜群で、私たちの先祖が何世代にもわたって政府と結んだ協定の要点を、先祖が解釈しているままにだが、覚えていることができた。

思うに、ショーニー族の支配階級の絶対性を説明するのはちょっと難しい。私たちは完全に民主的で、ショーニー族のすべての人間すなわち男たちは平等に生まれついていると信じていたが、指導者やチーフに対して必然的に生じる違いを認めていた。異なる指導者の間で迷うことはなかった。ひとたび一人の男が勇敢で知恵に富み、思慮深いと評判を得たならば、彼は崇拝と信頼の的となった。これらの特質は獲得できるものではなくて、生まれながらのはずである。インディアンは物をよく観察できるので、どんなごまかしも必ず見つける。私たちのチーフは貴族的存在であった。彼らは十分プライドを意識して振る舞った。実際、彼らはよく「うぬぼれ者」と呼ばれた。

それぞれのチーフは部下たちに支部族の仕事を振り分けるように命令した。たいていの指名は生涯のものだが、ふつうは「正しく職務が行われるうちは」という条件が含まれていた。そういう男たちの振る舞いには、もっとも親密な間柄でも威厳や礼儀正しさが見られ、それはまさに私が関わった白人の多くに痛ましいほどに欠けていると感じたものであった。自然のものごとはすべて神聖だと信じていたし、自然の働きについては安っぽく下劣なジョークはまったくなかった。

ショーニーの男たちは互いにまったく正直だった。男たちは、他人に対してずるさやごまかしも許せるものと考えていたかもしれない。ちょうど白人が自分の取引について言い訳をしようとして「いいですか、商売は商売ですよ」と主張するのと同じように。しかし、ショーニー・インディアンにはこの手の不正直は存在しなくて、仮に見かけられたとすれば、不面目な罪とみなされるのである。こういう正直さは次の事実からよくわかる。狩りのときシカか野生の七面鳥か何か獲物を、それがどんなに高級で数少ないものでも、どこかの木に持ち主を示す布切れか印をつけてぶら下げておけば、決していたずらされることはなかった。狩人が見つけられるもっとも豊かな宝物の一つであるミツバチの巣のある木についても同じだった。なんらかの形で持ち主を示しておけば、そのハチミツや獲物を取りに戻って来るまで取っておくことができた。

このことは、あの「文明」と呼ばれる偉大で不思議な言葉の本質に関わるある出来事を思い出させるが、実際とても不思議すぎて私はその出来事のすべてを十分に理解できないでいる。それは少し前にふれたが、私たちの無知と純粋な正直さをただ食い物にしようという理由で私たちの前に現れた人間たちが教えてくれた教訓の一つだった。

ペクーウェ族のビリー・アックスという聡明な男が、英語の単語を少し話したり書いたりできるようになって、それをとても自慢していた。ある日森で狩りをしていてビリー・アックスはすばらしいミツバチの木を見つけた。新しく身につけた知識を使うよい機会だと思って、彼はポケットに持っていたカードに「これは私のミツバチの木だ」と書き、署名し、木にカードを留めて、数日のうちに適当な器を持ってハチミツを取りに戻ってこようと思っていた。この高級なごちそうを持ち帰る準備をして戻ってきたとき、彼は木が切られ大切なハチミツがみんななくなっているのがわかった。この国のインディアンは誰もカードの文字は読めなかっただろうから、白人が持っていったに違いなかった。ショーニー族にしかわからないやり方で印をつけていれば、残したときのままにハチミツを見つけられただろう。かわいそうなビリー・アックスは白人とその文明に対してこの出来事を突きつけた。ビリー・アックスの「ミツバチの木」は、私たちの中では今日にいたるまでたくさんのジョークのもとである。

父親と出歩くうちに、私は幼いながら、我が部族の付き合い方を支配しているそれらの否定しがたい不文律の多くと、インディアンの男たちの間にある単純で自然な礼儀について学んだ。今思えば、彼らはまったくねたみもなく、「互いの名誉を優先して」という言葉はまさに彼らに当てはまるものだった。強い倫理的な雰囲気があって、理不尽なことを避けるよう若い世代に影響を与えた。誰もが飲み過ぎの弊害と危険をわかっていて、若い者たちに魅惑的な酒を控えるように強く求めた。

部族の一人ひとりに課せられた日頃から部族のためによい行いをすべきだという責任は、私が覚えている次の出来事からもよくわかる。いつも行動をともにして酔っ払う習慣のあった数人の若者たちがいた。彼らは、酒を手に入れるために何マイルもポニーに乗って出かけ、家族が必要としていた金も酒を買うために散財していた。評議会が開かれ、やめさせるにはどうしたらいいか話し合われた。彼らの属する支部族の年上の者たちは、そのチーフから、若者たちに話して、健康に悪いこと、人格に支障をきたすこと、深刻な問題を引き起こすことなどを警告するように言われた。しかし、若者たちは悪い行いを続けた。

それからチーフ全員の評議会が大チーフによって召集され、若者たちに話すように指示された。チーフたちはそうしたが、そのかいはなかった。そして、全チーフとそれら罪人も含む部族全員の総評議会が開かれ、大チーフが自ら彼らに話した。悪い行いを続ければ災いが降りかかるだろうと穏やかにそしてきっぱりと言った後、大チーフは、多くは若者たちの友人であり親戚である一堂の者たちに向き直って、ショーニー一族のすべての者にこの問題について一人ひとりが事を運ぶようにと命じた。すなわち、彼らの一人でも酔っているところを見かけたものは、まるで敵であるかのように撃ち倒すことを命令すると。

この命令は効き目があって、若者たちは尊敬すべき規律正しい部族の人間となった。彼らの子孫の一部は今も生きていて、善良な法を守る市民である。

ショーニー・インディアンは禁酒を唱えた初めての団体であった。ペンシルベニアの植民地時代の記録によれば、彼らは一七三三年の四月二四日に最初の行動を起こし、ゴードン知事に、「町に持ち込まれたラム酒の樽をすべて粉々にするようしっかり命令を出すべきだ」と要請した。一七三四年五月一日には知事と評議会に口述された手紙を送り、どの業者にも三〇ガロン以上のラム酒を彼らの地域に持ち込むことを許さないよう要請し、それ以上持ち込まれた場合は樽に穴をあけ商品を差し押さえると付け加えた。

四年後の五月二〇日に、彼らはペンシルベニア議会に次のように報告している。評議会を開いて「四年間飲酒を禁ずる」という結論に達したこと、そして「町にある白人ないしはインディアン所有のすべての酒の樽に穴をあけ捨てたが、それは通りに四〇ガロンもあふれた」と。この報告の後に、九八人のショーニー族と二人の白人の業者がすべての酒が捨てられるのに合意する旨の誓約書がつけられていた。それぞれの町には四人ずつ、四年間ラム酒が持ち込まれないよう監視するために指名された。

私たちには警官も監獄もないが、過ちは罰せられずにすむことはなかった。罰にはたくさん種類があって、罪の程度によって決定された。チーフの言葉が法であり、名誉ある行いについての適当だが文章になっていない掟に従うことを長い間拒否すれば、厳しいむち打ちや時には死によって罰せられた。男らしく罰を受け入れないものは部族、友人、家族から追放されたが、死さえもそれに比べればましなものであった。

我が部族の女性たちも法から逃れられるものではなかった。女性が宣告されるもっとも憎むべき罪は、私たちがパクワノ・マーディウェ（他人の噂話）と呼ぶものであった。生涯で一番の楽しみが人の卑しい部分にまつわる話を語ることだという女性について聞いたことがあった。名前はワキーワシ（ベッツィー・スクウィレル）といった。彼女は他人、特に女性について噂をするのが大好きだった。

ベッツィー・スクウィレルはこの有害な習慣をやめるように警告されたが、やめなかった。ついにチーフは三人の男からなる委員会を送って、彼女に小枝でむち打ちを加えた。六フイートもあるのっぽのギブソンはその委員会の責任者だった。女の夫は、当然ながら妻がむち打たれるのに反対した。二人の委員が夫を捕まえ、妻の罰が終わるまで押さえていて、その後夫の方もむち打たれた。この女性がふたたび罪を犯したとは伝えられていないが、子孫の一部はポタワトミー郡に今も住んでいる。スクウィレル・クリークはショーニー市の南にある小さな川だが、この家族にちなんでつけられ、その家は川岸にあった。

キカプー・インディアンから聞いて、その事実に詳しかった我が部族の人間が確認した次のような話があった。立派な行いをしなかった人間に対する妥当な取り扱いを示すものとしてよく使われた話だ。南北戦争より前、キカプー・インディアンはベンソン公園［ノーマン市］と現在のショーニー管理事務所の近くに住んでいた。今ベンソン公園野球場があるまさにその土地に、キカプー族の村があった。村にセカークワ（スカンクという意）という若い男が住んでいて、まったく不正直で周囲の人々に迷惑をかけてばかりいた。とうとうセカークワは白人に罪を犯し、死刑を要求された。

キカプーのチーフたちは長い評議会を開き、ついにその要求に応じその罪人を殺さざるを得ないと結論を出した。彼の親戚が殺すよう求められ、そうしたが、首は彼の死を要求した白人のもとへ送られた。それから死体はおよそ四分の三マイル離れた丘に運ばれ、埋めずに放置された。

一八六八年に私たちがカンザスから戻ってきたとき、スカンクの白骨化した骨はまだそこにあって、その場所はセカークギ（スカンクの場所）と呼ばれていた。スカンクは嵐の前にはキカプー族に向かっていつもときの声をあげると、迷信深いインディアンたちは言っていた。

父が自分の土地に住み着いたとき、私たちはセカークギの西わずか一マイルのところに住んでいて、弟のデーブと私はスカンクの白骨の話を聞いて、自分たちの目でそれを見るために丘まで出かけていった。骨は、まさに聞いた通りに本当にそこにあって、私たちは迷信的な畏れにすっかり震えがきて、丘には長くとどまっていられなかった。母はこのことを聞くと、二度と行ってはいけないと言った。

インディアンがみんな感じる部族の法に対する敬意を示すもう一つの話は、チーフの評議会からいくつかの違犯のために銃殺の刑を言い渡されたあるセミノール族の者についてであった。彼は慣例に従い、六〇日間家族の事柄に関わって死ぬ準備をすることを許された。指定の日時に、この不運な男は自分の棺桶を抱え（それは自分で作ったものだった）処刑されるはずの場所へ馬で出かけた。しかし驚いたことには、彼を迎える処刑の役目の者はいなかった。辛抱強く三日間待っていると、同じ部族の何人かがやって来て、部族政府は廃止されて、新しい準州の法律では部族の人間には彼を処刑する権限はないのだと伝えた。彼は嘆き悲しんでいる家族のもとへ帰り、自然な死を迎えたときに使えるようにすばやく棺桶を家の屋根裏にしまいこんだ。それは一八年後のことであった。

私は父親と、自分の小さい頃から彼の死にいたるまで密接につきあい、父がチーフや偉い者たちを訪れるときお供したり、評議会などの議論を聞いたりしてきたので、部族政府の本当の働きにきっと十分通じていたと思う。すべての指導者たちと知り合いだったし、部族の歴史もよくわかっていた。私は一八七二年に亡くなった大チーフ、ジョン・ホワイトのことをよく覚えている。父と私は、大勢の仲間とその葬式に参列した。彼は、サンタ・フェ鉄道の現在の踏み切りの東数百フィートのところにあるスクウィレル・クリーク北岸に、彼の身分と地位にふさわしい厳かな儀式のうちに埋葬された。

彼の死後、ジョン・スパーニーが大チーフになり、アンクル・ジョー・エリスが第二チーフにとどまった。私の母の兄弟であるビッグ・ジムはペクーウェ、キスプーゴ支部族連合のチーフに、そしてサム・ウォーリアが第二チーフになった。

7章　インディアンの生き方

私は父と彼の仲間の周辺にいたので、白人についての好ましからざる議論を随分と耳にした。仲間たちのリーダーとしての重責を背負う人たちは、目前に起こりつつある変化を大変鋭く感じ取っていた。彼らはこの変化のそもそもの原因は、私たちの国へ白人がやって来たことにあると固く信じていた。我が部族特有の頑固さはつとに知られていて、彼らは祖先から引き継がれた考え方、原理を確固として信じていたのだ。白人は敵であるとの教えを信じ、彼らは彼らの定まった生活習慣に変化をもたらすような文明の侵略に憤りを感じていた。指導者たちは、インディアンの若者たちが早々と新しい考え方や習慣を理解し、女たちもやって来る白人たちの注目を容易に受け入れるのを、忌々しい思いで見つめていた。しかし若者たちはインディアン特有の楽観主義により、暗い予感を払いのけ呑気に白人との愉快な交わりの時間を過ごしていた。

私たちインディアンは、まったくとは言わないまでもほとんどねたみ（嫉妬）というものを持っていなかったが、それぞれが属する社会集団ウムソーマの間には、陽気なライバル意識があった。また同族間の仲間意識、協力関係はなかなかのもので、彼らは老人から若者まで大変陽気に無邪気な冗談を言い合って楽しむほどの同族意識、連帯感によって結ばれていた。こうした冗談の多くは、たいていは仲間の他のグループのインディアンたちに向けられ彼らをダシにしたものだったが、そうした戯れに悪意や卑俗さが入り込むことは微塵もなかった。すでに述べたように、そこには常に守られるべき自然な礼節と配慮がなされ、これが私たちのすべての社会的交わりの基本であり、無邪気で単純なふざけ合いの中にごまかしや偽善は無縁なものだった。

二人のインディアンが一緒に狩りに行ったとき、あるいは狩りの途中たまたま森の中で出会ったとき、どちらかが最初に仕留めたか捕えた獲物は、ギ・タプイルワーハラ（あなたが元気づきますよう）、あるいはギタイル・アニ・チャーラ（男としてあなたが元気づきますよう）、といった意味の言葉とともに、恭しく相手に捧げられた。

差し出された獲物はニヤハ（どうもありがとう）といって受け取られるのが常だったが、獲物を差し出す際に、ギ・ダプハラ（これを差し上げます）という表現は相手への配慮に欠けるものとしてけっして使われることはなかった。

相手に最初の獲物を与えるというこの習慣にも一つだけ特別な例外があったが、それはカワウソを獲ったときのことである。カワウソはつかまえた本人が所有し、相手からは祝福の言葉が与えられた。もし何かの間違いか、いきすぎた儀礼からこれを差し出された場合には、相手は怒ってこれを拒否し、そのような誤りをした当人は長老たちから厳しくたしなめられた。

私は、私と他にも同行者がいたのだが、父がカワウソを捕えたときのことをよく覚えている。私はなぜ彼がタップイルワイワ（それを他の人間に差し出すこと）をしなかったかをたずねた。そのとき父はこのカワウソの例外についての特別な理由を説明してくれたのだが、私はそれが何であったかを思い出すことができない。それは確かにカワウソが希少価値のある動物でその毛皮が大変貴重であるといったようなことではなく、何かもっと別の情緒的理由であった。「お互いに相手への敬意、配慮を優先させて」というのが「紳士」などという言葉を知らない時代のショーニー・インディアン相互の行動律であった。その根底にあったのは、何らかの虚栄でも、教えられて強要されたものでもなく、ごく自然で素朴な相手への礼節だった。

カワウソを追いかけつかまえるのは、当時もっとも愉快な楽しみの一つだった。カワウソはその皮が大変貴重な上に、数が少なくつかまえるのが困難で、インディアンも時には何か非日常的な愉快なことをしてみたいという誘惑から免れていなかった。私は父と一緒に出かけたある狩りの旅のことを思い出す。この旅には父の二人の友人アレックス・マーハディとジム・ライトホースが同行した。私たちはソーク・アンド・フォックス管理事務所の東数マイルにあるディープ・フォーク［北カナディアン川の一部］の河畔にキャンプした。その川は多くの野生動物が生息することで有名だった。夕方私たちは流れに沿いかなりの距離にわたって、ビーバーやカワウソ、その他の毛皮動物をつかまえるための罠を仕掛けた。私たちのキャンプの近くには、明らかにごく最近川の水があふれてできたと思われる四～五フィートの深さの池があった。あくる朝大変濃い霧の中を、私たちは早朝に起きて罠を見に出かけた。ジムとアレックスはライフルを持っていたが、父と私は罠にかかった獲物を運べるように、何も持っていなかった。彼らは池の西側を、父と私とは東側を進んで行った。

私たちがその池の反対側に差し掛かったちょうどそのとき、何かが驚いて飛び跳ね、まるで巨大な魚が互いに追いかけっこをしているかのように、激しく水面を動揺させた。キッタウテー（カワウソ）と父は叫んで、私にキャンプに戻って鉄砲を取ってくるようにと言った。私は必死に走り、鉄砲を持って急いで戻った。アレックスとジムはすでに引き金を引く体勢で構えており、事態は普通の状況ではめったにありえない一種の競技大会の様相を帯びていた。三人の男たちは緊張して身構え、小さな黒い点が水面上に波を立てるのを見逃すまいと、目を凝らして見つめていた。カワウソは息をするために水面からわずかに鼻をもたげ、その呼吸がブクブクとしたさざ波を立てるのだ。それは通常水の流れの緩いところか、藪の近くで起こった。

西側の二人が昇る太陽の光を目に受けているのに対し、父はそれを背にしていて多少有利だった。それはわくわくするような瞬間だった。父が小さな黒い点を見つけて引き金を引くと、ライフルの音は大きくこだまして森に響き渡った。カワウソは水面高く飛び跳ね、鉄砲の音にただ仰天して必死に岸を這い登ろうともがいていた。父は流れを迂回して走り、こん棒でそのカワウソを仕留めた。それは大きなカワウソで、ジムとアレックスは父を祝福しながら、それを岸から引き上げるのを手伝った。父は無言だったが、顔には喜びがあふれていた。私は父が他の獲物のときのように、このカワウソについても相手に差し出すと思っていたので、父に聞いたのだ。「どうしてジムとアレックスにカワウソをあげなかったの」と。

私たちは暦やカレンダーを持たなかったので、日時の記録はただ記憶の中にのみ保たれていたにすぎないのだが、父祖たちがいかに正確に季節の経過を計算していたかは、私にとってても驚きである。今日ですら私は、かつて父や母が月や自然の変化を手がかりにして季節を読んでいたほど正確に、それを語ることができない。月の満ち欠けによって月日が数えられ、一年はそれが一三回だった。太陽の位置も注意深く観察された。夜明け、日の出、太陽が中天にある昼、それが低く西に傾く時刻、夕暮れ、そして日没――すべての時間が意味を持ち注意深く観察された。ほとんどすべての作業や仕事について、それを守って行うべき特別の月の位置があった。これについては白人の迷信深い人々の間にも、似たような例を見ることができる。私の知るところでは、月がある特定の位置にあるときにジャガイモを植えたり他の種をまいたり、また石鹸が縮んでしまうといけないので月が満ちてゆくとき以外は石鹸を作らない白人もいる。我がショーニー族のインディアンたちは、満月以後に下見板（したみいた、羽根板）で小屋の屋根を葺くと、留めていない板の一方が反り返ってしまうと信じていた。こうしたことのどこまでが迷信で、どこまでが純粋な知恵なのかを言うのは難しい。私は幼いとき、我々に判断基準を与えてくれる自然のすべての現象を注意深く観察することを学んだ。よく耳を傾け観察する人間に、自然は驚くべき秘密を明かしてくれるのだ。

私たちのもっとも神聖な儀式はタクワー・ナガウェー（パンのダンス）と呼ばれるものだった。私は、私の若い時代このダンスの一番の特徴だった誠意や信仰ほどではないにせよ、この習慣が今日までなお受け継がれていることをうれしく思う。ショーニー族のインディアンたちは作物の種をまき、新しい年の大切な作業に取りかかる前に、「偉大なる精霊」に祝福と豊かな実り、繁栄と平和な一年とを願うために、「パンのダンス」を祝うべきだと信じていた。祝福を願うときに沈痛な表情をしなければならないと考えている白人たちの宗教観とは反対に、ショーニー族たちは陽気に、満ち足りた顔で祝福を願うべきだと考えていた。したがって祝福祈願の祭りは、誰もが陽気で快活なときでなければならず、私たちはもっともめでたい祝祭として、この春の「パンのダンス」を心待ちにしていた。「パンのダンス」は実際それに続くいくつかの春と夏の祭りの始まりを告げるものであり、このとき自然はすべて喜びにあふれ、嬉々として幸福に見えた。この大切な儀式が終わらないうちは、だれもトウモロコシの種をまいたり、他の大切な仕事に取りかかる者はいなかった。

「パンのダンス」の祝祭には次のような時期が選ばれた。枝に木々の芽が吹き、小鳥がさえずってつがいを求め、カモやガンが北の故郷に向かって飛び立ち、空気が和んで暖かさを増し、日の出が早く、日が長くなり始めた早春。冬が去りつつあるというこうしたすべての証拠を一つひとつ数えながら、チーフは「パンのダンス」の祭りを準備するようみんなに伝える。しかしこのダンスであっても、満月が過ぎるまでは待たなければならなかった。

8章　儀式と社会生活

パンのダンスは宗教的儀式と考えられるので、その祭りの準備は、分担上私たちの宗教に関わるすべてあるいは「偉大なる聖霊」について責任のあったペクーウェ族のチーフの監視のもとに進められた。常設の委員会が二つあり、それらの準備に責任のあるそれぞれ男性一二人と女性一二人で構成されている。これらの委員会は、ペクーウェ族のチーフから生涯、あるいは正しく職務が行われるうちはという条件で指名される。それぞれにはチーフに指名されたリーダーがいる。私の二人の姉妹、ナンシーとネリーは現在この委員会に所属している。姉の方のナンシーは女性の委員会のリーダーである。

ここでふたたび、私たちは白人と我が部族の習慣の大きな違いがわかる。なぜなら、通常白人は若者だけが踊るが、我が部族は威厳と名誉をもたらすとしてダンスでは長老たちの存在が望まれ、彼らはいつもダンスに参加する。

二つの委員会はネナハーエイチキ（準備を行う者）、あるいはメイヤーセーキ（生まれながら立場にある者）と呼ばれる。祝いにふさわしい時期がやって来ると（それはみんなが注視し、確認するのだが）チーフは二つの委員会を召集し、もし委員に空きがあれば新しく指名する。それから委員たちに部族のものたちや偉大なる聖霊に対する責務を果たす時期が来たと告げる。とても厳粛に、委員たちに祭りとダンスとその正しい執り行い方にまつわる伝統を繰り返し述べる。祝宴に必要な獲物を狩り始める日時を設定する。ある特定の獲物だけを、すなわち、シカか野生の七面鳥かウズラかライチョウとリスをこの祝宴に使わなくてはいけない(8)。

原注(8)　我が州の狩猟に関する法律がパンのダンスの執り行われる時季にこれらの獲物を殺すことを禁止していたので、リスのみがパンのダンスの肉として使われた。州の狩猟管理官の出す特別許可証が、この祭りを正しく順守するのに十分な量のリスを殺すためには必要である。

すべての指示が委員会に出されると、チーフはこの行事に特有のあるボールゲームを開始する。それは男性と女性が対戦するもので、集まった者は望めば誰でも参加してよい。負けた側はパンのダンスの焚き火のために薪を用意しなくてはいけない。時には二晩も続くダンスの際に地面は大かがり火で明るく照らし出されるので、薪の用意は容易なことではない。このゲームは生き生きと活気に満ちていて、負けた方はどちらでも、薪集めを嬉々として行うのである。

一二人の男たちはすぐに狩りの用意を始める。三日間出かけるが、非常食としていつも持って行く乾燥した肉の携帯を忘れない。薪を集める役の者たちは、獲物を料理したり、宴会が続く限り幾晩も地面を照らせるだけの大かがり火に十分な薪があるかどうかを確かめる。みんなはダンスの場所とキャンプ場に集まり、準備して狩人たちの帰りを待つ。テントの配置には儀式上約束があって、几帳面に行われる。他の部族からよく訪問者があって、古くからの友人がキャンプの火を囲み、物語を語り合うという静かな訪問が見られる。女性たちはお茶の用意に忙しい。あたり一面に料理のにおいが満ちている。ダンスの場所はきれいにされ、区別されている。西側に歌い手用の席が設けられ、反対側には観衆とダンスに疲れたときのための席として丸太が置かれている。

三日目の夜明け、狩人たちが戻る。一列になり、時々ときの声を上げたり、ライフルを撃ったりしてキャンプ場の方に向かう。歌い手は位置につき、太鼓に合わせてリズムを取り始める。みんなはダンスの場所に集まり、区画の外側に立つ。一二人の狩人たちがダンスの場所に到着すると、獲物を担当し料理の準備をする委員会の女性たちに迎えられる。それから男たちは、まだ一列のままリーダーを先頭に、ダンスの場所の区画の中に入る。四つの歌が、太鼓に合わせ小刻みに単調な調子でリズムを取りながら歌い手によって歌われる。男たちはゆっくりといかめしく優雅な動きで円を描きながら動く。四つの歌が終わると、ダンスもひとまず終わり、一二人の狩人たちに腹いっぱいの朝食が振舞われる。会話はすべて押し殺した声で進み、誰もが静かに次のダンスを待つ。子どもたちでさえ、声も立てずに遊びに精を出している。

獲物といろいろな作り方で用意されたたくさんのパンがすべてなくなるまで数時間が経過する。食べ物はみんな持ちこまれて、ダンスの場所の真中にある白いきれいな布の上に置かれ、別な白い布で注意深く覆われる。それから人々は、ダンスの場所のまわりに集まり、世代から世代へ口伝いに遠い昔から伝えられてきた習慣ややり方に精通した男によって祈りが唱えられる。この男は通常雄弁家である。彼は、偉大なる聖霊に来るべき季節の実り多いことを願う。すなわち、人々にトウモロコシと豆とカボチャの豊富な収穫が与えられるようにと。彼はまた、部族の平和とすべての仕事における成功を祈り、獲物が増えるように雄弁に祈りを口にする。それから、偉大なる聖霊にこの冬に狩りが成功であったことに対して、これまで人々に起こったすべてのよきことに対して感謝を述べる。

この祈りあるいは声明、ふつうそれはすばらしい雄弁なのだが、その後にこの行事の重々しい部分は終了し、人々は次のようなダンスを始める。女性たちは、この世のものとも思われないリズミカルな音楽をトムトム（太鼓の一種）で打ち出しながら歌い続けている歌い手たちの前に整然と集まる。女性たちは一緒に歌い、体をわずかに左右に揺らしながら動く。歌詞の一部は人間の弱さをあざけっている。男性が歌うとき、その歌詞は女性に向けられ、女性が歌うときは男性に向けられる（男性も女性も歌う）。控えめにされてはいるが、歌い手たちに同情を示すひそひそ声が群衆の中から聞こえる。女性が「女が征服する」と叫び、男性が「男が征服した」と声を張り上げ、男女間の心地よく優しい意地の張り合いが見える。

この後に、二つの委員会によって作られた円の周辺でダンスが続く。一二人の男たちは内側で、一二人の女たちは男の円の外側で、それぞれ決められたリーダーを先頭に踊る。このダンスには誰もが参加できるが、委員会の後に続かなくてはいけないし、どんなときも列を乱したり割りこんだりしてはいけない。このダンスは、トムトムのゆっくりとしたリズムを時々はさんで、みんなが宴会に参加する午後遅くまで続く。委員会の男たちはパンを配り、女たちは肉を配る。人々がご馳走にあずかるときには浮かれたり上機嫌になるのに気兼ねをする必要はない。

夕暮れに宴会のダンスが始まり夜中じゅう続く。男と女が一緒にダンスをするとき、時々そうするのだが、それは一方の後ろにつく形になる。この部分の音楽は、祈りの後に行われた神聖な儀式のダンスのときよりもずっとテンポが速くてうるさい。このダンスはたいてい夜明けとともに終わり、それぞれの家族は偉大なる聖霊をなだめることができたという輝かしい気持ちを胸に家路に着く。

パンのダンスに続く青トウモロコシのダンスのようなダンスは、宴会すなわち楽しみのためである。それぞれに決まった歌とやり方があるが、うるさくは考えられていない。パンのダンスは昔も今も我が部族の従来のやり方に則ってきっちりと行われる。

古い時代ショーニー族は、トウモロコシをパンのダンスが終わるまでは決して植えることはなく、時に満月が遅く来ることがあったので、トウモロコシが遅く植えられ、このダンスで司会者の雄弁な祈りが行われたにもかかわらず、結果的に不作になることがよくあった。

ダンス（宴会のダンス）の中には男女が手を取り合って輪を作るものもあるが、白人がするように横につながるものではない。男が自分の手を後ろに回し、女が片手でハンカチか布切れでくるんでその手を取る。女の方はもう一方の手を後ろに回し、それを別な男が手に取る。このダンスでは、若い女性がただ後ろの位置につくことで、一緒にダンスをしたい勇敢な男を選ぶことが許されている。女が自分の手をハンカチでくるまずに素手で差し出せば、それはその男を恋人あるいはひょっとして夫にしてもかまわないことを示している。男が女の容貌を気に入ったり性格に惹かれたら、もっと言い寄ったりするのも自由である。しかし、いつもはみんなたいへん遠慮がちだし、愛情について触れることは多少あるとしてもほとんどない。しかし、私は心から信じているが、我が部族の男女間にも、他の部族と同じくらい愛情は存在していた。現在のショーニー族の若者たちは、結婚の場合と同じく、白人の求愛の仕方を取り入れているように見える。若い女性はむしろ恋愛については話しかけられる方を好み、その種の感情を当然のものとは考えないように思う。

我が部族の者が楽しむスポーツにもう一つ、初夏の頃男と女両方で遊ぶボールゲームがあった。六月が終わると（私たちの暦によると）そのボール遊びの季節は、ちょっとした儀式とともに終わり、次の春のパンのダンスの時期が来るまでボールはしまわれた。こうした決まりや儀式はみんなに知られていて、大事に思われ、守られ、神聖で破られることのないままであった。

八月の中頃、キスプーゴ族のチーフは、戦いに関わることすべてに責任があったので、戦いのダンスを開催した。私たちはそれをイラニワーガウェ（男のダンス、または勇敢なダンス）と呼んだ。このダンスでは、音楽はもっと大きくて勇壮な感じが強く、先ほど述べたダンスの小さく口ずさむような歌の代わりに戦いのときの声があがった。このダンスは幾分か公式のものだが、その後に続くのはいくつかの宴会のためのダンスだけであり、季節の終わりまで行われた。

秋の始め（暦では九月半ば頃）次の春までダンスの季節が休みになることを告げるダンスが行われた。これは春のパンのダンスに少し似ていて、異なるのは感謝の祈りが偉大なる聖霊に捧げられ、これからの季節に獲物が豊富に取れるよう熱心に祈願されるときに感謝祭の形式を取ることであった。冬の間は互いによく訪問し合い、男たちは狩りの遠出に行ったり、キャンプの火を囲んでいろんな物語を語り合った。こうしたときに、ウムソーマについてもっとも生き生きとしたジョークが生まれ、グループで一列になって敵のことが滑稽に思われるような話を考え出したりした。そういう話し手たちは芸の達人であった。彼らは即座に緊迫感のある謎や驚きに満ちた話をすることができて、これは純粋な作り話だと悟らせないように表情も変えずに、聞く者たちに話をまるごと受け止めさせ飲み込ませてしまう。その後には決まって大笑いとなるのであった。

……………………

母が死んだのは九歳のときであった。母は数日にわたって調子が悪く、子どもながらに母はいつもとは違って何か悪いのだとわかっていたが、寝ている部屋には入れてもらえなかった。父は私たちにお母さんはアキロキ（病気）だと言った。近所の女性が何人か一緒にいて、リトル川のメディスンマン（祈禱師）が診に来ていた。大きな悲しみが地上を覆っているように思えた。それからわずか数日後、多分四日か五日だったと思うが、私がドアの前を通ると、母に白い布が注意深くかけられ、女たちがみんな静かに泣いているのがわかった。父は、沈んだ悲しい顔をして子どもたちが座っているところにやって来て、お母さんはアーサンワになられた（亡くなられた）と告げた。それはショーニー族が人の死に対していつも使う表現だった。たくさんの人が家に来た。すべてのことが整然とそして静粛に終えられた。これ見よがしの嘆きはまったく見られなかった。母はみんなに愛されていたので、誰の胸にも悲しみはあったけれど。

家から少し離れたところに墓が掘られ、決められた時間に四人の男が遺体を墓まで運び、下に通した革ひもで墓の中に降ろした。それから静かに葬列が家の前で始まり、父を先頭に、子どもたち、そして親戚と友人が続いた。

家と墓の間には開いたシカ革の袋を抱えた老人が立っていた。その中にはこのようなときにはいつも使われる聖なるタバコが入っていた。葬列が彼のそばを通るとき、参列者は親指と人差し指を袋の中に入れ、タバコをひとつまみ取ると、墓のところで遺体の足元から頭まで回りながらかかげて、ちょっと止まると墓の中にタバコを落とした。

葬列はみんなが墓のそばを通り過ぎるまで続き、そして家へ帰った。最後にタバコを抱えていた老人がやって来て、頭の方にひざまづくと聖なるタバコを墓の上にかかげながら唱えた。彼は死者の名前を呼び、夫や子どもたちや親戚、友人たちの悲しみが、向こうにあるあの幸せな世界への旅路をじゃますることにならないように、そしてクークームセーナ（私たちの大祖母、あるいは偉大なる聖霊）[17]の意向のごとく心静かに幸せに向こうに行けるように、死者に哀願した。それからひとつまみのタバコを墓に落とすと、言った。確かに夫や子どもたちや親戚、友人は悲しみに満ちているが、それはワチータ（当然のこと、計算されたこと）で、それもまもなくクークームセーナのおかげで一掃されるだろう。残されたものたちの彼女への愛情のおかげで、彼女は行ってしまった場所でもっと幸せになれるし、次の世界で再び出会ったときにその再会はもっとすばらしいものになる、と。老人は墓の中にタバコを落とすのを終えると、遺体を運んできた男たちによって墓は埋められた。

私たちは一見静かだが、子どもなら誰でも親に対して当然感じる深くて澄んだ悲しみで引き裂かれそうであった。近所の人たちが何人か私たちを元気づけるために残っていた。女たちが病床をきれにし、庭を掃いた。こうしたよき友人たちは四日目までいてくれて、その日誰もが風呂に入り、子どもたちは髪まで洗って、新しくきれいな服に着替えた。それから、父や子どもたちのために元気づけの儀式が行われ、そこで私たちは悲しみをわきに置いて幸せになるよう言われた。なぜなら、私たちの愛された死者もそう望むからだ、と。

母の葬式に続くこの元気づけの儀式は、誰が死んでもショーニー族が行うものだった。ただ、夫の死で子どもとともに残され未亡人になってしまう場合は少し違っていた。次のように。夫の葬式の後最初の日に、未亡人は悲しみにひたることを許される。それから、子どものために亡くなった者の代わりをする男を選ぶことを勧められる。次に彼女は眠って体を休め、目の前の試練のために食事を取らなくてはいけない。三日目友人たちが夕方彼女の周りに集まり、にぎやかな夜になる。男も女も、元気な様子で、男たちの勇敢な物語や面白い伝説を語り、そして冗談さえも飛ばして、未亡人を愉快にさせる。用意された薬草と冷たい水で時々彼女の顔がぬぐわれ、気分がさわやかになって目もさめる。日が昇り始めると、一人の老人と親戚の者か親しい友人が、未亡人の席の後ろにやって来て、こんな風に語りかける。「娘よ、おまえの夫はいなくなってしまって、小さな子どもとともにおまえを一人にしてしまった。いい男だったが（ここで彼の長所が並べ挙げられる）、もう行ってしまった。彼を思って悲しみに沈むのは適当でない。彼もそうは望まないだろう。彼の代わりになり、子どもたちの父となれる男を選ぶのが適当だ」。

それから彼は未亡人に、亡くなった夫の代わりになってほしい男を選ぶように要求する。もし一人を選べば、友人たちは出かけて、二人を一緒に残す。このささやかな元気づけの儀式は結婚式とみなされる。もし未亡人が相手を選ばなければ、通常の選び方となるが、それは人生の責務をともに果たしたいと二人が希望を示すことである。その際は儀式は何もいらない。

五〇年前のショーニー・インディアンは、一般に信じられているのとは違って、大変社交的な部族だった。彼らの付き合い方と白人の付き合い方の大きな違いは、インディアンが老人に対して払った敬意と男女間の付き合いであった。私たちの集まりや家庭生活において老人たちはいわば存在感があった。老人たちは若い人たちに尊重されていて勧告や助言は敬意を持って聞かれた。若い人たちは顔の表情を慎んだり、感情を押さえたりすることを十分教えられたので、そうすることが第二の天性となった。ひょっとしたら「第二の」という言い方をやめてもいいかもしれないくらい、私はそれが身に付いていた。家族の階級が高ければ高いほど、その自制心は強くなった。

考えてほしいのは、私たちには我が部族の者たちの行為を伝えたり、世界の出来事を十分知ることができる新聞というものもないことである。見世物もないし公共の娯楽の場所もないが、友人との関係を比較的楽しむことができた。なぜなら私たちの簡素な生活は、生きるために必要なものを常に争って手に入れる必要はなかったからである。したがって、人を訪問することを楽しむことができた。もてなしはほとんど当てにしなかった。というのも訪問者はいつもその家の食料小屋に何かを貢献し

（何かを持参し）、眠る場所も単に雨露をしのげる場所であればよかったからだ。男たちは狩りを一緒に楽しんだ。グループに分かれて出かけ日中狩りをし、夜になるとキャンプの火の周りに座り話をしたものだ。自然に関する歴史はいつも興味深い話題だった。よく伝えられた伝統は話し手の生き生きとした想像力によって脚色されていた。自らのウムソーマ［部族内の所属グループ］に関する物語、あるいは居合わせた他の者たちのウムソーマに対抗する物語は、語り手の知恵とユーモアを大いに発散できる語りの重要な部分であった。

ショーニー族の言葉は、言いまわしが少なく、軽快で打ち解けた話し言葉には向いていないと言う点で特殊である。しかし、雄弁には効果的で、威厳のある様子が印象的である。すべての自然は生命があり同情的で人間に応えてくれるものであるという私たちの考え方は、雄弁家やチーフの話し方の特徴にもつながっている。勇士テクムセがインディアナ州部族連合を代表して有名な演説をしたときに、彼が母なる自然に触れた部分は、単に詩的であるばかりか実際彼の部族のひたむきな自然に対する信仰を表していた。あるとき彼は「森の木々は私たちがその下を歩くとき哀れみの涙を私たちの上に落とす」と叫んだが、それは彼の心に存在する自然との深い一体感を示している。

私が子どもの頃、時々たずねてくる遠い親戚のメーギローファニという人物がいた。彼は話し上手で、泊まっているときには彼の話を聞きに隣近所の人間が集まったものだ。私たちはみんなキャンプの火の周りに座って何時間も話を聞いたものだ。彼のために母はいつも彼の好物であるオサーショポ［トウモロコシと木の実を煮たもの］を用意していた。

若い男女には現代のような求愛行動はなかった。通常結婚は親によって整えられた。男の両親は、息子にふさわしい妻になると思われる娘に出会うと、結婚の申し込みとともに娘の両親に話を持ちかけた。若い二人のどちらかが断った場合も何も制約はないが、通常若い二人よりも親の方が熱心なので親の意向は重要視された。しかし、時々若い二人は自分たちで話をまとめることがあった。たとえば、娘が若い勇敢な男の容貌や立ち居振る舞いを気に入った場合、前に話したように、彼女はダンスで彼の後ろに行き、彼にハンカチでくるまない自分の素手を預けてもよい。素手を預けるということはいつも将来の伴侶とみなされてもかまわないことを意味した。それから若い男の方は、望めばさらに進めることができた。この行為を男は非常に威厳をもって行った。ほとばしるような言葉もないし約束事もないが、お互いの完全な理解は、静かに話されるわずかな言葉と愛情の目配せと多分握手から生まれてくるのだった。

そのような相互理解に達すると、二人はそれぞれの家族に自分たちの意向を表明し、二人の生活を始めて、二人の家庭を築くウェギーワ、つまり家を建てた。たいてい祝いの時期があって、二人の家族は激励し、親しい友人たちは大いに祝福し楽しんだ。結婚式もないし離婚裁判もなかった。ほんのときたま男が妻を捨てることもあったが、それは正当な行為だとはみなされず、公の意見すなわち友人たちの意見が私たちの法律になった。

私たちは一夫多妻を禁止する明確な法律を持たなかったが、それを実践する例は珍しく、実践すれば人々に眉をひそめられたもので、それは今日の白人がただ社会的見地からそのような社会的過ちを押し付けられれば憤慨するのと同じくらい強い非難が向けられた。私たちの法律は一人の男が二人の妻を持つことを禁じなかったが、私たちの社会制度がそのような状況を許さなかったので、それは避けられた。インディアンは周りの人間から追放されることに耐えることはできない。

ここで、インディアン特別保護区が白人の植民者に開放され古い部族の法律がアメリカ合衆国の法規に取って変わられたとき、ショーニー族の中に二人の妻を持っていた男はたった一人しかいなかったことに注目するのは面白いかもしれない。

9章　困難な時代と繁栄

私は母が死んで数か月の間に起こったことについては、ほとんど覚えていない。家族にとって生活はつらいものであったに違いないが、私はいつもと変わらず父について回り、家ではほとんど時間を過ごすことがなかった。姉のナンシーが家と幼い子どもたちの世話をするという重責を引き継いだ。このために彼女は、手が空いていて困っている人を助ける余裕のある近所の女たちの助けを借りた。彼女たちは必要とあれば残り少ないわずかな食べ物をも私たちに分け与えただろうし、また時として事実そういうこともあったのだ。

父は以前と変わらず狩りや釣りに歩き回り、また時期が来ると子どもたちの手を借りて作物を植えた。父の健康は大いに回復したように思われた。母が亡くなった後の最初の一年間は、父が病気の発作に見舞われることはなかったように思う。

母が死んでおよそ一年後父は再婚した。すでに述べたように、こうした結婚は実に単純なことで、ただ二人が一緒に生活すると決心すればよかったのだが、この場合は女性が父の子どもを自分の子どもとして受け入れる必要があった。そしてこの結婚も他の人々の宗教的、法律的儀式と同様に拘束力のあるものであった。

父が妻として選んだ女性は、およそ三〇歳位で、それ以前の結婚歴はなかった。彼女は強く有能でよく働く女性だった。彼女は私たちの家庭に入り、快活に家族の世話と責任を引き受けた。彼女は子どもにも父にも親切で、私たちはみな十分彼女になついた。やがて私たち家族の実生活は母が死ぬ以前と同様に営まれるようになっていった。

シティズン・ポタワトミー・インディアンの流入が起こったのは、母の亡くなった年であった。南北戦争終了直後、この地域のインディアン特別保護区に戻る許可を与えた政府とショーニー族との間に交わされた条約は公式には批准されず、したがってこの地域がいずれかの部族に与えられたという記録は残っていなかった。カンザス州政府が白人の移住者たちのために当時ポタワトミー・インディアンが住んでいた土地を望んだとき、彼らはポタワトミー族にインディアン特別保護区に行くように説得し、カナディアン川とその支流北カナディアン川間のセミノール・インディアンから得た三〇平方マイルの土地を約束した。その際彼らは他の部族が所有権を主張しない土地を取るようにと言われていた。しかしその地域に含まれる土地、ほとんどその北半分にはすでにショーニー族が定住し、生活していたのだ。ポタワトミー族がやって来たとき、ショーニー族との間に多くの軋轢、摩擦があり、ほとんど戦争にさえなりかけた。ポタワトミー族は全地域を要求し、ショーニー族の間にすら定住することを主張した。彼らが土地を選んで、そこに小屋を建てると、夜中、あるいは家族がその家を留守にしている間に、ショーニー族の仲間が何人かで出かけて行ってそれを引き倒した。時にはほとんど戦いになった。この争いはしばらく続いたが、それから政府が手を下し、ショーニー族から土地を取り上げた。クエーカー教徒代表一行がワシントンに行って大統領にこのことについて異議を申し立て、大統領が調停して一時的にこの問題を収めた。しかしこうした状況の中でショーニー族の間には、大いなる不満が生まれ、無為と不安の日々が続いた。動物を狩るインディアンの増加により森の獲物は少なくなり、落ち着かない状況の中で耕作はほとんど行われなかった。時には食べ物の不足からひどい困窮状態に陥ることもあった。こうした状況は五、六年も続いた。

私は特に苦しい一年のあるときのことを思い出す。日照りのためトウモロコシは十分に生育せず、獲物はほとんど獲れなかった。危機が眼前に迫っていた。父は他の仲間たちとともに獲物や食べ物がもっとたくさんある場所を探しに出かけた。私たちは何日かさまよい歩いた後、現在のサプルパ市［タルサ市の南］の近くにキャンプを張った。しかし森には獲物の姿はなかった。男たちは落胆し、仲間の間には迷信から恐怖心に屈して沈鬱な雰囲気が立ち込めていた。「きっと偉大なる精霊が自分たちを見捨てたのだ！　もしかしたら家に残している家族に何か悪いことがあったのではないか」。家族に何かよくない事が起こっているのではないかと考えて、何者をも恐れない、いかなる肉体的苦痛にもたじろがない男たちは、気弱で無力なハンターに成り下がってしまっていた。

ある日父は大変具合が悪く、他の仲間と一緒に狩りに出かけることができなかった。もちろん私は父と残った。私たちはひどくお腹が空いていた。仲間が出かけて数時間経ったとき、私は森の中を何か恐ろしい音が近づいてくるのを聞いた。私にはそれは子どもが苦しみに泣き叫んでいる声のように聞こえた。その音はだんだん近づき、突然大きな山猫が藪をなぎ倒してこちらに駆けてくるのが、私たちの目に入った。父は立ち上がることができなかったが、ひじを立て山猫にねらいを定めて、それが藪の中に消えようとする瞬間に、引き金を引いた。弾は見事頭に命中し、山猫は倒れて息絶えた。

私は急いでその山猫の皮を剥いだ。それは大きく若くしなやかで、豚くらい大きかった。私はそれを木に串刺しにして焼き、仲間が疲れお腹を空かし意気消沈して帰ってきたとき、私たちはその山猫の肉をたらふく食べた。その毛皮も並外れて見事で大変貴重なものだった。私は一行が次の日家に帰ったのを覚えているが、どのようにしてその長い冬の間の食べ物を工面したかについては記憶は定かではない。

私がまだ誰からも聞いたことのない、自然の不思議な生態を示すある奇妙な出来事がある。それは父と私が狩りに出かけたある早朝のことだった。私たちはカナディアン川を見下ろす高い崖の縁の近くに座って静かに獲物が現れるのを待っていた。そこからは、その地域一帯の広い風景がよく見渡せた。私たちは突然何か生き物が枯れ葉をかき乱すような不思議な音を聞いたが、その音がどちらの方向から来るのかはわからなかった。私たちは注意深く崖の縁に近づき、そこで不思議な光景を目にした。そこには大きなガラガラヘビがうろこのすべてに枯れ葉を突き出すように挟んで、ゆっくりと動いていた。そのヘビは枯れ葉を身にまとったままゆっくりと岩棚の方に進んで、私たちが見ている二〇フィート先の岩陰に消えた。父の考えでは、ガラガラヘビはうろこを自由に動かすことができ、そのうろこに枯れ葉を挟み込んでそれを岩陰に運び、冬のベッドにするのではないか、ということだった。明らかにそのヘビは積み重なった枯れ葉の中に身を置いて、そこでうろこを開きその下に枯れ葉を挟み入れて、それをぴったり体にまとったのだ。やがてそのヘビはもう一度岩陰から現れて、そしてふたたび枯れ葉のベッドに消えた。

私は東部の学校にいるとき、自然の歴史について話し合いをしていた授業でこの経験を話したことがある。先生の意見は、ガラガラヘビは冷血動物なので暖かいベッドを作る必要がなく、それは長い冬の眠りの間、他の動物から身を隠し守るためのものだったのではないか、ということだった。

やがて私たちの住む地域にふたたび獲物が戻って来たのにちがいなかった。というのも私の記憶では、その後すでに述べた年ほどに大変だった年は思いあたらない。獲物の他にも、たくさんの木の実、ペカンやクルミ、多少のヒッコリーの実や山野の果物、そして時には野生のハチミツが取れた。父が植えたリンゴの木はたくさんの実をつけたし、実際私にはこの豊かな生活がずっと長く続くのではないかと思われた。また家族の者たちも、他に比べて勤勉であったに違いない。というのも我が家にはいつも十分な食べ物の蓄えがあった。

しかしポタワトミー族との間の問題が解決していなかったので、どこに行ってもまだ不安定で不穏な雰囲気が残っていた。土地の割り当てについての話し合いが持たれ、ショーニーは一人当たり二〇〇エーカーの土地を要求した。この要求は拒否され、一八七二年五月二三日の議会制定法によりポタワトミー族とショーニー族の両方に土地が割り当てられることになった。これによると、ポタワトミー族への割り当て分はショーニー族のちょうど二倍であった。これは政府に対してさらなる問題と、インディアン部族間の対立感情を引き起こす結果となった。一八七二年のあるとき、私たちのチーフ、ジョン・ホワイトが死に、これがさらに不安感を増大させた。彼は私たちの中のもっとも強力で聡明な指導者の一人であり、人々は彼を信頼しその指導力を頼りにしていた。彼の死後、ジョン・スパーニーがチーフとなり、アンクル・ジョー・エリスは副チーフにとどまり、叔父のビッグ・ジムがペクーウェ族のチーフになった。何回となく評議会が開かれ、火を囲んで多くの重要な議論がなされた。ショーニー族の間には若者の何人かに読み書きを学ばせ、私たちが持っている条約や古い資料・記録を理解できるように教育すべきだという思いがあった。ある人たちは、もし若者の誰かが文字を読むことさえできれば、自分たちと政府との間に絶えず持ち上がる議論に、もっと積極的に対処できるのではないか、とも考えた。あるいは、チーフの一人が言ったように、「もしそうなれば白人の知恵という相手の武器を逆に使って彼らに対抗し、ショーニー族の習慣と大いなる精霊によって与えられたミーソーミ［部族の結束、部族精神］を守ることができるかもしれなかった」。

フィラデルフィアのクエーカーの宣教師たちが派遣され、時々ショーニー族の間を訪れていた。私たちは心から彼らを信頼し、彼らはすべての若者たちに教育をほどこすようリーダーたちに忠告した。そのことについて、多くの議論がなされた。ショーニー族にとって教育とは文明化、白人の生き方、変化を意味したが、彼らとしてはただ静かにそっとしておいてほしかったのだ。最後に宣教師たちは布教を目的にショーニー族のために開設しようと計画していた学校を開くことに決定した。そのために選ばれた場所は、カナディアン川から一・五マイルほど離れ見事な木々の繁った森の丘で、そこからは四方一帯を何マイルも何マイルも見渡すことのできる場所だった。

第三部　白人の教育を受ける

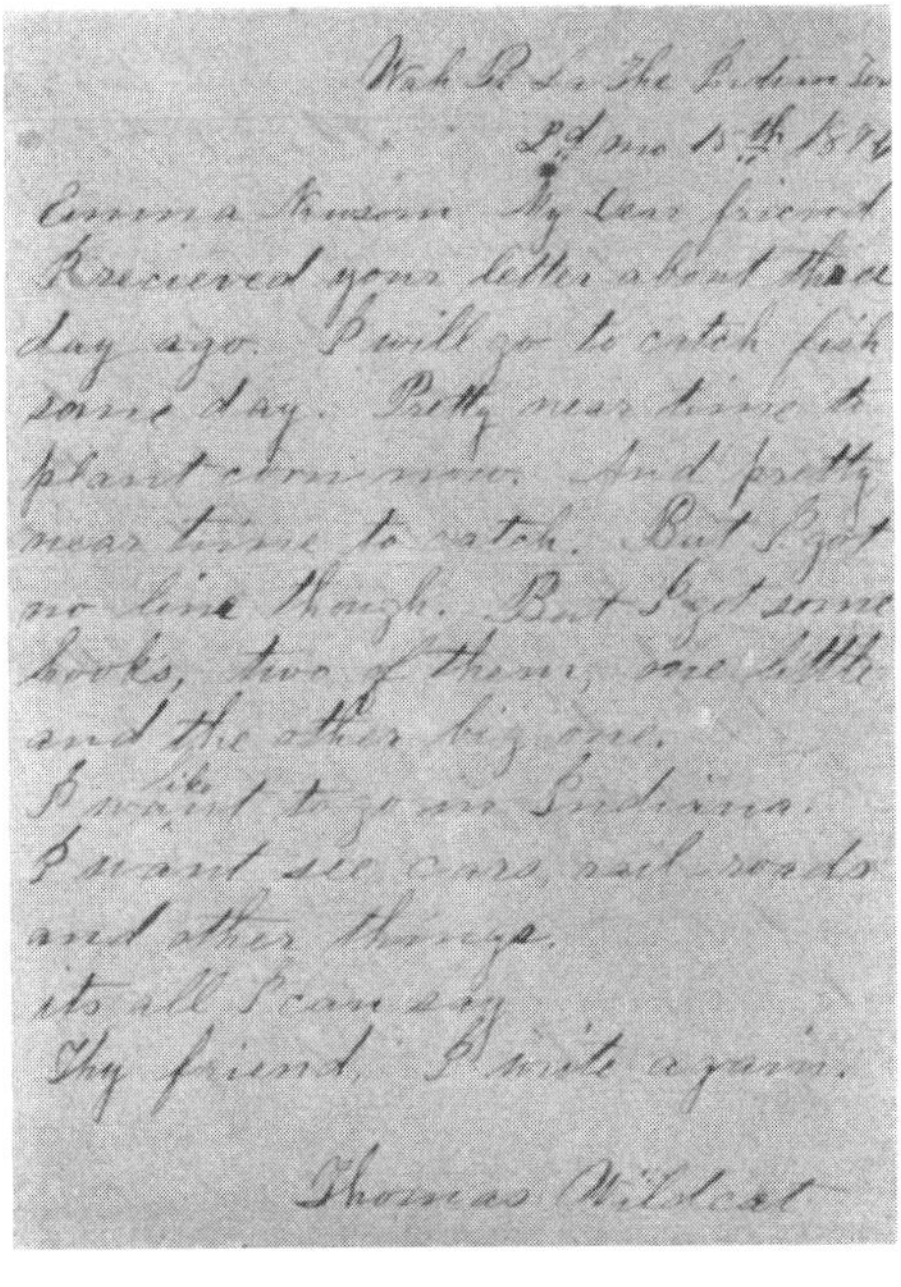

Wah Sa Le The Indian Ter
2d mo 15th 1874
Emma Kinson My dear friend
I received your letter about three
day ago. I will go to catch fish
some day. Pretty near time to
plant corn now. And pretty
near time to catch. But I got
no line though. But I got some
books, two of them, one little
and the other big one.
I like / want to go in Indiana.
I want see cars rail roads
and other things.
its all I can say
Thy friend. I write again.

Thomas Wildcat

著者の学生時代の写真と
最初に書いた英語の手紙

10章　ミッション・スクール（教会兼学校）

その教会兼学校は、父の家からおよそ三分の一マイルのところに建てられた。父は当時本当に教育の効果を信じている数少ないインディアンの一人で、心からクエーカー教徒の努力を支持していた。実際父は、その建物を建てるための木材をソーク・アンド・フォックス管理事務所から運搬するのを手伝った。カラスがまっすぐ飛べばおよそ三〇マイルだが、荷馬車が通る道ならもっと距離があった。その事務所には政府の製材所があって、木材は新しい学校と教会建設のために寄付されたものだった。

私は、その教会の建築中に起こった、生涯にわたって大きな影響を受けた、ある出来事を思い出す。あるじめじめした霧の深い朝、私たちが朝食を取っていると、ある白人がドアのところにやって来た。彼は父に、新しい教会の建築現場で働いている人間の一人だと告げた。彼は、夜の間にそこから迷い出た何頭かのラバを探しに出てきたが、霧で迷ってしまった。コンパスを忘れてしまったので、帰る道を見つけられずにいたのだ。

父は兵役中に少し英語がわかるようになっていたので、この初めての男を朝食に招待したが、その招待は喜んで受け入れられた。男が腹いっぱい食べてから、父は森を抜けて男の働いている場所まで連れ戻してやった。彼の態度は、私たちが白人について教わったものとは大いに違っていて、男は朝食を食べながら父と話しているときに、常に微笑んで親切であった。私たち子どもにも優しく話しかけてくれた。名前はトーマス・H・スタンリーといって、各地を回るクエーカー教の宣教師だった。

教会の建設が終わり、通学用の学校が開かれると、六人のインディアンの子と私は入学を許可されて英語の名前をもらった。この男は私たちの家を訪れたことを覚えていて、自分の名前トーマスをあげようと申し出た。それからの数年間、私は彼のことをよく知るようになったが、多くのことが彼の親切のおかげであった。実際トーマス・H・スタンリーは誰にも親切でいつも同情に厚く忍耐強くて、精神的なことだけでなく日常的な問題、たとえば農機具の調整といったことまで、すぐに堅実な忠告をしてくれた。

開かれた最初の頃、教会はおよそ一四×二八フィート（約四×八メートル）の一棟の建物で、二つの部屋に分かれていた。宣教師のジョゼフ・ニューサムが家族と一つの部屋に住んでいて、もう一つは教室と事務所に使われた。家具は簡素だったが、インディアンの子どもたちには立派に見えた。

入学したとき私は一二歳で、英語の単語は何も話せず、例外は自分のニックネームだった「兵士」という単語だけだった。私はもはや白人に対する恐れを持っていなかったが、白人たちの流儀を学びたいと強く思っていた。実際長い間答えを見出せない問題が一つ心の中に存在していた。私は自分の部族を愛していたし、彼らの流儀を好んでいた。父の友人たちであり、白人たちというよりは白人たちが差し出している様々な事柄をひどく憎んでもいる人々のことを、深く尊敬していたし信頼していた。インディアンと白人の間には多少の暖かな友情もあるにはあったが、一般的にインディアンは文明という考え方を憎んでいた。しかし、私の心のどこか奥深くでは、文明が差し出す事柄に対するあこがれがあった。私が一体何を求めているのか、若かったのでよくわからなかったが、その深く満たされない熱望のことはしっかり意識していた。何か内側の方で別の声が、この世には我が部族が知っているものより豊かな生活、よい暮らし方があると私に言っていた。

そういうわけで、姉のナンシーと私がこの学校に通い始めると、私は教わることは何でも熱心に学ぼうとした。しかし、私は自分の感情を隠す術をしっかり訓練され教え込まれていたので、インディアンの他の子どもと同じように、表面上はまったく無関心のように見せていた。

暖かい時季には、少年たちは服をひとつ、通常公認の交易業者から父親が買うキャラコでできた長袖のシャツだけを着た。冬にはこれにすね当てを加えたが、時々キャラコのシャツの上に狩猟用のシャツを重ねた。それはなめしたシカ皮でできていて、腰回りや襟、袖口、ポケットには縁飾りがつけてあった。手に入るときには、靴やブーツをはいていたが、ふつうは裸足であった。縁つきの帽子は持っていなかったが、時々ヤマネコやアライグマやビーバーの皮でできていて、てっぺんに立派な羽根飾りに見えるように膨らませたか鳥から抜いてきたばかりの羽毛の房のついたキャップ（縁なし帽）をかぶった。少年たちは、現代の少女たちが断髪にするのと同じくらいに、髪を短くしていた。これが、ショーニー族の男たちがいつもしていた髪形である。他の部族がしているように、けっして髪を編むことはなかった。

しかし、少女たちは髪を長くして編んだ。時々頭の周りに、色のついたハンカチを巻くこともあったが、たいていは帽子をかぶらなかった。キャラコかリンジー〔粗い毛が半分の素材、綿と毛の交ぜ織物〕の長い服と腰にギャザーの多いスカートを身につけた。学校が設立されてから、東部地域のよき友人たちが私たちに教会を通して、白人の子どもたちが着ているような服を送ってくれた。彼らは、時に大人の服も送ってくれて、子どもと同様大人たちも大いに喜んだ。私たちは昼食も取り、朝早くから午後四時くらいまでそこにいた。中には学校まで四マイル以上も歩かなくてはいけない子どももいた。

私は、最初どんな本を勉強したか覚えていない。授業はほとんど口頭だったに違いない。私たちは白人の子どもたちが遊びの中で使う言葉を学びたかった。すぐに、通常使われる単語、たとえばゲーム、シカ、犬、ネコ、アヒル、弓、矢などを覚えた。つづりや読み方を習った後マガフィー読本〔18〕を使ったが、そのおかげで私たちは白人、特にその子どもたちの生活について多くの情報や考え方を得ることができた。

この学校では読み書きやつづり方や計算の仕方を学んだが、「偉大なる聖霊」に仕えるという新しい考え方、つまり白人が個人的に自分たちの神に仕えるやり方も教わった。また私たちは、何かを受け取るときに「ありがとう」という言葉とともに感謝を表現したり、何かを頼むときに「どうか」という言葉をそえるなどの物事の新しい合理的な感覚も学んだ。個人的な習慣をきっちりしたり、もっと頻繁に体を洗ったり、ていねいに髪をといたり、もっと服を清潔にするようにもなった。私たちは礼儀の基本も習った。たとえば、女性にドアを開けてあげるとか、帽子を脱いで部屋に入るとか、また以前私が我が部族の付き合いすべての源であると言ったいろんな原理原則、すなわち他者への思いやりを私たちなりに表現することなど。

私は、学校に通い始めて一年くらい経ったとき、先生の一人だったミス・エラ・D・コルトレーンと考え方が食い違ったときのことを覚えている。誰かが私に赤、青、緑などの絵の具をくれた。かなり骨折って、私はインディアンの立派な芸術の見本と思われるように、自分の顔に色を塗って、学校へ行った。

学校が始まって、コルトレーン嬢が現れ、私のそばに座るとじっと私のことを見た。私はどぎまぎし始めた。やがてコルトレーン嬢が言った、「トミー、顔に地図でも書こうとしたの？」。私はひどく侮辱された気がして、即座に立ちあがると、急いで学校を出て行き、家に帰った。しかし、数日して、知識への欲望は憤りに打ち勝って、私はおどおどしながら学校へ戻った。先生はとても上手にその出来事や私の欠席の理由に触れたりするのを控えてくれたので、すべては以前と同じように進んだ。

二年間クエーカー教徒は教会とともにその通学学校を運営したが、その後州政府が管理を引き継いで、新しい建物を建てて寄宿学校とした。クエーカー教徒は学校の運営になお影響力を持っていて、学校と連係して礼拝も行った。私たちのところに来てともに忍耐強く労働をしてくれたよき人々は、まさにその名の通りフレンド会（クエーカー教徒の正式名）の人々であった。私たちに文明の様子や読み書きを教えながら、見本となる正直で毅然とした態度も見せてくれて、そのおかげで彼らの教訓をさらに強く信ずる気になったのである。

これらの宣教師が現れてからは、他の白人たちも見かけるようになった。公認の交易業者で近くに店を開いたものもあった。そうした店には、インディアンが必要としたもの、日用品として考え始めていた品物があふれていた。

教会が開かれたことは私たち部族に大きな意味があったが、州政府が学校の管理を始めたことはもっと意味があった。ショーニー族は、文明というものが東部地域で多くの部族に押しつけられたのとまったく同様に、自分たちにも押しつけられるものと理解し始めていて、進歩的な人々はその事実を受け入れていた。それを逃れる術はなく、彼らが準備してできることは、せいぜいそのための準備をする、つまり直面することだった。彼らは、子どもを学校にやり、自分自身の武器すなわち言葉で白人たちと戦えるようにしようとした。

ショーニー族はもちろん、ポタワトミー族とキカプー族とアイオワ族は、ソーク・アンド・フォックス管理事務所の管轄であった。州政府がその学校を引き継ぐと、同じくその事務所の管轄になり、その周辺に住む白人たちと私たちの学校との間にはもっと付き合いが生まれた。このために、先生たちの仕事はやりやすく、状況ももっと快適になった。もっと多くのインディアンの子どもたちが学校にやられ、もう一人先生がスタッフに加わった。生徒が進歩するにつれて、勉強の中身は広げられ、もっと面白くなった。

私はこの教会時代の学校に二年間、それから州政府に移ってから二年間通ったが、いろんなことを急速に学んだ。本当のところ、一人の生徒がそんなに短い間に達成できる進歩の程度を考えると、私の例はその学校の当時の教え方のすばらしさに対する讃辞と言えるほどめざましいものであった。この四年間が終わる頃には、私はかなりうまく読み書きができるようになっていたし、算数の四則計算を先生たちが完全に満足の行くくらいに身につけていたし、地学や生理学や文法についてもなまかじりの知識を得ていて、自然哲学やその他の魅力的な高度な学問や科学の領域を少しはのぞいていた。そして私が知ったさらに大事なことは、まだ教育という驚異の世界はちらっと眺めたばかりなのだということだった。知る喜びを味わったばかりで、私はもっと知識を得たいと喉を焼かんばかりに渇望していた。

しかし、私と少数の他の若者たちが白人の様子を学んでその知識の喜びを感じている間に、我が部族の年寄りたちの中には、（政府の法律を考えると）自分たちに降りかかる不正の数々に対して、仲間で口論したりイライラを募らせたりする者があった。ポタワトミー族とショーニー族に土地を割り当てるという議会制定法（ただし、ポタワトミーにはショーニーに許された二倍の土地）は、非常に不愉快な気分と不幸をもたらしたので、部族政府の存在自体が脅威にさらされていた。部族の中には、政府が自分たちに与えるのがふさわしいと考えたものを受け入れて、自分たちの持っているものでできる限りのことをするのが最善だと覚悟する者もいた。他に、この法に強く反対し、むしろ政府から自分たちに提案されたものをすべて拒絶する方がよいとする者たちもあった。口論が続き、激しい軋轢があった。

一八七五年、部族内は結局分裂したが、チーフ、ジョン・スパーニーとジョー・エリスに率いられた人々（進歩派と呼ばれた）は一八七二年五月二三日の議会制定法による政府の割り当てを受け入れた。ビッグ・ジムとサム・ウォーリアに率いられた人々（部族の約半数を占め、政府には非進歩派として知られる）は、その割り当てを拒絶した。部族の中にいろいろ不幸なやり取りがあった後、一八七六年早春に非進歩派は、現在のオクラホマ州ハラーの北にあったキカプー保留地（単独保有の土地ではなかった）に移動した。そこに彼らは、一八八六年にもとの保留地に軍隊によって強制移動させられるまで一〇年間居住した。

チーフ、ビッグ・ジムと評議員ジョン・ウェルチとペカンは、インディアン局長官にある陳情書を提出した。それには、保留地を離れた理由が列挙してあって、移動のため生じた損失に関して援助をしてほしいとあったが、その要望は最終的には受け入れられた。

11章　生計を助けながら——野望

父の病気のために、一八七六年私は学校をやめ、父を助けて家族の生活のために働かなければならなかった。父の二度目の結婚以来、何人かの子どもが生まれたが、トンプソン・B、アレリック、キャスパー、ジェームズ。最後のジェームズ以外は今もみな健在だ。

私たちの生活にとっての必需品は倍増し、生活費すら上昇し始めていた。人々はもはや、以前には十分と思われた生存を満たすだけの質素な生活では満足できなかった。交易商人たちの店があちこちにできると、人の買う気を誘う品物が多量にもたらされ、私たちはわずかな文明がさらに大きな購買欲を刺激することを知った。文明とはまさに人間の必要と欲望の増殖以外の何者でもないように思われた。お金への要求はとどまることなく増大し、わずか数年前の必需品すら不要になっていくように思われた。

一帯に人口が増えるにつれて獲物や野生の動物は少なくなり、一方動物の皮や毛皮の値段はそのまま、おそらくはもっと安くなっていった。私たちは農作業に従事していないときは、熱心に獲物を狩ったり獲ったり、魚を釣ったりしたが、その量はいつも十分ではなかった。

父の土地のほとんどは肥沃な谷間の土だったが、およそ一〇エーカー［約一万三〇〇〇坪］ほどが耕されていたにすぎず、それに我々の耕作方法は実に原始的なものだった。土を耕し、作物を育てるために私たちが所有していた唯一の道具は、鋳造された一枚の鋤だけであり、それで耕してもおよそ一〇インチの溝が掘れるにすぎなかった。その鋤には木製の柄とハンドルがついていて、我々はこれを一本の木と鎖で一頭の馬に結びつけた。この鋤を使って畝の間を耕すのには四回行ったり来たりしなければならなかった。まず最初にトウモロコシを植える列のできるだけ近くを、土をはねのけながら耕す。次に隣の列のすぐ脇を同じように土をはねながら戻り、間に畝を作る。それからこの畝の土の半分を二番目の列に戻し、最後に畝の残った土をはねて最初の列に戻す。こうした方法では、一つのトウモロコシ畑を耕すのにどれだけの時間がかかったかは、容易に想像がつくだろう。また当時私たちはそれを売るための市場など持たなかったが、仮に持っていたにしても、売るためのトウモロコシの余剰な収穫などなかったこともおわかりいただけることと思う。

学校で学んでいた間の私の希望は、勉強して将来は政府の通訳になることであった。当時この仕事にはロバート・ディアが就いていて、彼はそれで年間一〇〇ドルを得ており、私にはそれがかなりな額に思われた。学校をやめなければならなくなったとき、私はもう二度とそのような仕事のために学ぶ機会はないだろうと考えて、ひどく落胆した。しかし父の意志には常に私は従うべきであり、私は努めて明るく父を助け、家族を支えた。

しかしほどなく私は、教会の近くの交易所にいた公認の交易業者ネロ・ジョーンズの経営する店のマネージャー、W・L・オースティンから、通訳としての仕事の申し出を受けた。当時の私の英語力は限られたものだったが、仕事に必要なことについてはほとんどを通訳することができた。しかしこの交易所はすぐになくなり、次にこれも公認の交易業者であるブロッサムとクレイによって、新しいものが作られた。

新しい交易所はショーニー・タウンと呼ばれ、そこに郵便局が設置された。それは多くの白人がこの地域に入ってきた証でもあった。私は通訳としてブロッサム氏とクレイ氏に雇われ、そしてその後、そのまま彼らに雇われて周辺の草原で草を食む家畜の世話をすることになった。

これらの商人たちは善良でインディアンに対しても親切であり、他の多くの商人とは違ってインディアンの無知に付け込もうとはしなかった。私はショーニー族がもっと早くから彼らのような商人に会っていたら、白人に対するそれほどの敵意と不信とを抱くことにはならなかっただろうし、またインディアンたちが自分の子孫たちの心にそれほどまでに強い憎しみと不信とを植え付けようとはしなかっただろうと思う。

これらの商人に雇われ働いている間に、私は白人の生活と文明とについて多くを学んだ。特にオースティン氏は私に、東部とセント・ルイスという町のことについて話してくれた。彼は私に学校に行けるよう喜んで援助をしてくれると言い、さらには自分がセント・ルイスに戻るときは一緒に来て、そこでタバコ店を手伝ってくれないかとも提案した。彼は私がそれをしながら、学校にも通えると言った。私はその考えに大いに乗り気だったが、オースティン氏がセント・ルイスに戻って行ったとき、確実に健康が衰えていた父のもとを去ることはできなかった。父は家族を支えるのに、あらゆる点で私の助けを必要としていた。

ブロッサム氏とクレイ氏は、私に対して大変親切だった。特にブロッサム氏はさらに勉強を続けるようにと、私を励ましてくれた。彼は寡黙であったクレイ氏よりも愛想よく、おそらくより高度な教育を受けていたと思われる。しかし私が彼ら二人の優れた点を賛美するのは不要なことだ。二人は、この地域がオクラホマ準州となって以後の初期の入植者にはよく知られた存在なのだ。商人としての仕事をやめた後、ブロッサム氏はアトカのインディアン保留地に行き、そこで店を開き、そして長年郵便局長を務めた。彼はその地域の初期の発展に主導的役割を果たした。クレイ氏はオクラホマ市の初期の開拓時代に、そこに行き商売を始めた。後にこの地域が入植者のために開かれたとき、彼はこの私たちの行政の中心地に戻ってきた。彼はミス・ビッグズと結婚し、何年かその地域の社会的リーダーとして主導的役割を果たし、そしてかなりな富を築いた。その後彼とその妻はカリフォルニアに移住し、何年か前そこで亡くなった。ブロッサム氏とクレイ氏の印象は深く私の心に刻まれている。若い心は印象を受けやすい。私の彼らとの親交は、時々は中断されることもあったが、何年か続いた。

私は学校で読み書きを学び、大いに読書好きになったが、読む本を手に入れるのはほとんど不可能なことだった。私の住む地方に新聞が来ることもなく、また手に入ったにしても、それは白人が読んでほとんど擦り切れていたのではないかと思う。いかなる種類の本であれ、それを所有する人も稀で、借りることもできず、また売ってもいなかった。ブロッサム氏は、私が読むものに飢えているのを見て、ボストンで発行されている週刊誌『青年の友』[19]を購読してはどうかと勧めてくれた。私が理解できない言葉や表現がたくさん使われていて、最初はそれを読むのは大変なことだった。物語に描かれているような生活についてはまったく何も知らなかったが、私はいつも挿し絵に強く興味を引かれ、徐々に物語の内容を理解できるようになっていった。この雑誌から私はよりよい英語の使い方を学んだばかりでなく、世の中の状況と人々の生活についてもさらに多くの知識を得た。私は長い間この雑誌の定期購読者だった。

私は学校にいる間は日曜日の礼拝に出席していたが、仕事についてからは定期的にそれをすることは不可能だった。私は時に都合をつけて教会に通ったり、また友人や学校の先生を訪ねたりすることもあった。しかし私は日曜日もそれ以外の日も、任された家畜が草を食べる番をしながらほとんどの時間を過ごした。家畜たちが草を食べる決められた範囲から出ないように子馬に乗ってあちこちを見回ったり、のんびりと草を食む家畜の番をしながら何時間もなすこともなくただ座って過ごした長い日々は、私にとって深い思索の日々であった。聞かされたこと、文明について読んだことなどを心の中に思いめぐらすうち、我々が知っているよりももっとましな、よい生き方があるのだという確信が日々私の中に強くなっていった。先生を訪ねたり、宣教師と話したり、こうしたすべては私の心に火をつけ、自分を何とかしなければ、という私の決意をより強固なものにした。私は自分が読んだこの国の他の場所や、大切な雑誌の挿し絵の中で見たものを直接目にしたいという強い思いを持っていたが、何よりも大きな都市のすばらしさを直接自分の目で確かめてみたかったのだ。

12章　さらなる教育をめざして

私の計画のすべては、一八七七年夏の父の突然の死によって大いに狂ってしまった。父は私たちの家の近くに、父の部族における地位にふさわしい通常のやり方で埋葬された。

父の死の直前、長姉のナンシーは西四マイルほどのところに住むウィリアム・チャーリーという男と結婚していた。父の死後、私の継母はエレファント（象）という名のショーニーの男と婚約をした。彼女はもちろん子どもを連れて男の家へ移ったので、私は突然自由に今話しているような計画を立てたり、自分の将来についてしたいと思うことに取りかかったりすることができると気づいた。しかし私は、母方の伯父であり、部族の半数の上に立つ非進歩派の指導者であるチーフ、ビッグ・ジムの後見を受けていたので、すべてにおいて彼の意向に従わなくてはいけないと感じていた。

家族の絆は我が部族にとっては根強いものであるし、継承（相続）は母系であったので、おじは私に対してほとんど我が子のように責任を感じていた。しかし、彼は私たちの族の中でも一番非進歩的で、あらゆる点で父と反対であった。言うまでもなく、彼は私の野心には好意的ではなかった。しばらく私はとても落胆していた。

しかし、インディアンに子どもたちを学校に送るように勧めていた宣教師たちが、よくチーフたちと教育について議論し、若者たちを東部に送って教育を受けさせるように意見していた。チーフたちも、時代が変わりつつあり、政府は新しいインディアン政策を取り入れていて、部族もワシントンから送られてくる条約文や文書を理解できるように若い世代に教育を受けさせるべきだということを悟っていた。こうした事柄は、あらゆる評議会や宣教師とインディアンが話をするときにはいつも議論されていた。チーフたちは二人の若者を東部に送って教育を受けさせることに決めた。二人は、中心氏部族のサウェギーラとペクーウェから選ばれることになっていた。サウェギーラ族は、代表としてジョン・キングという若者を選び、ペクーウェ族は私を送ることに決めた。ついに私にチャンスがやって来たのだ！

ジョン・キングと私は、別な族の人間であったが、いつもいい友達だった。私たちは、これから一緒に学校へ行き、これまで別にいろいろ情報を耳にしてきた驚異の世界を一緒に見ることになったことを喜んだ。ジョンは八歳年上で、すでに大人、それも立派な大人だった。いろんな点で彼は私よりも経験を積んでいたが、学校には数か月しか通っていなかった。二人とも野心を抱いていたし、人生観は違っていたが、ともに価値ある人生を送りたいと思っていた。彼は商売の方面で成功を望んでいたが、私はと言えば、それよりも人生の神秘や精神の成長と我が部族の繁栄のことを考えていた。

オクラホマ州に古くから入植している人々の多くは、ジョン・キングを思い出すことだろう。と言うのも、学校から戻ってくると、彼は非常に成功した商人となったからだ。まず、旧ショーニー・タウンに店を開き、それから当時郡庁所在地だったテクムセに、後にデールにも店を開いたが、デールの町の近くには彼の割り当て地があって、そこで一九〇一年に彼は死んだ。彼は、ショーニー族の諸問題や彼の住んでいた地域で卓越した存在だった。進歩的で我がインディアンに影響力を持ち、白人に多くの友人を持っていた。

ところで、ジョン・キングと私は勉強しに行ってよいというチーフたちの同意を得ていたが、ではどうやって行けばよいのか。文明化した世界に住むのは金がかかるし、学校教育も私たちにとってはまったく無料というものでもなかった。他の多くの部族のように、ショーニー族には奨学金の基金のようなものもなかった。我が部族のほとんどは貧しく、我が祖国（部族）に金はほとんどなかった。

私たちのよき宣教師エルカーナ・ビアードは、フィラデルフィアのクエーカー教本部に話を持って行ってくれて、本部は、私たちインディアンの少年のためにバージニア州ハンプトンにあるハンプトン学院に二人分の奨学金を世話してくれた。一つは、ミス・アリス・ロングフェローにより、彼女の父ヘンリー・ワーズワース・ロングフェロー［偉大な詩人、一九世紀中葉の国民的詩人、アメリカ最初期の文化的有名人］と彼のインディアンの人柄に対する高い評価を記念したもの。この奨学金は、私に用意された。もう一つは、我がインディアンの別の友人から寄付され、ジョン・キングに与えられた。

ハンプトン学院は通常の教育と農業を教える学校で、費用を払うためにアルバイトをしなくてはいけない学生にすばらしい機会を提供していた。ここは共学であり、半ば軍隊的な規律の学校であった。宣教師たちは私たちに、就学中も部分的に自活できるだろうと請合ってくれた。学校へ通えるという希望を胸に、私は数か月間慎重にお金を貯めたので、最後の調整がされて正式に奨学金が決まったと連絡を受けたときに、私たちは学校へ行く際の移動の費用と要求されると思われる入学金くらいは払えるほど貯めていた。どんなに幸せで、どんなに早く旅立ちたいと思っていたことか！

東部に出発するちょうど二日前、二人のチーフ、私の伯父であるビッグ・ジムとジョー・エリスが私たちを訪ねて来た。彼らは、薄暮の頃に静かに一列になって西の方からやって来た。その近づいてくる様子や厳粛な表情は、彼らが公の立場で部族からの指示を伝えるためにやって来たことをはっきりと示していた。その静かで威厳のあるさまは何かの前触れのようであった。すっかり暗くなったとき、彼らは私たちを、枝の茂った大きなオークの木の下で開かれる幹部会議に召集した。私たちはみんな、インディアンの正しいやり方で地面にしゃがんだ。

非常にいかめしく、チーフたちが私たちに話しかけた。彼らは言った。この使命を果たすことに同意した以上、おまえたちが我が部族に対して負うことになった責任のことを忘れるな。おまえたちは、個人として行くのではなく、部族の代表として行くのだ。我が部族の名誉、威厳、高潔は、おまえたちの手に委ねられた。おまえたちには白人の叡智をしっかり学んで来てほしい。本の読み方、そして、我が部族と政府に対して、あるいはそれらについて書いたり話されたりしたものをすべて理解すること。戻ってきたときに我が部族の諸問題について指示したり、現在のチーフたちが死んだ後にその責務と地位を引き継げるように（彼らはそれが私たちの大きな野心だとよく知っていた）、そういうことすべてを学んで来てほしい。彼らは、おまえたちをそれぞれの族のチーフにするつもりだと誓いの言葉を言った。しかし、私たちがチーフになるという約束にはある条件がついていた。「私たちは白人の宗教を受け入れてはならず、ショーニー族の信仰に忠実なままいなければならない」という明確な条件。もし私たちが、新しい教えを受け入れたとすれば、チーフになるという望みを失うだろう、ということ。野心をかきたてられ、この義務の重要性もその意味することもよく理解せずに、私たちは我が先祖の信仰に忠実であることを厳粛に誓った。

幹部会議はほとんど一晩続いた。その二人のチーフは我が部族の主義と伝統において偉大で賢明な人物であり、私たちにこれから始まる生活とその危険について、その可能性について語った。彼らの理解の仕方はこうだった。おまえたちは若く、面白いことがたくさんあるだろう、白人の土地に一時滞在しているその理由を忘れさせるようなことがたくさんあるだろう。しかし、おまえたちは強くなくてはいけない、あらゆる機会を利用して学ばなくてはいけない。しかし、頭は冷静にしていて、誰にも惑わされてはいけない。これらの人物たちは、よく十分にインディアンたちの生活に危機が忍び寄っていて何らかの変化は避けがたいことを感じ取っていた。彼らは、インディアンたちが準備をして自分たちに語られることすべてを理解してほしいと思っていた。彼らの重々しい勧告を一晩中聞いた後で、私たちは重大な義務が自分たちの上にのしかかっていることを強く感じて、彼らにこれらの教えをよく覚えておきますと言った。

ジョン・キングが学校へ行くことはチーフたちの意向であった。彼の家族が、彼に授けられた名誉のこともわからずに、行くことにひどく反対していたにもかかわらず、である。彼の兄は、もし出発するなら、追いかけて行って無理にでも帰らせると脅した。このためにジョンの決心が弱まることはなかったが、やむを得ず私たちの計画を隠し、密かに準備を進めなくてはならなかった。彼の家族は私たちが行くことを何も聞いておらず、間違いなく私たちがその考えをあきらめたと決めていた。

しかし、私たちは怠惰ではなかった。ワシントンに行ったことがあるチーフたちとか、その他旅をしたことがある者とか、町や都市を訪れたことがある者とか、あるいは列車に乗ったことがある者などに、情報を求めた。そういった人々みんなから忠告をもらった。知らない人といるときの振る舞い方や、列車の乗り方、食べ物の買い方、そして向こうに到着してからの行動の仕方を教えてくれる人もあった。宣教師たちも私たちによいアドバイスをくれた。実際私たちは、非常に多くのアドバイスを受けたので、助けになるというよりは恐れをなした。それでも私たちは、その大きな冒険を心待ちにしていた。

私たちが出発する時が来たとき、その宣教師は一枚の書類をくれて、それには太い字で「関係者各位へ」と書いてあった。その書類は、私たちの素性、行き先、バージニア州のハンプトン学院へ行く目的などを説明していた。私たちは、列車の車掌や警官にこの書類を見せるように言われた。私たちは、帽子に書いてある「車掌」という言葉から車掌を、警官はその青い制服や下げている警棒やコートの記章からわかるはずだった。何かを尋ねたいときに、私たちは車掌か警官にそれを見せることになっていた。どうすべきかを教えてくれるのが車掌の仕事だったし、警官はいつも信頼できるものだった。言うまでもなく、私たちは話す相手には十分注意するように教えられたし、どんな条件や状況であっても知らない人間にはお金を見せないことになっていた。私たちは密かに、継母の夫であるエレファントに話をつけて、およそ一二〇マイルほど離れた、当時最も近い鉄道駅だったムスコギーまで連れていってもらうことにした。

13章　いざ、東へ！

ジョン・キングと私がバージニアのハンプトンに向かって出発したのは、一八七九年一〇月の初めだった。私たちはジョンの家族が後を追うのを避けるために、夜寝静まってからそっと出発した。私たちはラバに餌をやるため少し立ち止まっただけで、その夜一晩中、そして次の日も休まず旅を続けた。後に私たちは追跡は実行されなかったと知ったが、出発したときはそれがもっとも安全と考えた方法だった。

やがて私たちは、今はにぎやかな小さな町であるが、当時は単なる村にすぎなかった（それでも当時は大変大きく見えたのだが）ムスコギーに着いた。幸いなことに私たちはそこでショーニー・タウンで知り合いになった一人の男に会った。その男の名前はドクター・クレインといい、私たちは見知った顔に出会って小躍りして喜んだ。彼は私たちが切符を買うのを手伝い、旅行について多くのことを説明してくれた。高い音を響かせ、車体を軋ませながら見事な旅客列車が入ってきたとき、ドクター・クレインは私たちを車掌のところへ連れて行き、私たちはそこで彼に書類を見せた。

車掌はその書類に目を通すと、私たちを眺めて、列車に乗るように合図をした。私たちはドクター・クレインに別れを告げ、始めて目にする列車に乗り込んだ。その客室の何というすばらしさ！柔らかいクッションの座席、カーペットをひいた通路、そして一心に私たちを見つめる見慣れぬ人々、それらが私たちにとってどんな意味を持っていたかおわかりいただけるだろうか。

汽車が動き始めた。私たちは目的地に向かっているのだ。すばらしい！　すばらしい！　しかしすぐに私たちの心配も始まった。その日の列車には男も女も多くの乗客が乗っていて、彼らが私たちに好意的であったのはまったくに疑う余地がない。何人かは私たちに興味を示し、自分たちがインディアンの理解に合致すると考える言葉を探しながら、いくつかの質問をたずねたりした。しかし私たちは彼らに対して警戒心を抱いていた。私たちは今までに、その日汽車に乗っていたほど多くの白人を目にしたことがなかった。私たちにとって白人は大変ものめずらしく、また彼ら白人にとっても確かに私たちインディアンは新奇な存在には違いなかったが、私たちはどちらかといえば、そっとしておいてほしかった。

私たちは前の夜休まず旅を続けかなり疲れていたが、目にする多くのものがとても興味深く眠ることなどは考えられなかった。それに誰かが私たちが眠っているのにつけ込んで物を奪うか、体に危害を加えるのではないかと心配で、眠るのが恐かったのだ。二人の白人の少年が、その日列車に乗っていた白人と同じくらいたくさんのインディアンに囲まれている状況をご想像いただきたい。少年たちは眠ろうなどと考えるだろうか。しかし数時間後、ものめずらしいものを見るのにも慣れ、心地よく汽車の動きに身を任せ落ち着いてくると、眠気には抗し難く、私たちは一人ずつ交代で眠ることにした。ジョンが眠っている間は私が起きて警戒し、私が眠っている間はジョンが見張りをした。しかし車掌については、まったく彼を信頼しすべては彼の言うことに従った。

汽車は今と比べるとずいぶん遅かったが、やがて私たちはセント・ルイスに着いた。車掌は私たちを大きな建物の広い部屋に連れていった。そこは多くの人でごった返し騒がしく、混乱していた。車掌は私たちに座って待つように言い、どこかに行ってしまった。私たちは興味を持って周囲の人々を観察したが、いささかも好奇心を顔に出さないように注意した。ある者は弁当を食べ、またある者は静かに何かを読んでいたが、誰もが周辺に目にするものには慣れていて、気にとめる様子もなかった。その建物の中には弁当売り場があり、私たちはそこで弁当を買った。汽車の中で食べるために、チキンの弁当を買うのにそれぞれ七五セントを払ったと記憶する。

そこでどのくらい待ったかはわからないが、私たちにはずいぶん長いことのように思われた。私たちはなぜ遅れているのか理解できなかった。なぜ汽車は先へ行かないのか。私たちが全幅の信頼を置いていたドクター・クレインは、私たちの切符は完全に目的地まで通しのものだと言っていた。警官が近くに来るたびごとに、私たちが例のすばらしい書類を出して見せると、その警官は私たちに座って待つようにと言った。そこで待つ間も、汽車に乗っていた間も私たちは、自分たちについていろいろなことが言われているのを耳にした。私たちが英語を話せなかったので、人々は明らかに私たちが言われていることを理解できないと考えていた。私たちはこうした状況をずいぶんと楽しんでいたが、彼らの言うことを理解できるとか、聞こえるとかいう素振りすら見せなかった。長い間待って別の車掌がやって来た。書類を見せると、彼はゆっくりとそれを読んで、私たちを汽車に案内した。私たちはふたたび道案内を得て、目的地へ向かうことになったのだ。

私は旅をしながらしっかり心に刻まれた、美しい田園、よく耕された田畑、きれいな家並み、そして忙しくにぎやかな都市や小さな町々の風景を印象深く思い出す。中西部の草原や低地、波打って連なる林の丘しか見たことのない目にとって、すべてが真新しい風景だった。深く速い川の流れ、美しい山の風景は畏敬に満ちて感動的だった。まったくすばらしいおとぎの国だ！

ボルティモアと呼ばれるところに着いたとき、私たちは汽車を降りて、後は目的地まで船で行くようにと言われた。すでに夜だった。明らかに汽車は遅れており、車掌もそれを心配していたらしく、時計を見て、「多分船は出発してしまっているかも知れない」と言った。彼が私たちに、どのくらいお金を持っているか、と聞いたとき、私たちは警戒して正確な額を伝えなかったが、彼は私たちが必要なだけは持っていると理解したらしかった。彼は屋根付きの馬車を呼ぶと、御者にある場所を告げてそこに私たちを連れていくようにと言った。私たちはそれがどこだかわからなかったが、馬車に乗り込み、そしてふたたび私たちの苦悩が始まった。御者は最初はある方向に、次には別方向にと馬を走らせた。明るく光りの灯った通り、そして狭く暗い裏道。私たちはすぐに方向感覚を失い、向かっているのが東か西か、北か南かわからなくなってしまった。私たちは、車掌が船はすでに出てしまっているかも知れないと言っているのに、御者がなぜそう幾度も曲がるのか、なぜ船乗り場に真っ直ぐ行かないのか、理解できなかった。

私たちは御者を疑った。またなぜ車掌が私たちに所持金の額を聞き、屋根付きの馬車に乗せたのかと怪しんだ。御者は車掌でも警官でもないから、信用すべきではない。きっと彼は私たちを町のどこか暗い所へ連れて行って、お金を奪おうとしているに違いない。

ジョンはポケットから小さな拳銃を取り出して点検し、座ったままそれを握っていつでも対応できるように身構えた。

「最初に向かってきたやつを撃つ」とジョンは言った。

ちょうどそのとき、馬車は広く明かりの灯った通りに出た。私たちは通りの中央に位置すると思われる明るい光に照らされた大きな建物に、多くの人々が出たり入ったりしているのを見た。御者は馬を止め、降りるようにと言ったが、それこそ私たちの望むところだった。私たちは彼を信用していなかったし、それにドライブは全然楽しくはなかった。御者は二ドルを請求し、私たちはそれを払った。それから彼はその大きな建物に入るようにと私たちに合図した。

私たちにはそれが私たちのすべきことだとは思えなかったものの、ガイドもなく船も水も見えない状況で、街の通りに放り出されたままだった。私はジョンに、誰かちゃんと教えてくれる人を探そうと言って、その通りを大きな石の建物の角まで歩いていった。うれしいことに、そこで私たちは青い制服を着、手に警棒を持ってコートに一つ星を付けた男に出会った。私たちは例の書類を差し出した。

それを読んで警官はついてくるようにと合図をして、私たちを馬車の御者が入るようにと言った建物へ連れていった。警官は私たちを案内して二、三段の階段を降り豪華な座席のある大きな明るい部屋まで来ると、座るようにと言って、階段を上ってどこかへ行ってしまった。私たちは彼がすぐに戻ってきて、ボートに連れて行ってくれるものと考え、待っていた。私たちはともかくも自分たちが乗るボートに着きたかったのだ。

やがて車掌のような身なりをした男が階段を降りてきたが、彼の帽子には「船長」という文字があった。しかし私たちは彼がそれなりの立場にある人物と考えて、例の書類を差し出した。それを読んで船長は微笑み、丁重にお辞儀をすると去って行った。私たちはほとんど絶望的な気持ちになっていた。きっとボートは出発してしまい、私たちはもうけっして目的地に着くことはできないだろう。

そのとき本当に恐ろしい、耳をつんざくような音が聞こえた。それは何か汽車の汽笛のようでもあったが、それ以上にもっと恐ろしい音だった。そして次に建物全体が動き始めたのだ。私たちの驚きをご想像いただきたい。私たちは、建物だと思っていたものが船だったことをようやく理解し始めた。私たちが部屋を横切って、小さな窓から外を眺めると、見えるのは水ばかりだった。疑いもなく、私たちは助かったのだ。ふたたび目的地に向かうことになったのだ。

やがて船長が戻ってきた。彼はとても親切で、私たちは彼がしゃべることをすべて理解できるということに気づいた。彼は私たちが安心して横になり、眠ることができる場所を示して、夜中起きていればひどい船酔いになるだろう、と説明した。私たちは大変疲れていて、固くなった手足を伸ばせる外敵から安全と思われる場所は、もちろん大歓迎だった。

しかし私たちがこの親切な船長の忠告の意味を完全に理解したのは、一、二年後ガーフィールド大統領［第二〇代、在任一八八一年三月〜九月］の就任式のために大挙してハンプトン学院からワシントンに出かけたときのことである。そのとき私たちはアームストロング将軍（学院長）や私たちの指揮官であるローメイン船長と蒸気船を借切って出かけた。ローメイン船長は少年たちに船酔いを避けるために海に出る前に寝台に横になっているようにと忠告した。私たちはその忠告を気にも留めず、結果として多くの若者が想像を絶する激しい船酔いにかかり、それはふたたび陸に着くまで治らなかった。その経験の後初めて、私たちは横になって眠るようにと言った船長の忠告の意味を完全に理解したのだ。

ジョンと私とは朝の九時にフォートレス・モンローに着き、馬車で来ていたハンプトン学院の最高責任者アームストロング学院長の出迎えをうけた。私たちは数分後に目的地である学校に着いた。今でもその長い旅の記憶は、現実にあったことというよりも夢の中の出来事のように思われる。

14章　ハンプトン学院

ジョン・キングと私がハンプトン学院に在籍している間、それはまるで新しい世界に入りこんだようであった。私たちはショーニーの寄宿学校で公立の学校の規則やしつけにすでに慣れていたが、実際には、ハンプトン学院のような学校の規則については何も知らなかった。それは半ば軍事学校であり実業学校であった。その規律や規則は厳しく、何ごとをするにも迅速性を求められた。

しかし初めは私たちに対し運用は寛大であった。三〇日間にわたって私たちは規律から完全に自由を許され、キャンパスそして事実上周りの地域を全部見て回るように勧められた。私たちはジェームズ川とその周辺地域で釣りをすることを許されたが、それはその目的のために柵で囲まれていた。誰もが私たちを親切に扱ってくれて、その間中私たちは学校の日課と私たちの生活習慣における変化にだんだん慣れることができた。

アメリカ合衆国のあらゆる地域とキューバからやって来ていた若い男女四〇〇～五〇〇人の学生の

うち、一〇〇人近くがインディアンであった。私たちは唯一のショーニー族の学生であったが、他のインディアンがいることで私たちはずっと気楽になった。三〇日が過ぎる頃私たちは、我が大隊のC歩兵中隊に所属を指定された。私たちの規律は当時のよく組織された軍事学校に似たものであった。朝五時に起きるときから、ほとんど一日中何らかの務めが決められていた。私たちはあわただしく朝食に備え、中隊の点呼に備え、集合ラッパに合わせて食堂まで行進する準備をしなければならなかった。食堂では私たちは、テーブルの一方に男子が、もう一方に女子が並んで気をつけの姿勢で、着席の合図があるまで立っていなければならなかった。それぞれの食事には二〇分間だけが与えられた。

朝食の後一時間の学習があった。それから私たちは毎日点検のために部屋を片付けた。制服はきちんとブラシをかけ着用をし、靴は磨いておかなければならなかった。そして集合ラッパが鳴ると私たちはもう一度点呼を受けるために整列し、通常の授業が始まる前に、朝の点検と軍事教練があった。一日のどの時間にもすべきことがあり、怠けることはできなかった。

夕食の後短いお祈りの時間があり、講堂で校長先生が教訓的な話をされた。学習の時間は九時まで続き、それから自分たちの部屋に戻り寝る準備をした。九時三〇分になると消灯ラッパが響き、電灯を消さなければならなかった。こうして一日の務めは完了した。私たちは服を着、食事をし、教練をし、勉強をし、正確に教科書を暗唱したが、一分たりとも務めでないものはなかった。学生は誰ひとり、適切な将校の許可なしにキャンパスを離れることを許されなかった。私たちは先生や将校や同級生たちに敬意をこめてあいさつすることを習った。ジョン・キングと私は白人の服を着るようになったばかりだったが、学校の制服をきれいに保ち、シーツにしみをつけないことを覚えなくてはいけなかった。歯ブラシと浴槽はとても便利なもので、その使い方を覚えなくてはいけなかった。それらはどれも私たちには目新しいものだったが、気に入っていた。ほんのわずかな期間が過ぎると、こうした事柄もまるでいつも実践していたかのように私たちには自然になってきた。以前述べたように私たちは権威に敬意を払うよう教え込まれていたが、そのおかげで軍隊式の見習いの生活にもうまく対応することができた。

ハンプトン学院は共学だったので、男子学生と女子学生の間にはある程度の社交的活動があった。私たちは毎日食堂といくつかの授業の中で女子学生と一緒だったし、教会でも会ったので、男女の間には一種の同胞意識も芽生えたが、それはジョン・キングと私には初めての経験だった。平均月に一回くらい社交的行事があり、先生と将校たちの適切な監督のもと男女学生が集まった。ダンスやゲームやいろんなコンテストが行われ、そうした場面で会話がなされた。ダンスは多くの学生にとってお気に入りの気晴らしだった。カドリールやバージニア・リールを踊る者もいたし、ワルツやポルカを踊る者もいた。フィッシャーズ・ホーンパイプやハイランド・フリングのようなダンスをソロで見事に踊る学生もいた。そういったダンスはジョン・キングと私にはまったくなじみのないもので、最初私たちは驚いて眺めるばかりだった（もし当時私たちにその気があれば、我が部族兵士のダンスを披露できたのにと、今になって思う）。

しかし、私たちは学校の習慣や学生同士の付き合いに慣れてくると、こうした社交的な出来事も面白くなってきた。私たちは全く初めてのそれらの音楽が気に入っていた。ゲームも好きで、やり方を覚え、ウィットとユーモアにあふれたコンテストも好きだった。対等な異性との関わりあいは新しい体験だったが、初めは自分たちが無作法でぎこちなかったのではないかと思う。しかし、互いに意見を交換したり、先生たちからは優しくしかし堂々と共感や激励を受けて、私たちは目新しいばかりでなく心地よくさえあった文明のこの段階を理解することができるようになった。自分は正しいと主張できるよう先生方が気持ちよく手助けしてくれたことを、私は感謝の気持ちをこめて、いつまでも思い出すことだろう。

ハンプトンでは、当時流行の社交上の決まり、いわゆるヴィクトリア朝式のエチケット（今日の若者のあのなれなれしい物腰とはまったく違う）を教えてくれたが、その教育の中で私たちはよいしつけの基礎は、他人の権利を大切にし、目上や年長者を敬い、利己的にならないこと、といった我が部族の素朴な教えとちょうど同じような原則なのだとわかった。この原則を表現する方法はいくつもあるが、それは社交的な文化とみなすことができるもので、結局社交上の倫理観における違いなのだと私は主張したい。我が部族でも、値するものがないのに尊敬のふりをしろとは教えていないが、礼儀のある社会では自分たちの本当の感情は隠さなくてはいけないし、感情的になり過ぎてもいけないし、不快な態度を取ってもいけない。つまり、エチケットは礼儀を表現する外面的な統一された方法にすぎない。私たちはゆっくりと、こういったことや学校における社会的仕組みの実際を吸収していった。ジョンと私はそれぞれ、これらの社交的機会において魅力的な相手となる若い女性を見つけた。

私のパートナーとなった女性は、美しいインディアンの娘で、サウス・ダコタ州のスー族出身だった。私たちは、いくつかの問題だけでなく、考え方にも共通のものがあることがわかり、白人たちがするようにそれらについて一緒に議論した。二人とも希望にあふれていて、あらゆる機会を有効に使いたいと考えていた。このように共感してくれる熱心な聞き手を得て、私は将来について自分の希望や計画を心おきなく語ることを覚えた。やがて、私の将来計画はこの女性の存在そのものを含むようになった。学校が終了する頃には、彼女と一緒だったらどんなに素晴らしい重要な仕事ができるか自分にはわかったが、互いに対する愛情を告白しあった後には、彼女もこの計画に熱心に加わってくれた。

二人が経験したとても楽しい一つの出来事を私は覚えている。私がまだ同級生たちのダンスの仕方を全然覚えていない頃、プロムナードと呼ばれる単に行進のようなスクウェア・ダンスを私は喜んでしていた。私たちはちょうどダンスを始めるときのようにパートナーを選んで、それからオーケストラが行進曲を演奏している間、女性は片手を男性の腕の上にそっと置いたまま、音楽に合わせながらフロア中をゆっくり歩いた。時には審査員が選ばれて、もっとも優雅に振る舞い音楽にもっとも正確に合わせてステップを踏んだペアに賞品が与えられた。このとき、私とこの女性がペアで、私たちは会話に夢中になったあまり、回りのペアのことや賞品のことを忘れていたが、大変愉快にびっくりしたことには、私たちの名前が大勢の前で受賞者として呼ばれ、私たちがそれほど互いに夢中になっていたことに対して多くの拍手とはやし立てる声が起こったのである。

賞品はとても大きなケーキで、見事に飾り立てられていて、それを彼女はすぐさまできるだけ多くの友達に分けてあげられるように小さく薄いピースに切り分けた。みんなが私たちが行進する間互いに夢中であった様子をからかうさまはまったく愉快であった。

ある日ハンプトンで、私はショーニーのミッション・スクールの先生の一人から手紙を受け取ったが、その中には、私の名前はアルフォードであるというロバート・ディアによる宣誓供述書も同封されていた。私は白人たちの父親の名前をもらうというやり方が気に入っていて、トーマス・ワイルドキャットという名前で在籍していた。トーマスという名前は立派な友人からもらったもので、私はそれを名前につけていたいと思っていたが、正しく適切なやり方を実行したいと思っていたので、指導教官であるミス・フォルサムのところへ手紙を持って行って、助言を求めた。しばらく考えてから、先生は「もし私があなたの立場なら、自分の名前はあきらめないと思うわ。ただ正式の名前にその名前をくっつければいいのよ」と言った。こうして私の問題は解決され、それ以後私はトーマス・ワイルドキャット・アルフォードと署名するようになった。

15章　白人の宗教

ハンプトン学院は特定の宗派に属する学校ではなかったが、強い倫理的、宗教的影響がいつも学生たちの間に及んでいた。集会場では毎日短い礼拝が行われ、安息日にはいずれかの教会のミサへの出席が義務づけられていた。決まった教会のある者は、その教会に行くことが許されてはいたが、学校での日常の礼拝は各派統一的性格のもので、特定の教会の教義が教えられることはなかった。

やがてジョン・キングと私とは、この宗教的雰囲気に感化されるようになった。先生の一人、ミス・クリーブランドは私たちのこの宗教心の芽生えに特別の興味を示し、時には日曜学校が終わった後も私たちを引止めて、多くの時間を割いて私たちと話しキリスト教のすばらしさを説いた。

私たちは楽しんで聖書を学び、そのすばらしい本に提示されている教えの多くの例が、私たちショーニー族のものと似ているのを発見した。たとえば旧約聖書申命記二五章、第五節は次のように言っている。「兄弟が一緒に住んでいて、そのうちの一人が死んで子のないときは、その死んだ者の妻は出て、他人に嫁いではならない」。この古いユダヤ人の慣行は、オクラホマ州の開拓時、ショーニーの法が州法に道を譲ることになるときまで、まさにショーニー・インディアンの間で行われていたものだった。

ジョン・キングと私は、キリスト教が我々の宗教より優れていると確信するようになるまでに、よくこのことについて冗談を言い合った。私たちは面白半分に、もしどちらかが家族を残して先に死ぬようなことがあったら、残った方がその奥さんと結婚し、子どもを自分の子どもとして育てるという、約束を交わした。しかしその後の人生において様々なより重大な局面の中で、私たちはこの約束について思い出すことはなく、それは事実上忘れ去られてしまった。

ここで私は絶えず私の心を悩ませ、私のその後の人生において重要な役割を果たし、苦い失望をもたらすことになる宗教的問題について述べておこうと思う。私がハンプトン学院に入学してしばらくの間、この問題はまったく私を悩ませることがなかった。私には私がキリスト教の信仰を受け入れることによって、伯父のビッグ・ジムとの約束を破ることになるということなどは、思いもよらないことだった。私はいつも西部に戻り、私の属するショーニー族の社会の中で仕事に就くときのことを思い描いていた。私は日々新しい様々な考えを学び、人生についてのより広い視野を得た。そのたびに私は、「さあ、これはみんなに教えられるものだ」とか「こうした知識や考え方は、自分がショーニー族のチーフになったとき役に立つだろう」といった思いにかられるのだった。こうした思いが、家族や友のいとしく懐かしい顔を一目見たい、森の音楽や木々の間を吹き抜ける風のささやきを聞きながら静かで安らかな故郷の一日を味わいたい、と全身全霊が郷愁に泣き叫ぶ多くの時間を耐える勇気を私に与えたのだ。

しかし時が過ぎて、先生たちの関心が増し、彼らの説得が強くなってくると、私はその問題を無視することができなくなった。私は信仰について考え、イエス・キリストの福音について学び始めた。最初私はそれをある意味で私たちショーニー族の宗教とは異ならず、我々の信仰をよりよく教え、理解する方法にすぎないのだと考えていた。事実それは今まで私がはっきり理解することのできなかった事象を明確に説明してくれるもののように思われた。宗教はけっして何らかの哲学的推論によって説明され得る実体ではなく、常に見えざる力に対する信仰によって説明されるべきものだ。「崇高な精霊」の存在を、そして自然と人間との密接な関係を信じることができ、また実際に信じてもいるインディアンにとって、何らかの宗教は必要である。私は、人間がその造物主である「偉大な精霊」のイメージに似せて造られ、したがって一人ひとりが自分のすべての言葉と行動、思いと行いについて責任があると教えられた。ショーニーの信仰においても、常にこの人間の導き手たる霊の存在がいることについて類似性は認められるが、しかしそれはそこまでだった。

友人や先生たちの絶えざる圧力と関心のもと、この信仰の問題は私の心の中でもっとも重要な課題となった。私は真実を知りたいという深い魂の飢えを意識するようになっていった。そして真実に対する確信が、そして知識の夜明けが訪れた。私は心の奥深くイエス・キリストこそが我が救い主であることを知ったのだ。

しかし私は、自分がこの信仰を受け入れるとショーニー族の支配者、チーフになるという希望を事実上放棄したことになるということを、十分に理解していた。私が我が部族にとって役立つだろうと考えたことをどんなに多く知っていようと、彼らを導き率いることができないとしたら、それにどんな意味があるというのだろうか。それに私の個人的野心の問題もあった。私は州知事になりたいと思っている白人の青年の誰にも負けないくらいに、我がショーニー族の長になりたいという強い希望を持っていた。偉大であるかどうかに関わりなく、私たちの世界を構成しているのは、私たちが知り愛している人々である。ショーニー・インディアンは我が部族であり、私の世界を構成しているのは彼らなのだ。

この葛藤は執拗に続いた。私が我が部族への思いから開放されることはなかったし、また一方では心の中で私に呼びかけ、イエスの足元に誘う声も絶えて止むことがなかった。そして最後にイエスの声が勝利をおさめた。望んでいた地上での栄誉は終わり、夢は無為に消えたことをよく理解した上で、私は神の愛のうちに満たされていた。私の仲間が種族の長に示す敬意と尊敬とを私に与えることはけっしてないだろうが、私は彼らのために働き、さらに彼らにキリスト教の真実について教えることさえできるかも知れないのだ。このことはやがて時の証明するところとなった。

この信仰上の問題が、私自身、先生たち、親しい友人たちの満足のゆく解決をみて、私は自分の勉強に集中することができるようになった。学校の様々な活動において私は自分の立場を確保し、そのことは私に与えられたいくつかの栄誉によって証明されることになった。確かに私は先生や職員たちの敬意と信頼とを得ることができたのだ。

学校に入って、学資の足しにするために空いている時間何か仕事を選んでしてもよいと言われたとき、私はまず最初に学校が経営している製材所での仕事を選んだ。しかし私はノコギリで指をひどく切り印刷所に移されたが、結局在学中はずっとそこで働くことになった。そこで私は活字を組んだり、それ以外のどんな必要な仕事にも素早く慣れ、それにより生活に必要なものを買うためのわずかばかりのお金を得ることができたのだ。

私に奨学金を提供してくれたミス・アリス・ロングフェローは私の成長に個人的興味を持ち、時々手紙をくれた。彼女の手紙は私を大変勇気づけ、奮い立たせるものだった。彼女は私が我が部族のために何かをすべき大きな責任を負っているとして、特にインディアンの婦女子の置かれた状況の改善のために力を尽くすよう私を促した。ハンプトン学院を出て学校で教えていたとき、彼女はインディアンの女子も私たちの学校の男の子たちと同様の利益を享受できるようにすべきだと私に強く勧めた。

他の学生たちと一緒に、私は東部の町に何回かの旅行をした。すでに述べたその旅行の一つは、ガーフィールド大統領の就任式を見にワシントンに出かけたものであった。その時私は旗手として、大統領に旗を掲げて挨拶するという栄誉ある役を務めた。上級学年のとき、私はアームストロング学院長や他の二、三人の学生とともにハンプトン学院のインディアン学生の代表として、ニューヨーク、フィラデルフィア、ボストンやその他の都市に出かけた。この旅行の目的は人々にインディアンの教育への関心を喚起し、ハンプトン学院を経済的に援助してもらうことであった。私はインディアンの教育の必要性について話をした。私たちはかなりの額のお金、六万ドルほどを集めることができたのではないかと思う。

ニューヨークにいる間に、アームストロング学院長、ポーニー・インディアンのジェームズ・マリー、そして私の三人は、今はその名前を思い出すことはできないが、ある大変素敵な婦人の家に招待を受けた。彼女の家は素敵な、実際私が今までに見たこともないほどに美しいものだった。彼女はすばらしい絵のコレクションを持っていて、ていねいにそれを説明してくれた。それから彼女は私たちを応接間に案内し、お茶に招待してくれた。私たちが帰るとき彼女は私に美しい金の時計をくれたが、そんなものは持ったことがなかった。

ニューヨーク滞在中、私たちはポーター・ハウスというホテルに滞在していた(9)。ある日、ジェームズと私は市内見物に出かけ、どこを歩いたかを特に気にも留めていなかったため、道に迷ってしまった。私たちはもと来た道をたどってみたが、家はすべて同じに見えた。私たちはまったく途方にくれた。やっとのことで警官を見つけ、手に警棒、コートに一つ星を着けたその人に大いなる敬意を示して、ホテルまで連れて行ってくれるよう頼み、不愉快な冒険に巻き込まれることもなく、無事ホテルに戻った。

原注(9)　ニューヨーク市のポーター・ハウスは、当時アメリカ一のすばらしいホテルと考えられていた。そこからポーター・ハウス・ステーキの名前がつけられた。

アームストロング学院長は、私たちに道に迷わないためにはどうすればよいかを教えてくれたが、必要以上に私たちを叱ることはなかった。私にとって旅行は大変楽しく、自分が読んで理解できなかった多くのことを明らかにしてくれた。つまり私の視野を広げてくれたのだ。

東部の学院での三年間は、私の感じ方にも外見上にも多くの変化をもたらした。私は「文明人」の身だしなみの基本として細かな服装のイロハについて学んだ。実際ジョン・キングは私の身だしなみがあまりにも極端に整い過ぎているといって笑い、「まったくの気取り屋」だといって非難した。私はもはや女性の中に混じってもぎこちなさを感じることも、自意識過剰になることもなかった。私はまた育ちのよい人々の間にあって不快な気持ちを起こさせないマナーも身につけた。教育は私を批判的にも高慢にもしなかった。それは私の精神を、心を開き、人間へのより広い理解と、我がショーニー族への大いなる愛と理解へと私を導いた。私は、私が学んだことの恩恵や喜びを彼らに分かちたいという燃えるような思いに駆られた。彼らは楽しむべき多くのことを、要求すべき多くの特権を享受していないのだ。しなければならないことは広い範囲に限りなくあった。私は故郷に帰り、仲間と一緒に仕事を始めたいと思っていた。

私がハンプトン学院を卒業するときには、男女を問わず人道的、教育的活動に指導的役割を果たしていた国中の多くの著名人が参列した。多くは私を知っていて、私の社会の役にたちたいという希望を勇気づけてくれた。卒業式において私は、学院での私の経験について、その意味について、そして私がどのように私が受けた教育と私の生涯とを我がショーニー族のために使おうとしているかについて話した。

そしてこのようにして私の学院生活は、終わりを告げたのだ。

第四部　故郷に帰る

ショーニーの学校の子どもたち

16章　ふたたび故郷へ――失望の日々

私の帰郷の旅は、三年前の東海岸への旅とは全く違っていた。私は一人だった。ジョン・キングはハンプトンで取っていた課程を修了しておらず、私よりも結局一、二年長く残ることになったからだ。私はもはや、自分のことを見極めたり自分の行く先をはっきりさせるためにレポートや論文をまとめることは必要だと思っていなかったし、道案内してもらうために車掌や他の制服を着た人物に頼ってもいなかった。同席の乗客に対しても、こちらに親しみのある興味を見せてくれれば、会話を始めるのにも躊躇しなかった。私は混雑する都会ばかりでなくよく整備された農場や美しい田舎の風景を見るのにもすっかり慣れていた。汽車が西にひた走り、通り過ぎる町がどんどん小さくなり、家々がますますみすぼらしくまばらになるにつれて、私は奇妙にも失望感を味わった。離れていた故郷がこんなにも変化していないとは思っていなかった。そういう小さい町々が昔初めて見たときにはどんなにすばらしいものに見えたかということを、実際私はすっかり忘れていた。

東に向かったときに取ったのとは違うルートを経て、私はタルサで汽車を降りた。当時タルサは小さい町で、偶然ショーニー族のチャーリーに会った。彼の妻のベッツィーは私の母の遠い親戚だった。彼はタルサから一二マイルほどのところに住んでいて、私は一晩泊めてもらうために彼の家に一緒に行った。翌日私はショーニー・タウン行きの郵便馬車に乗り、やがて町に着いた。

私の帰郷は実に苦く失望に満ちたものだった。私の服装や態度、話し方や物腰などの変化にすぐに気づいて、人々は冷淡で疑い深そうに私を迎え入れた。あっという間に彼らは、私が習慣や立ち居振る舞いばかりでなく白人の宗教さえも身につけたのではないかと疑った。私が愚かにも夢見ていたように、一族や友人たちがにぎやかに集まってくれることもまるでなかった。私がみんなに教えるために仕入れた新しい考え方や知識を学びたいと熱望するでもなく、人々はおまえのことは認めていないぞときっぱり私にわからせようとするばかりだった。私には戻るべき本当の家もなく、親戚の人々も私という存在を歓迎しなかった。

私は人々に、宣教師のフランクリン・エリオット師と関わることで応酬した。私には、白人の友人であるブロッサムとクレイ、そして寄宿学校で働く者以外には相談を持ちかける人間もいなかった。

ハンプトンですっかり慣れ親しんだ楽しみや便利だった事柄を思うと、ひどく淋しかったし、同級生や友人たちとの楽しい交友を大変懐かしく思った。前に述べたスー族の若い女性は、ハンプトンにいた最後の数か月の間ほんとうに私に親切にしてくれた。実際別れるとき、彼女は、あなたの方の準備が整ったなら、人生の務めを一緒に始めましょうと約束してくれた。この約束を聞いたとき私はとてもうれしかったが、我が部族のもとに戻り冷たく受け入れられてみると、彼女をここに呼び寄せ、試練を共有して二人の上に否応なく降りかかってくる失望に満ちた出来事をともに耐え忍んでほしいと頼むのは得策ではないと思った。しかし彼女の手紙は私を勇気づけてくれたし、無事に帰郷したと知らせてから定期的に書いてくれる何人かの友人や先生たちの手紙もそうであった。

帰郷のときの失望が癒えると、私は仕事を探し始めた。何としても働いて骨を折って手に入れた知識を使いたかったので、有効な道が開けないというのはひどく失望することだった。エリオット師は通訳として私を雇ってくれて、それはそれで満足のいくことだった。というのも、インディアンたちに私が満足を覚えていた宗教的生活のことを話す機会が生まれたし、文明のもたらしている様々なことについて話して聞かすこともできたからで、中でも人々と実際接触することが可能になったのが大きかった。しかし報酬は情けないほど少なく、もっと多くの人々に関わる仕事ができたなら、もっともっとすばらしい何かをしてあげることが自分にはできるのにと感じていた。しかし私は費用を捻出できるだけの金を貯めるまではこの仕事にとどまってから、やがて職を探し始めた。

私は、当時ダーリントン［現在のオクラホマ州カナディアン郡］にあったシャイアン・アンド・アラパホー管理事務所に、何か職はないかと馬に乗って出かけた。ダーリントンでメノー派伝道団のH・R・ボス師に会ったが、彼からは後にインディアンに対する伝道の仕事に関わる何通かの面白い手紙を受け取った。しかし、このとき仕事は見つけられず、私はアナダルコのカイオワ・コマンチ・アンド・ウィチタ管理事務所まで足を伸ばしハンプトンの旧友であるジョン・ダウニングに会うことにした。しかしジョンには会えず、仕事についても収穫はなく、とうとう家に戻ることにした。

私はインディアンたちからあぶり焼きの肉少々とパンを買い、それを鞍袋（親切にエリオット師が馬や鞍とともに貸してくれた）に入れ、帰途に着いた。私は東北のルートを取って見知らぬところを進み、夜が差し迫ると水が見つかるところにキャンプをした。ショーニー・タウンに着いたときにはへとへとに疲れ落胆しきっていた。

私の古い雇い主であったブロッサムとクレイはすでに共同経営を解消していたが、クレイ氏はまだこの地域に残っていて、私が何も仕事を見つけられないでいると、彼の馬車でカンザスまで運んでやると言ってくれた。私はカンザス州ローレンスの印刷所で仕事が見つかればと思って、喜んでそれを受け入れた。

アーカンソー・シティに到着するのに三日かかったが、当時そこは通り一本と郵便局も兼ねた店一軒の小さな村で、ほとんど農家とその納屋ばかりがその周りに固まっていた。私たちは一晩そこで泊まり、翌日方角を変えてウォミーゴに行き、そこで別れた。クレイ氏はそこに住んでいた兄弟をたずね、私はローレンスまで汽車で行き、仕事を探して他の町にも足を伸ばしたが何の成果も得られなかった。

しかしこのとき、当時ローレンスの近くに住んでいた恩師のミス・エラ・D・コルトレーンを訪問することができとても楽しかった。彼女は現在オクラホマ州のエイダで開業医をしている。ショーニーの寄宿学校の学生だったとき彼女は先生だったのだ。

私は乗り合い馬車でようやくショーニー・タウンに帰ってきたときには「すっからかんの職なし」で、すっかり落ちこんでいた。何か仕事を見つけるのはたやすいと思っていたが、現実には大変厳しいとわかったのだった。

戻るとすぐに、私はショーニー寄宿学校に職があるのではないかと、ソーク・アンド・フォックス管理事務所のインディアンの職員であるJ・V・カーターに申し込みをした。ショーニー族、ポタワトミー族、キカプー族、アイオワ族はみんな当時この管理事務所の管轄で、政府とこれら部族やその一員との取引はすべてこの事務所を通して行われていた。私は学校の仕事を手に入れることはできなかったが、このことが後にポタワトミー通学学校の教師に任命されることにつながったのである。それはちょうど、私のためには失望以外の何ものも用意されていないのだと思い始めたときのことだった。

17章　若き教師

私が最初に赴任することになったポタワトミーの学校は、現在のオクラホマ州ワネットの西およそ三マイルほどの、ポタワトミー・インディアン部落の近くのワゴーザと呼ばれる場所にあった。学校の建物はおよそ一二×一四フィートほどの丸太小屋で、木の隙間には冷たい風を防ぐために赤土が詰められていた。床は無造作に割った材木を張っただけの粗削りな板敷きで、二つの窓にはガラスも雨戸もなかった。それは鬱蒼と繁ったポスト・オーク［フェンスの柱などによく使われる固いオーク］の林の中にあった。

この学校は一八八二年一一月一日に開設されたが、それは私が合衆国のインディアン局に入った日でもあり、時々中断されることはあったものの以後何年も私はインディアン局で働くことになった。実際それは私の生涯の仕事となり、私が我が同胞であるインディアンの力となり彼らを助けるために多くの便宜と機会とを提供してくれた。

学校が始まる一～二日前、ショーニー・タウンの近くの鍛冶屋で、私はビリー・トゥルースディルという白人の男と知合いになり、学校に向かって一八マイルほどの行程を、馬車に乗せてもらって彼の農場まで行った。彼はトーピンという名前のポタワトミー・インディアンの女と結婚していた。私はその夜一晩トゥルースディルの家に泊めてもらい、次の朝早く学校まで残り七マイルほどの道を歩き始めた。私は衣類を入れた小さな包みを背負い、手には学校を去るとき先生の一人であるミス・フレッチャーがくれたボンボン時計を持っていた。生徒たちはこの時計を驚きの表情で見つめた。

私はジョン・アンダーソンというシティズン・ポタワトミー族からインディアンの村に隣接する土地を借りていたウィルソンという白人一家のもとに下宿をし、学期の間そこに住んだ。彼らは生活をともにするのに、とてもいい人たちだった。ウィルソン氏は私に「自分は硬派のバプティストだ」と言ったが、私には彼の宗派における硬派、軟派の何たるかを区別できなかったし、私は相手がすすんで与えようとしてくれる情報をさほど上手に理解できるわけでもなかった。彼はしばしば聖書や教会の教義について議論をしようとしたが、私はそれを好まず、しばしば古いインディアンの伝説を語って話をそらした。すると彼は口を開け、イスに腰をおろして注意深く聞き入り、硬派たる自分の信仰のことは忘れてしまうのだった。私が学校で教えている間のこの家族との生活は大変順調で、私はいつも彼らの食卓に捕えた獲物を欠かしたことがなかった。

生徒たちを相手の仕事もまた楽しいものだった。彼らは一二〜一六歳の男の子がほとんどで、全員が英語を話し、それぞれにすぐれた理解力を持っていた。私たちは土曜や休日には狩りに多くの時間を過ごした。あたり一帯は七面鳥や他の小さな獲物が豊富だった。

狩りについては、後になってみれば随分と愉快な語り種とはなったが、それを経験している間は随分と悲劇的に思われたこんな出来事があった。

ウィルソン氏には一四歳になる息子がいて、彼は私の生徒の一人だった。ある夕方私たちは月明かりを頼りに七面鳥狩りに行こうということになった。彼らは私が今までに見たこともないような口径の猟銃を持っていた。ウィルソン氏はもともとついていた引き金を壊すかなくすかしてしまい、代わりに何かの硬い骨を削ってその代用にしていたことから、それを「骨の引き金」と呼んでいた。狩りに行くとき私たちはいつもそれを持って行かなければならなかった。

その夜私たちはある細長い森と小さな草原を抜け、その向こう側の深い乾いた渓谷へと入っていった。そこからさらに私たちはその谷を横切り、七面鳥の群れがねぐらとしていると思われる別の森へと歩を進めた。思った通りそこで私たちは休んでいる鳥の群れを見つけ一羽の七面鳥と、そして七面鳥と間違えて一羽のノスリ［コンドル、タカなどの猛禽類］を仕留めた。北西から立ち昇ってきた濃い雲のために月の光が遮られ、あたりはよく見えなかった。そこで私たちは雲が晴れ、道が見えるようになるまでしばらく待つことにした。ひどく寒くなってきたので、私たちは火を起こして暖をとった。しかし雲が晴れるどころか激しく雨が降ってきて、切り裂くように稲妻が光り、雷鳴が轟いて嵐になってしまった。私たちは家に逃げ帰ることにした。ウィルソン家の少年は七面鳥を、私は骨の引き金の銃を持った。

断続的に空を切り裂く稲妻の光りを頼りに、私たちは必死に家への道をたどった。雨と風が顔に打ちつけ、着ている衣服はびしょ濡れで、ほとんど歩くこともできなかった。やがて私たちは、ちょっと前に来たときに横切った乾いた渓谷に近いと思われる場所までやって来た。しかし近いどころの話ではなかった。稲妻の閃光に目がくらんだこともあってか、私はつまづき土手を乗り越えて、今や氷のように冷たい水が急流となってあふれかえる渓谷の中に転げ落ちた。私のすぐ後を歩いていた少年に知らせる間もなく、彼もまた私に続いて渦巻く急流へと転げ落ちてきた。

必死でもがいている間に、私たちは七面鳥と骨の引き金の銃をなくしてしまった。しかし私たちはそうした状況にも果敢に対処し、幸いなことにまもなく持ち物を回収し、ふたたび家に向かった。私たちはずぶ濡れで寒かった、と言うだけではとても私たちのその時の状態を十分に言い表すことにはならないだろう。私たちは本当に芯まで濡れて、身も凍えんばかりだったのだ。しかし私たちはこの脱出談を好んで人に語り、それを楽しんだ。

ワゴーザの学校で教えていた間には空き時間がたっぷりとあった。郵便は長い距離を馬で運ばなければならないため定期的にというわけにはいかなかったが、私はハンプトンで知合った何人かの友達と定期的に手紙のやりとりをしていた。その中でも特に私のために奨学金を出してくれた恩人であるミス・ロングフェローからの手紙は貴重なものだ。手紙の中でミス・ロングフェローは絶えず私に、ショーニー族のために大いに力を尽くすべきだという考えを説き続けた。私が学校で教えていると聞いたとき、彼女は改めて私にインディアンの女子の教育の機会を増やし、改善するように努力してはどうかと言ってきた。これは我がアルフォード家の信念の一つでもあり、私の力の及ぶ限りにおいて彼女の考えを実行するのはそう困難なことではなかった。しかしインディアンの女子たちが、こうした教育の機会を利用するようになるのには随分と時間がかかった。彼女らは子どものときから、何事にもまず男の子が優先されるべきだというように教え込まれてきたのだ。

　私がその冬特に心待ちにしていた文通のもう一人の相手は、前に述べたサウス・ダコタのスー族出身の若くかわいらしいインディアンの女性だった。ハンプトン学院にいた間に、私は彼女を好きになっていた。学院から戻り、我がショーニー族の愛と信頼を拒否されて過ごした沈鬱な日々にも、私がなお勇気を奮い起こしすべての価値ある仕事により真摯な努力を注ぐことができたのは、実にこの彼女の手紙と、その手紙の快活な調子によるものだった。実際私はまったく意気消沈することも多かった。ショーニー族の仲間は、私を追放し、私がふたたび彼らの愛情を得ることは、もはやあり得ないことのようにも思われた。私たちは長い冬の間ずっと定期的に文通を続け、できるだけ早く結婚するという夢の実現に向かって真っ直ぐ進んでいるように思われた。私はお金を貯め、家の計画を立て始めた。

私がワゴーザの学校で教えたのはたった一年だけで、それからショーニー族のために合衆国政府が作った寄宿学校に校長として移ることになった。私の未来は明るく輝いて見えた。私はとうとう我がショーニー族のために何か役立つことに取り組める立場につくことになったのだ。私は大人たちに説いていたずらな理解を求めるよりも、むしろ若者の教育に心を傾けるほうがずっとましなのではないかと考えた。私がハンプトンで学んだことを柔軟な若者の心とその精神に伝え、役立てることはできないだろうか。私はそれはできると確信した。

こうして永続的な仕事の見通しがついたことで、私はすぐにも私の生涯の仕事を助けてくれる伴侶として、自分が選んだその若い女性を自分のもとに呼び寄せることができるものと考えていた。私は期待に胸を膨らませていた。こうした状況の中で私が、宗派上の理由により二人の結婚には賛成できないという、その女性の主任牧師からの強い反対の手紙を受け取ったときの、私の驚きと困惑とをご想像いただきたい。その牧師は、もし私の愛するその若い女性が、彼の主宰するその教会から離れれば、彼女の魂の救済は難しいと考えているらしかった。彼は、もし彼女が私と結婚すれば、当然のこととして彼の教会を捨て、私の所属する教会に移ることになると考えたのだ。

私は今でもなお、この牧師の立場を理解できない。私は一度だけこの牧師に会ったことがあるが、たいそう学者風の印象の男であった。彼のこの手紙は私の心に、いつまでも拭い去ることのできない刻印と、自分の教会に属する会員を支配しようとする牧師たちに対する強い反感とを植えつける結果となった。私は教えにより、自分たちの魂の救済は唯一神のみに由来すると堅く信じていて、どうしてもこの男の考えに同調することができなかった。当時まだ宗教と教会の教義とを学び始めたばかりの私にとっては、この問題についてその牧師と議論する自信はなかった。しかし私は今ここで、何年も子細に聖書を学んだ知識から、どんなふうにも彼のあの時の態度を正当化する理由を見出せない、と言っておきたい。

私は私の愛したその若いインディアンの女性が、私にとって絶えざるインスピレーションの源であるだけでなく、我がショーニー族にとっても大いなる恩恵をもたらすものと信じていた。彼女はとても魅力的な性格と十分な現実的常識とを兼ね備えていた。高い教養を身につけ、熱意にあふれ、精力的であった。私たちはまったく意気投合し、彼女は仕事と人生とに対する私の立場を完全に理解してくれた。彼女は常に私のすべての計画を認めてくれているように思われた。

牧師の手紙は、私の将来の計画と希望とを激しく打ち砕いた。しかし私は、私の愛する女性の魂の救済と幸福とを危険にさらす（牧師は二人の結婚によってそうなると言ったが）ようなことをするつもりはなかったので、まことのインディアンらしく、自分の幸せを犠牲にしてそれを彼女のために譲ることにした。そこで私は、彼女にそう告げ、何度かむなしい手紙のやりとりを続けた後、二人はそれぞれの道を行くこととし、それ以後は私たちの間には、暖かい友情のみが続くこととなった。

その後まもなく、彼女は牧師の賛同を得てある白人の男と結婚したと、私は推測する。私はハンプトンで別れて以来彼女と会うことはなかった。このようにして私の最初の恋は、終わりを迎えた。

18章 「小鳥の巣」

私は、無駄な後悔や回想にふける傾向がたとえ自分にあったとしても、前の章で話した出来事を悲しんでいる暇はほとんどなかった。私はひどく失望していたが、目の前にある仕事はそれでも特別私の興味を引くもので、個人的な欲望のためにその仕事の実行を遅らせようとは思わなかった。教団の白人の友人たち、特にフランクリン・エリオット師とその家族との交流は、教会の人々に対する信頼を覆されたその事件から受けた私の心の傷を癒してくれた。私の神に対する信仰は、個人的な知識や物事に対する理解といったレベルまで達していたので、揺らぐことはなかった。宗派の争いは私に言わせれば、多くのいわゆるキリスト教徒にとってお気に入りの暇つぶしだとしても、いつの世も言い訳のできないつまらないものであった。おかしな文明！

ショーニー・タウンに戻ってこの公立学校の仕事を任命されると、私は部族の人々の信頼を取り戻すという仕事に取り組み始めた。これは一年前ほど困難なことではなかった。というのも、彼らは、私がみんなのために尽くしたいという気持ちがハンプトンに派遣されたときと同じくらい強いとわかり始めていたからだ。彼らは一瞬たりとも、私がみんなのチーフになるかもしれないとか、なりたいとか思わせてはくれなかったが、用心しながらおずおずと部族の問題について私に相談し始めた。私が宗教を変えていても部族の問題に興味を失っているわけではないことに気づいて、少しずつ用心しながら信頼を寄せてきた。私の服装や態度の変化は心までも変えてはいないとわかり始めていた。一年ほど一緒にいて、彼らはみんなのために自分の得てきたものを役立てたいという、私の落ち着いてはいるが熱心な気持ちを疑う理由をどこにも見つけられなかった。

インディアンたちと話すときには必ず教育の効用について語る機会を持てたし、いろんな駆け引きは弄さなくてはならなかったが、私は彼らに子どもたちを学校に送るように忠告した。それと他のいくつかの影響も重なった結果、その年は今までよりもはるかに多くのインディアンが子どもたちを寄宿学校に送りたいと申請してきた。

私は新しい教え方をたくさん考えていたし、ハンプトンで学んだ新しい方法のいくつかを試してみたいと強く思っていた。この点については宣教師やインディアン局の職員たちの励ましを受けていた。すでに大きな変化が地方にも起こっていた。多くの白人たちがあれやこれやと口実をつけてインディアン特別保護区に入ってきていた。合衆国中に、人の住んでいない土地が白人の入植者に開放されるという話が流れていたし、中にはインディアン特別保護区を丸ごと開放すべきだと言う者もいた。こうした噂はインディアンの耳にも届き、不安や不満をもたらしていたが、それは教室にさえ届いていた。

私がワゴーザからショーニー・タウンに戻ってきた頃、ジョン・キングがハンプトンから帰ってきて、その再会は二人にとって大きな喜びだった。彼はハンプトンの友人たちの最新の情報を伝えてくれたし、私たちは支え合ってそこで学んだことをいつまでも忘れないよう努力していくことができた。ジョンの親戚何人かが亡くなり、彼に少し土地を残していた。彼は私が学校を始めた頃ショーニー・タウンに店を開いた。彼がより豊かな生活を支える日用品を人々に供給しようとしている一方、私は人々に文明と市民としての生活に向けて準備をさせるよう努めていた。

私の学校は一八八三年九月一日に、これまでにない多数の在籍数で始まったが、すぐに校舎がそれだけの生徒数を収容するには不十分なことが明らかになった。その上私は職業教育用の校舎を必要とするいくつかの計画を立てていた。正式の筋を通して申請が行われ、その結果増築と既存校舎の機能向上が認められた。しかしこの工事は翌春初めまで開始されなかった。そして工事が進んでいる間は学校を閉鎖しなくてはならなかった。

しかし学校を閉鎖する前に、ハンプトンで私の白人のチーフ（族長）であったアームストロング学院長の訪問を受けて大変うれしかった。彼は地方をずっと回っていて、学校の卒業生をたずねて卒業生が故郷の人々のために何をしているのかを自ら確かめる、あるいは自分の「奉仕」がどんなふうに役立っているのかを確認しているのだった。彼は心から今私のしている仕事、そして学校の運営の仕方について祝福してくれた上で、さらに彼の想像力豊かな頭でいくつかの改善すべき点を教えてくれた。彼のおかげで、私は勇気を新たにし決心を強くした。学校が閉鎖し暇にしている間、ショーニーの評議会が開かれ、私が二人を引き連れワシントンまで出向き、インディアン局長官にリトル川をショーニーの土地の永久的な南境界線にしてほしい旨の要望書を提出することになった。このことは、ポタワトミー族がこの土地にやって来てから長い間やっかいな問題であった。

長官と会見したとき、私たちは境界線を永久のものにするには議会の法律が必要だとわかったが、これまでの議会との様々な経験を思い出しながら、何の成果もなく帰途についた。

ワシントンから戻ると、私は多くの時間を、校舎が完成するのを待ちながらソーク・アンド・フォックス管理事務所に行ったり工事現場を見に行ったりして過ごした。先生の一人、ミス・メアリ・グリネルは信頼できるフランクリン・エリオット師の義理の妹であった。彼女はクエーカーの立派な牧師であるジェレマイア・A・グリネル師の娘で、インディアン全般に強い関心を持っていた。

私はミス・グリネルのことを長いこと知っていて、エリオット師の家を頻繁に訪問したときやソーク・アンド・フォックス管理事務所をたまに訪れたときなどに会っていた。私たちはたくさん共通の問題を抱えていたし、生徒たちの成長や文明の大義名分などについても関心を持っていた。こういう互いに対する共感や友情はやがてもっと深い感情に成長し、今日の若者が言うところの「婚約」をしたのであった。

すぐさま私は家を作りにかかった。というのも校長の家族のための用意は学校には何もなかったからだ。私の土地には学校から約三分の一マイルのところに家を建てるには素晴らしい場所があって、私たちはそこに家を建てることにした。私は間髪入れずに家の建築に取りかかり、自分の手で土地を切り開いた。材料を買い必要な人手を雇うのに十分な金は貯めてあった（私は自分の力でできるだけのことをしたかったのだ）。

建物の骨組みは全部地元に育ってその場で切り倒されたオークの木材からできていたが、松の木材だけは鉄道でほとんど一〇〇マイル離れたアトカから運ばれてきた。私はその木材を取りに何人もの男を連れて馬車でアトカまで行ったが、その旅は一週間もかかった。その運賃は木材そのものの値段よりも高くついたのを覚えている。

古くからの友人ブロッサム氏は当時アトカで商売をしていて、雇った男たちが木材を積みこんでいるのを待つ間に、彼とゆっくり話した。私がミス・グリネルと結婚することを伝えると、彼は驚きながらも喜んでくれた。心から祝福し、幸福を願ってくれた。

すべての材料が敷地にそろうと、私は友人のジョン・ペイドンを建築の助っ人に雇った。私たちは木の中心部からとった土台となる一〇インチ角のオークの木を持っていた。使ったすべての木材は自分たちで選んだものだった。友人たちがみんな興味を持って、家が建っていくのをひどく楽しみながら見守っていた。

完成したとき、家は二四フィート×一二フィートで、大きくはないが十分な大きさだった。部屋は二つで、居間と寝室を兼ねたものと台所と食堂用のもので、当時としては相当立派な家だと考えられた。きれいで真新しく快適で家具の少ない、しかし趣きのあるその家は、私とそしてここで私と一緒に家庭を持つことに同意してくれたその素敵な女性にとって理想的な姿をしていた。

宣教師J・A・カーク師の妻、愛すべきカークおばさん（夫妻はすべてのインディアンたちに愛されていたが）は私たちの家を「小鳥の巣」と呼び、それはもっと大きくて間取りの十分な作りに変わってしまってもう随分になる今でもそう呼ばれている。

私の家が完成しすべての整理整頓が終わると、すべての友人や近所の人々にその小さな白い教会でのミサに参加してくれるように招待状が出された。いつもの日曜午前中のミサが終わると、エリオット師はすべての友人を引き連れて私たちを教会のすぐ南にある小さな木立ちへ導き、そこで二人の結びつき（結婚）を完了させた。一八八四年九月七日のことだった。

出席者全員からの祝福の後、会はお開きとなり、私は美しい「白い小鳥」を自分で彼女のために建てた「巣」まで連れていったのである。

19章　ショーニーの寄宿学校

新しい寄宿学校建設の仕事はなかなか進まなかった。すべての材料は長いでこぼこ道を遠くから運ばなければならず、今日と同様、当時においても政府の施設に関わる仕事は実に「遅々としたもの」だった。

私は働きたくてうずうずしており、しばらくの間チロッコ・インディアン学校［正確にはチロッコ・インディアン農業学校、ポンカ・シティの北二〇マイル、カンザス州境］で教えたが、妻がそこでの仕事をあまり好まなかったので、その仕事を辞めて家に戻った。家には常にしなければならない仕事がたくさんあった。

一八八五年二月、私はショーニー寄宿学校の仕事に戻った。学校の施設は私のめざす教育を行うのにはとても十分とはいえなかったが、それでも新しい建物ができ、いろいろと改善が加えられたことで、インディアンの教育についていくつか私の思うところを実行できるようになった。生徒の数は四〇～五〇人で、寮母の他にはただ一人の助手がいるにすぎなかった。

あえて言えば、当時のインディアンの子どもたちは英語を話したり読んだりすることだけではなく、文化的生活のイロハを初めから教えなければならない状況だった。イスの座り方から、食卓での正しい食べ方、ナイフやフォークの使い方、そしてシーツをきちんと広げるといったようなベッドの管理にいたる簡単なことまで、逐一彼らに教えなければならなかった。それからさらに、定期的な入浴、歯磨き、髪の手入れといった個人の身だしなみや、そして礼儀作法なども教える必要があった。多くの場合彼らには英語の会話や読み方を教えるよりも、こうしたことを教える方がはるかに困難だった。インディアンの大人たちはこうした文化的生活のための習慣・作法をまったく不必要なものと考えていて、誰も子どもたちにそれを学び身につけるよう奨めるものはいなかった。

私の最大の願いは少年たちに働くことを教え、彼らの心に家族に対する責任感を植えつけることだった。我がショーニー族の祖先たちは幾世代にもわたって、大変な仕事はすべて女性たちが行うべきだと信じていて、それがインディアンの考え方の上に消すことのできない痕跡を留めていた。大人の女性も少女たちもこうした状況を何の異議もなく受け入れていて、少年たちもけっして怠惰からというわけではないが、父親たちのしてきたことを当然と考えていた。男たちの仕事は強い力と忍耐とを必要とする狩りや勝負で、それ以外の労働は家族の女たちに委ねて、のんびりと腰を下ろしているのが常だった。私は少年たちに働く習慣を身につけさせ、きちんと定期的に働くことの利点を教えようとした。特に力を注いだのは、もっとましな農耕の仕方や上手な金槌やノコギリの使い方、そして鍛冶の仕事を自分で行うことができるように教えることであった。それは決して容易な仕事ではなく、際限のない忍耐と努力を必要とした。

同様にまた少女たちにも、きちんとした裁縫の仕方、適切な料理や給仕の方法といった家事の基本を教える必要があった。彼女らには、古今東西女子の悩みの種であると私も聞かされていた食器を洗うという仕事も教えねばならなかった。食器を洗うことは、未開のインディアンの家庭においてはまったく聞いたことのないことで、それというのもほとんどの家庭では洗うべき食器など持っていなかったのだ。学校にやって来る子どもたちには、これらすべてを教え込まねばならなかったが、これらを彼らの文化的生活の一部とするためであった。

私は生徒たちとの触れ合いの機会をできるだけ多くし、彼らの信頼を得てその心に教育の重要性と文化的生活の利点を印象づけようと努力した。私は学校の中においても外においても、生徒たちの家庭生活に抵触することのないよう、また彼らの古い従来の生活に対して批判的に思われることのないように常に注意しながら、このことに心を砕いた。彼ら同様私自身もこれらのことを知らなかったのだし、したがって私は彼らに同情すべき立場にあった。実際私は「彼らの言葉を話す」ことができたし、彼らの抱える問題を理解することができたのだ。

当時の思い出は私にとって今もなお喜びである。それは私が世話をした子どもたちの成長の中に自分の仕事の結果を見ることのできる、多忙な、幸せな、有意義な日々であった。ほとんどの子どもたちはすばやく学校での生活に慣れ、様々なことを学び、私たちの教えに敬意を払うようになった。実際、彼らは英語を話せるようになる前に、すでにこの学校という新しい環境に適応していたのだが、そのスピードには目をみはるべきものがあった。

当時のインディアン局の職員であったアイザック・A・テイラーは、私の計画を全面的に認め、その取り組みに実際的支援をしてくれた。クエーカーの宣教師たちもまた不屈の情熱で私への援助を惜しまなかった。生まれついての教師であり、宣教師でもあった私の妻もまた常に私を鼓舞し勇気づけ、あらゆる点において私の試みを助けてくれた。

当時私が教えた生徒たちの多くは、男女を問わず様々な分野において努力し成功を収めた。ある者は自分の選んだ仕事において名声を獲得し、また多くは法を守る善良な市民となった。こうした成果が私の仕事によるものか、それとも後任者たちの努力によるものかはいささかも問題ではない。私は自らの最善を尽くしたし、またその点ではこの学校での教育に関わったほとんどの教師についても同様だった。しかし私は、私のそこでのこうした努力が、我がショーニーの同胞に文化的市民生活への道を歩き始めるきっかけを与えることになったのだと考えると、震えるような誇りと感謝の念を抑えることができない。

私がこの学校で教えた五年間、そして直接にこの学校との関係がなくなったその後も、私の生徒たちに対する関心がなくなることはなかった。私はもっと私を必要としているように思われる別の仕事に携わるようになっていたが、時に以前の教え子と連絡をとり、必要に応じて彼らの役に立つことは、私にとって常に無上の喜びであった。今なお私は教え子の何人かと連絡があり、彼らが人からの信頼に足る地位について、何かしら社会的責任を果たせる仕事の一端を担っていることを、心からうれしく思う。私は今なお同じような仕事を続けているが、彼らの多くは自らの遠い旅に出かけている。

こうして私が政府のもとで働いていたその初期の間、教師たちもインディアン局関係の他の職員たちも、自分たちの立場の安定性という点で、「政治的利権」ゆえの大変深刻な問題を抱えていた。実力、能力、適性とその職責への任用とはほとんど関係がなく、残念ながら職員や教師の任命に際しては、それが本当にインディアンのためになるかどうかについてはほとんど考慮されることがなかった、と言わざるを得ない。選挙時の約束を果たすためにインディアン局の職員、特別職員、教師たちが任命され、別の当選者が自分の支持者の要求を満たすためにその地位が必要になると解雇された。インディアンに関わる仕事について何の訓練も受けず、何の興味も持たない人間がしばしば大変責任のある地位に登用され、また本当に自分の仕事に関心を持って職責を果たしていた良識ある職員が解雇されて、それが空席となったりもした。職員や教師の中に、よい成果を期待できる計画を作成した者がいたとしても、それはいつも突然だった。彼は首になるか、少なくともその職を失い、その代わりにその仕事に何の知識も興味もない人物が任命されて来るのだった。

私もその例外ではなかった。妻と私とは、インディアン関係の仕事のために特別の訓練を受け、最善を尽くして仕事に当たっていたのだが――いつ、どのような理由で解雇されるかわからなかった。たとえば、学校の施設には私たちが住むのに十分な場所がなかったので、私たちは一年間学校の敷地に隣接する我が家、「小鳥の巣」に寝起きしていた。学校の宿舎は大変窮屈で、必要なとき私たちはいつでも学校に駆けつけられる近さにあった。しかしある担当者が、私が学校の敷地内に住んでいないと報告し、この何ら正当性のない口実により私を校長からはずして、その地位を彼の友人に与えたのだ。しかしこの一件に関しては、正義が勝利した。私はすぐに復職し、その任期をまっとうして、そして退職した。こうして私の学校での仕事は終わりを告げることになった。

それ以後私は直接それに関わることはなかったが、ずっとこの学校に深い関心を抱き続けた。私はこの学校と、それと表裏一体のクエーカーのミッションとは、我がショーニー・インディアンの文明化における最大の要素だと信じている。

この学校で働いていた教師たちの功績についてはいくら評価しても評価し切れない。というのも学校が開設した頃のそこでの仕事は、言葉では言えないほどの困難と耐乏生活を伴うものだった。教師たちは学校に住んで常に生徒たちと交わり、そして粗末で哀れなほどに不十分な宿舎で、子どもたちと一緒に生活することを求められていた。食料の割り当てはいつも極端に少なかった。近くには利用できる市場もなく、学校では牛も飼育しておらず、私がそこを辞めた後は、ほとんど野菜の栽培すらしなかった。実際そのあたりには、生育している野菜など見当たらず、果物などもほとんどなかった。

すべての物資は長い道のりを運ばねばならなかった。オクラホマ地方には当時すでに新しい鉄道が開通し、五〇マイルほど離れたところにはオクラホマ駅も作られてはいたが、物資はその駅や、ムスコギーあるいはアトカなどから運搬しなければならなかったのだ。道は整備されておらず、川や渓谷には橋もなく、冬には数か月の間一度も通れないこともあった。

牛肉はソーク・アンド・フォックス管理事務所で屠殺されたものが配給されたが、その量は大体において十分なものだった。ただ獣脂のローソクだけは、使うのに十分とは言えなかった。缶入りのミルク、パン用小麦粉、豆、乾燥リンゴ、わずかな量の缶詰、野菜、魚、そしてコーヒーと紅茶が一定量割り当てとして学校に配給された。ジャガイモさえ不足していて、あれば大変なごちそうだった。

ある時などは、学校に完全に水の供給を断たれたこともあった。何かの理由で井戸が涸れ、学校で使う水はすべておよそ一マイルほど離れた北カナディアン川から運ばなければならなかった。また運んでもその量は限られたものだった。水を運ぶための手段が、タンクや桶などの道具も、そのために回せる人もいなかった。下水設備やその他の生活上必要と思われる便宜については、本当に粗末なものを除いては何一つなかったのだ。

最近のこと、以前学校で教えていたことのある一人の教師がそこで耐え忍んでいた苦労について話すのを聞いたが、彼女の話は悲惨なものだった。その話によれば、仕方なく川からくんできた水は大変塩辛く、見た目にも濁っていて飲むには耐えず、食事時には何か月もお茶だけで過ごしたということだった。沸騰させてお茶として飲めば、それ以前の水の状態を忘れることができたというのだ。子どもたちの入浴を手伝うということも教師の仕事の一つであったが、その際には大きな浴槽にまず小さな子どもたちを入れ、それから水の使える限り順番に大きな子どもたちを入れていったということだ。そうして残った水ですら、とっておいて床を拭くために使わなければならなかった。

教師たちは月五〇ドルの給料を週給で受け取っていたが、その中から寄宿費を支払わなければならなかった。しかしその費用は食費の実費に限られていて、大した額にはならなかった。ある教師によれば、彼女がそのために支払った額は三か月にわずか一一ドル二五セントとのことだった。

このような悪条件、孤立、そして低い給料といった状況から、インディアンの学校で教えることは、ほとんど宣教師の仕事と同じようなものだとも言えたが、にもかかわらず私がすでに述べたように、熱心にこの仕事を希望する者が多く、それはしばしば「政治的利権」の取引の材料とされた。しかし私がこれを書いている時期は、国中が経済的不況の状態にあり、公共事業としての仕事を行うために、財政上大変厳しい状況にあったことを付け加えておいたほうがいいだろう。どんな途方もない夢を描いても、それ以後の今日にいたるような繁栄を想像することは困難なことだった。

教師たちは多くの困難を抱えそれに耐えていたが、その間にも学校は立派にその機能を果たし、その役割と成果とを認められるようになっていった。時々新しい建物が増設され、施設、設備も改善されていった。

オクラホマが白人の入植のために開かれると、その地域の発展とインディアンの生活の進歩に伴って、学校にも多くの変化がもたらされた。忘れてならないのは、文明化による進展は様々な分野に及び、多くの若者がこうした社会の中に積極的に自分の立場を見出す一方で、伝統を重んじる古い部族の中にもこうした変化を受け入れる者が出てきたということだ。

学校のことに話を戻すが、生徒たちが高学年に進み、年を追うごとに生徒の数が増えてくると、さらに多くの教師が雇われ、職業教育のためにさらによい施設・設備が加えられていった。家政と家事工芸が特に女子生徒に人気があり、学びたい者には、音楽も教えられた。生徒たちの中には、世間の人々の注目を引くような才能を示すものも多かった。

過ぎ行く歳月の中で、深い興味と真摯な情熱を抱いた教師たちがこの学校で教え、それぞれ持ち味を活かして教育に貢献し、生徒たちの心に消えることのない足跡を残していった。男女を問わずこれらの教師が我がショーニーの子どもたちに与えた影響のすべてを語ることは難しい。ある教師たちはその素晴らしい人間性を、真の人格を、ともに学んだ生徒たちの心に植えつけた。その影響は世代を超えて受け継がれ、やがて豊かな実を結ぶことになるだろう。しかしまた一方、中には一緒に働いている間にはその献身的努力の成果を見ることができず、失意と心労のうちに疲れ果ててしまった教師たちもいる。

もっともつらく困難なショーニー・スクールの創設期に、この学校で教えていた教師たちの中にミス・ハリエット・パトリックがいる。彼女は長い間ソーク・アンド・フォックス管理事務所の職員をしていたサミュエル・パトリック少佐の娘であった。彼女はその生涯のほとんどをインディアン局で過ごし、インディアンのこと、考え方をよく理解していた。教師として私たちのスタッフに加わる以前から、彼女は我がショーニー族に知られ、その人柄を慕われていた。一八九九年彼女は、今や第一次世界大戦の退役軍人の社会復帰活動で全国的に有名となったハリー・B・ギルストラップと結婚した。

この他にも何人かの教師がこのショーニーのための寄宿学校に赴任し、しばらく働いて、そして去って行った。クエーカーの人々は、この「文明化」の仕事をよく持続し、平和と善意の教義を説いて人々の理解を訴えたが、その教えと日ごとに社会的影響力を強める商業主義の波とを関連づけて説明することは、困難だった。

そういうわけで、ここでしばらくショーニー・インディアン寄宿学校の話を離れ、私がその後で携わることになった別の分野での仕事について話したいと思う。

20章　ショーニーに対する土地の割り当て

ショーニー寄宿学校での仕事をあきらめたとき、私が感じていたのは、我が部族の若い世代よりは年配の人々の方が自分のことを必要としているということだった。この地域が白人の入植者たちに開放されるという噂は大変な苦悩や悲しみをもたらしていたので、私は年配の人々と多くの時間を過ごすのが私の義務だと感じたが、私が教室の仕事を続けながらそうするのは不可能であった。

大きな変化はこの地域にもやって来ていた。多くの白人たち、つまり交易業者、牧畜業者、無法者たちがあちこちに見かけられたし、インディアンたちは彼らを深刻に脅威ととらえていた。この地域に入ってくる新聞を白人たちは読んでいて、彼らがオクラホマの土地をホームステッド法の入植者たちに開放するようにいろいろ努力していることもインディアンたちに話していた。実際「抜け駆け入植者」[20]と呼ばれる者たちがすでに北部地域に定住しようとしていて、その計画を挫くためには軍隊をカンザス州境界線沿いに張りつかせて十分警戒させなくてはならなかった。

部族の人々は、白人が自分たちの土地を欲しがっていた昔の経験を思い起こし、一旦オクラホマが開放されると、この地のインディアン特別保護区が丸ごと略奪されるのもわずか数年の問題だと重々承知していた。彼らは祖先たちがかつて何度もそう強要されたようにさらに移動することを求められるだろう。よくよく彼らにはもう行くところも残されていないこともわかっていた。背中はもう壁にくっついていて、追い詰められていた。文明に反対し、土地の単独保有による分割に反対し、この勇敢で強き者たちは惨めな状態に置かれていたのだ。

私は一人ずつあるいは複数で彼らと話をすることに大部分の時間を当てた。私は努めて彼らに事情を説明したり、新聞で読んだことを忠実に解説したり、時代に従うように説いたりした。彼らの恐れていることは事態の急激な変化であったが——それは避けがたいものだった。この地域はまもなく分割され、割り当てられ、彼らもその変化に適応し文明のいろいろなやり方を身につけざるを得ないだろう。

ショーニーの人々にとって不幸だったのは、一八八四年にもっとも愛されたチーフであり同時にもっとも進歩的な指導者であったジョセフ・エリスを失ったことだった。亡くなったときは九〇歳を超えていて、最晩年はほとんど目が見えなかったが、彼は勤勉さと人々の生活条件を高めてくれる物事に対しては抜きん出て積極的であった。彼は部族の歴史家であり、ショーニー国家の歴史や伝統を記憶の中に明瞭に留めていた。雄弁家と認められていて、彼を知る白人たちにも尊敬され崇拝されていた。我が一族の親戚でもあり、彼の母親のトーシは私の祖父セリートカの姉妹であった。白人にはアンクル・ジョーと呼ばれていた。

一八八五年には第一チーフ、ジョン・スパーニーが亡くなった。彼も頭のいい進歩的な男だった。ホワイト・ターキーが後を継いだが、この地域の白人の入植者の多くは彼のことをまだ覚えているだろう。この二人の進歩的指導者の死は、文明のあらゆる形に厳しく反対する例の非進歩的指導者ビッグ・ジムとサム・ウォーリアの影響を受けつつも、ショーニーの人々を悲しませた。この二人はポタワトミー族がショーニーに混じって生活することに対しても一切妥協はせず、どちらの側にも悪感情や軋轢や威嚇の声が聞かれた。

こういう状態では双方が常に用心や警戒をしなくてはならず、この責任はかなりの程度私にあるのではと感じていた。私がチーフになることはけっしてなかっただろうが、その期待をされて私は育てられたのだし、今こそ人々に奉仕する一つの機会だと感じた。今思えば、人々が文明の市民生活を始める準備を少しはさせてあげることができたが、当時は私のすべての努力は無駄で、私が彼らにわかってほしかった物事を彼らはわかっていないように見えたのだった。

一八八七年二月八日に承認されたドーズ法案［詳しくは解題］は、ショーニー族とポタワトミー族に同じ広さの土地を与えることを規定していた。ショーニーの人々が憤慨していた例の問題を解決したので、この法案は多少役立った。この法案の二回目の割り当てにより、家族の長は一人あたり一六〇エーカーの農耕地、あるいは牧草地なら二倍の土地を手に入れた。一八歳以上の未婚の者と年齢には関係なく親のない子には一人あたり八〇エーカーの農耕地、あるいは牧草地なら二倍の土地が割り当てられた。一八歳以下の子には一人あたり四〇エーカーの農耕地、あるいは牧草地なら二倍の土地が割り当てられた。既婚の女性は要求しない限りは割り当てはなかったが、要求した場合は家族の長の半分の土地が当てられた。

チーフ、ジョー・エリスとジョン・スパーニー（このときホワイト・ターキーがチーフだったが）の指導のもと初めから割り当てを受け入れてきた人々は、たやすく二度目の割り当ても受け入れたが、ビッグ・ジムとサム・ウォーリア派の人々は強固に反抗を最後まで続けた。彼らは国勢調査や割当登録簿の作成のために氏名を提出することさえ拒み、いろいろトラブルや嫌なことも起こった。合衆国のインディアン警察でさえ彼らの名前を確保できず、私たちの目的を達することができるかどうかについても絶望せざるを得なかった。

ついに私はある計画を思いついて、それは結局うまく行ったのだが、しばらくは失敗しそうにも見えたのだった。私の生徒の一人だったエレン・ブルフロッグという女の子は、その家族についてはすでに触れたが、とても頭のいい子で、この困ったときに私は彼女の同情と協力を得ることができた。

私の計画とは、彼女が今までそうしていたようにビッグ・ジム派の人々に混じってダンス・パーティやその他の集会に、そして彼らの家まで訪れるというものだった。そうして彼女はすべての家族の長や子どもたちの名前、年齢、性別、そして家族関係までも暗記することになっていた。そしてそれらをこっそりと何かに書きつけて、私にその名簿を渡し、それをもとに私は登録簿を作成した。その中で彼女は二つだけミスをした。一つは、小さい女の子を男としたことで、もう一つはすでに書きつけていた子どもの名前の下にその子のペットの名前も加えてしまったことだった。こうして、今日まで続くアブセンティー・ショーニー族の名簿を作ることに成功したのであったが、それはやがて正確だと証明されたし、合衆国インディアン局により受理された。エレンはその仕事に対して十分報酬を受けたが――何年もの間このことは秘密にされていた。

ネブラスカ州出身のN・S・ポーター大佐は政府の特別職員で、我が部族への割り当ての責任者だった。彼は私が大いに賞讃できる人間で、自分の州では成功した農夫であり土地の目利きであった。とまどっているインディアンに対して辛抱強く同情的であった。農業こそインディアンの主な生業でなくてはならないとわかっていたし、彼らにどの土地を選べばいいかアドバイスすることでインディアンにとって信頼できる友人だということを示した。

彼のスタッフの一員として働きたといい申し出ると、彼は喜んで私を雇ってくれた。この調査班と仕事を始めたとき、私は初め伐採係だったが、まもなく測量ポール係に引き上げられ、次に測量助手、そしてついに調査官に任命された。私はいずれのときも通訳を兼ね、インディアンにすべてのことを説明し、我が部族には否応なく変化がやって来るのだからと彼らに折り合いをつけるように説得しようとした。白人と働いていたので、彼らのしようとしていることについてインディアンに説明するのは簡単だった。

助手とともに私は、ビッグ・ジムとその一団に割り当てられた土地の調査をするよう任命された。彼らは不機嫌で、私とのこれまでの関係があり私が誠実な人間だと信頼しているにもかかわらず、私の伯父でもあるこの男は私の説得や説明に耳を貸そうとはしなかった。彼とその仲間は私たちの侵入を拒み、土地の角の目印の杭を私が打つとすぐに抜いて回った。

ビッグ・ジムの抵抗にもかかわらず、この大きな仕事はついにドーズ法の通りに一人ひとりに土地が割り当てられて終了した。当時このことが我が部族に対して持つ大きな意味を私は本当には理解していなかった。ショーニー・インディアンは政府に与えられた土地を持つ、つまり自ら合衆国の市民となった最初のインディアンであった。他のインディアンはこれを理解しなかったし、この事実を評価しなかった。彼らは合衆国の市民権を受け入れなかったし、何事にも変化を受けないかのように部族の制度を守った。

21章　ちょっとした気分転換

私は合衆国政府と我がショーニーのための両方の仕事に追われて大変な嵐のような日々を過ごしていたが、その間も我が家の生活は順調だった。若く愛らしい妻は家事を十分に取り仕切り、私の仕事にも強い共感と興味を示してくれた。

三人の男の子ピエールとポールとリースは私たちの心を和ませ、家庭生活を満ち足りたものにしてくれた。年ごとに住居も整い、多くの宣教師や教師たちの友人もできて、彼らは時々我が家を訪ねてきた。住んでいるところは、鉄道や大きな町からは遠かったが、近くには一本の広い家畜街道[21]の一つが通っていて、それが一般の通行にも使われ、多くの旅人が我が家を見つけてはそのドアをたたき、そういう機会でなければ耳にすることもないような世間の新しいニュースや世間の噂話を伝えた。ともかくもこうしてこの地域一帯への白人の入植が進むと、それにつれ郵便もさらに定期的となり、ちょっとした興味深い話が数多く東部地域より伝えられるようになった。私も妻もそれぞれの友人と文通し、彼らの手紙はその日常生活の様子を伝えてくれた。私たちはまた新聞や雑誌を購読して、科学や文学について様々な興味深いことを学び、またごく稀ではあるが、遠く友人や親戚が訪ねてきて私たちを喜ばせた。

私は、私たちにとってばかりでなく来訪者自身にとっても格別の喜びだったと思われる、ある来客の訪問のことを思い出す。それは私が寄宿学校を辞職したすぐ後のことで、私たちはカンザス州のアーカンソー市から一通の手紙を受け取った。それは妻のテネシー州時代の知人ジョー・ホワイト少年からのもので、彼とその友人のウイリアム・ジェンキンスが我が家を訪問し――インディアン保留地での狩りについて随分と聞いているので――できれば少し狩りをしてみたい、とのことだった。

私は彼らに招待の返事を出して、数日後に彼らが到着した。数日間狩りのキャンプのための準備をした後、少年たちと私は、シカ、七面鳥、ウズラ、カモといった獲物が豊かなリトル川地域に向かって出発した。私はすぐに少年たちと打ち解けたが、彼らはまさに野外生活や狩りに興味を持つ年頃で、今自分たちがその中にいる未開の荒野での経験に強いあこがれを感じている様子だった。それは少年たちにとっては大変な冒険であり、一日の狩りが終わると私たちは火を囲み、ともに語らった。彼らは飽きることなく質問を繰り返し、私の話に耳を傾けた。また逆に彼らが私に興味深い多くのことを話してもくれた。特に彼らは野生動物の習性や興味深い行動について私の話を好んで聞きたがった。

私たちが火の前に座ってこんな話をしていたある夕方のこと、彼らは私に鳥や動物のいろいろな仕草をインディアンの言葉でしてみせてくれるようにと頼んだ。たとえば馬は neigh（いななく）、ラバは bray（騒々しく鳴く）、犬は bark（ほえる）、七面鳥 gobble（ごろごろ鳴く）、ライチョウは drum（ドンドン鳴く）、そしてカモは――カモは一体どうするのだろう、いくら考えても私たちはカモの特徴をどう表現すべきか思いつかなかった。そこで私たちは一斉に笑いながら“a drake（雄カモ）drakes”ということに決めた。そのような単純なことを面白がるのは、まさに彼らの若さと無邪気さのゆえと言えた。そのとき以来“a drake drakes”は私たちのキャンプの合い言葉となった。私たちの誰かが出かけて遅く帰ってきたときや、たまたま暗闇で会ったときなど、一方がおもわず「誰だ」と叫ぶと、すかさず相手は“a drake drakes”と答えるのだ。

楽しい数週間を過ごして、少年たちは故郷のカンザスへと帰って行ったが、その後しばらくの間の手紙のやり取りにはいつも“a drake drakes”がついて回った。

それ以後私がジョー・ホワイトに会うことはなかったが、彼はオクラホマ州のエル・レノ［オクラホマ市の西二〇マイル］で身を立てて成功し、開拓時代の郵便局長を務めたと聞いている。次の手紙は彼がカンザスに戻ってすぐにもらったものだが、当時のアーカンソー市の急速な発展の速度を垣間見ることができて、興味深い。

トーマス・W・アルフォード様
親愛なる友へ

この前手紙を差し上げたとき、あなたがくれるとおっしゃった乾燥トウモロコシについて書くのを忘れてしまいました。一ペック［体積の単位、水九リットル相当］ほど送っていただけるとありがたいのですが……。それからシカのもも肉が手に入りましたら……。私の大好物なので。

アーカンソー市は今大変な建築ラッシュです。鉄道が当地まで開通し、汽車が定期的に来るようになりました。運河もすぐに拡幅の予定です。昨晩電気が灯りました。ガス工場も完成し、それやこれやでこの町も活気づいています。

私は時々狩りのキャンプのことを楽しく思い出します。私が手負いの傷をおわせた七面鳥は、もうコヨーテに捕まってしまったでしょうか。それからカモは鳴いていますか（a drake drakes）。そのことは生きている限りずっと忘れないでしょう。

ウイリアム・ジェンキンスから、あなたと奥様によろしくとのことです。お便りお待ちしています。

一八八七年一二月一一日

カンザス州　アーカンソー市
いつまでも変わらぬあなたの友　ジョー・ホワイト

第五部　オクラホマの開放と喧騒

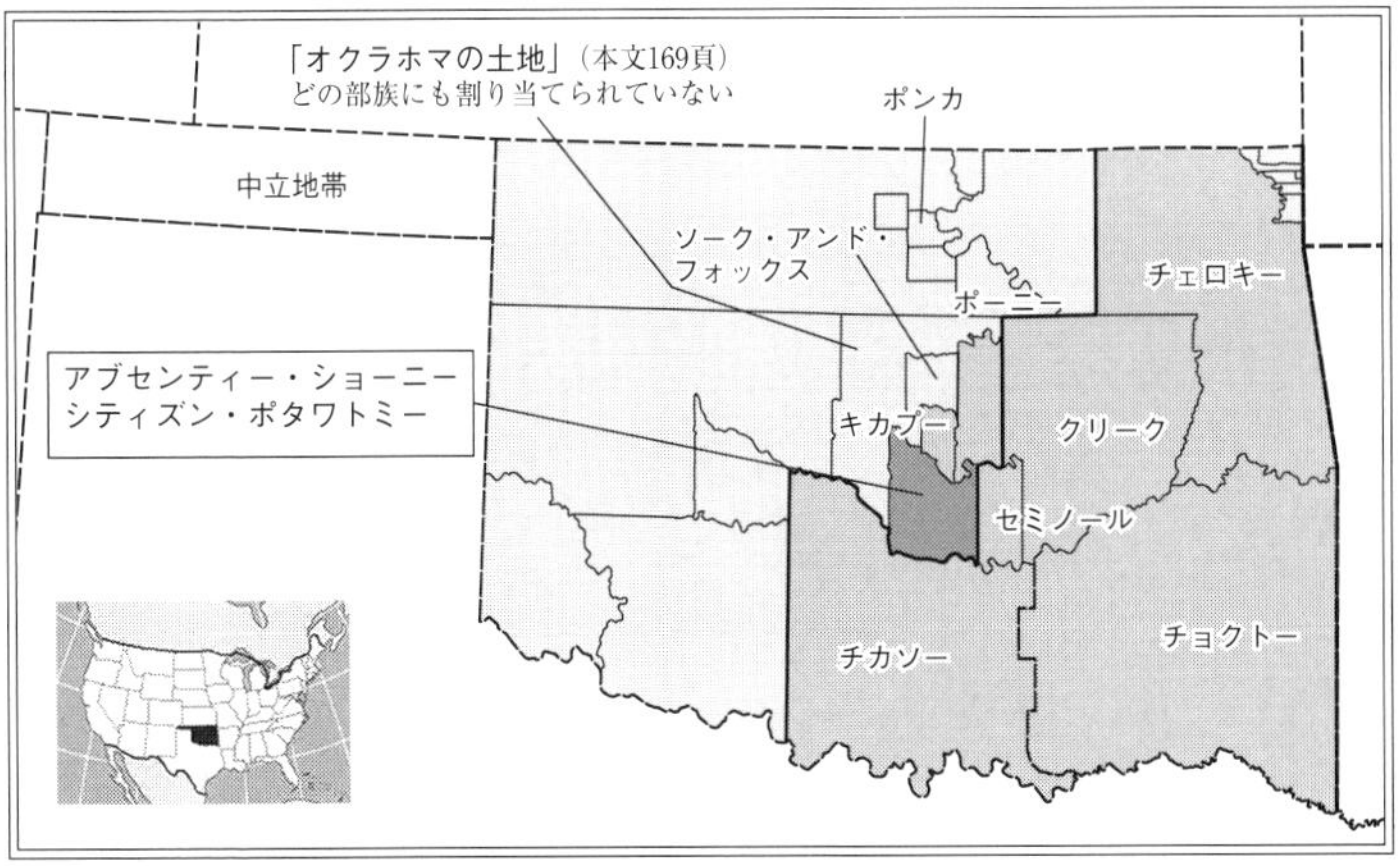

オクラホマ準州・インディアン特別保護区（1890年頃）
オクラホマ準州（西側）とインディアン保護区（東側）が合併し，1907年オクラホマ州となる。
地図中には，ショーニー族と関わりの深かった部族と著名な部族の名前のみ記す

22章　オクラホマの開放

名簿を用意したり、ショーニー族への割り当てについて調査したりする仕事が完了すると、私はソーク・アンド・フォックス管理事務所の仕事に取りかかり、当時サンタ・フェ鉄道のオクラホマ駅であったところから貨物を運んでくるために、多くの馬の御者たちとともに派遣された。私の責任で馬車や荷車と一〇人のショーニーの男を連れていた。

一八八九年四月のことで、オクラホマ準州がホームステッド法の入植者たちに初めて開放される直前だった。私たちがある日の正午頃ポタワトミー・ショーニー保留地の西の境界線に到着すると、簡単に印がつけてあるだけの境界線沿いにずらっとキャンプをする人々が並んでいるのがわかった。馬車にはいっぱい荷物を積んで、中には馬に乗っている者もいて、みんなキャンプをしながらこの地域が入植者に開放されたと宣言される運命の日と時刻を待っていた。彼らはあらゆる階層を代表しているように見えたが、インディアンの私たちには奇妙で面白い眺めであり、多分彼らにとっても私たちは同じように見えたことだろう。

中には私たちに話しかける者もいて、この地域について質問をしてきた。おそらく彼らの多く、特に女や子どもは私たちを恐れていて、こちらの方を息を殺しながら食い入るように見る者もいた。

私たちが境界線を越えてオクラホマ準州に入っていくことは許されないはずだと言う者もいたが、私はこの仕事が政府職員のためのものであり許されるとわかっていたので、私は連れてきた男たちに境界線を渡らせた。その夜はコンチョ川沿いのウォントランの牧場の近くでキャンプをした。

翌朝オクラホマ駅の方へ進んでいった。何人かの兵士に会い、今日はその貨物を手には入れられないだろうと言われたので、北カナディアン川の湾曲部の河畔でキャンプをした。そこには後にレンガ工場が建てられたところで、現在オクラホマ市の一部である。

私たちはオクラホマ開放の当日は日中そこにとどまって、西部地域の歴史上もっとも壮観な出来事の一つを目撃した。今日オクラホマに住む男性や女性で、開放の当日川の湾曲部の河畔でインディアンたちがキャンプをしていたのを覚えている人が間違いなくいると思う。私たちはその大きな出来事をただ待つしかなくて、インディアンの男たちは顔の白い人間たちが割り当ての土地をどんなふうに手に入れようとしているのか興味津々だった。

この開放というのは、「オクラホマの土地」として知られているインディアン特別保護区の一部の開放で、その歴史をここで少し振り返るのが適当であろう。「オクラホマの土地」という言葉はインディアンのどの部族のものでもなかったインディアン特別保護区のごく一部分につけられたもので、そこには保留地は置かれていなかった[22]。ある鉄道会社の弁護士が、インディアン特別保護区内の鉄道の通行権を確保しようとして（このことはインディアンには大反対されたが）、この小さな土地が誰のものでもなく誰にも所有権を主張されていないことを発見した。彼の報告をきっかけに、この国の居住の自由に関する法律というものは、ホームステッド法によるオクラホマへの入植者にも適用できるかどうかという議論が起こったのだった。

すぐさま「オクラホマの土地」をめぐる騒ぎが起こり、そこは大いに価値のあるところだと認識された。実際その騒ぎようは大変なもので何か月もの間新聞はその話題で持ちきりだった。この土地は白人の居住用に活用すべきだという強い感情が主流で、入植者たちは引き続きカンザス州境線周辺にやって来て、自分たちの分け前を要求した。合衆国軍隊はそういう人々を無理やり追い返すのにいつでも忙しかった。

一〇年間もこの問題は解決されないままだった。議会は毎回これを取り上げた。この土地は白人の入植者に開放されるべきだとする政治家もいたし、インディアンのものなのだから彼らが使えるように残しておくべきだと主張する政治家もいた。

一八八九年三月二日の第五〇回議会の最終日、この地域の開放を規定する法案の主要項目がインディアン関連歳出法案に追加条項として入れられて、そしてこの方策に反対する勢力に気づかれぬうちに両院を通過した。法案通過の三週間後ハリソン大統領は布告を発し、誰のものでもなかった「オクラホマの土地」は合衆国市民にホームステッド法による入植のために開放された。

私は正直に言って、現在この偉大な州に住む人々の中で、この偉大な共有の地域が白人のものになったその様子に詳しい人は比較的少数しかいないと思う。引き続きインディアン特別保護区が白人の入植のために開放されたが、いずれも保留地として保持されてきたインディアンの土地であった。後で述べるようにそれらがホームステッド法の入植者たちに開放されたときも、それは政府が農場やある程度の土地を部族の一人ひとりに割り当て、残りの居留地をそれを所有していた部族から買い取った後のことだった。白人は割り当てられていない土地を農場として所有することを許された。土地に払われた金は、部族の誰もがもらえるように分けられた。

この地域の開放について私が知っていることはできるだけ、私たちが入植ラッシュが始まるのを辛抱強く待つ間、一緒にいた男たちに説明した。

開放の時刻は正午の予定で、オクラホマ駅の兵士たちがラッシュ開始の合図にピストルを一斉に撃つことになっていた。その合図の前に境界線を渡った者は不当な利益を得ることはできたが、土地所有の登録簿に載る権利は失ってしまった。

私たちが境界線の向こう数マイルのところにキャンプをしていたとき、若い男と女が馬に乗って正午より早く雑木林から出てくるのを見て驚いた。二人は早駆けで私たちの方にやって来て通り過ぎ、北東の方向へ疾走していった。四分の一マイルほど行ったとき、私たちは女が馬から飛び降り地中に杭を打ちこむ、つまりその地点の所有権を主張するのを見た。男はもっと先へ行って杭を打った。男は栗毛の上等な馬に乗り、女は葦毛に乗っていた。

私が連れてきた男たちは二人が何をしているのか知りたがった。自分たちの割り当ての土地を手に入れているのでないとすれば、何をしているのか私にもわからないと答えたが、このときそんな権利が彼らにあるはずはなかった。私たちは後になって、私たちのそばを疾走していったその若いカップルに異議申立てが出されていることを知った。その争いは法廷で何年も続いたらしいが、川の湾曲部にキャンプをしていたインディアンたちは証言を求められたが、私たちはどんな法律的な問題にも巻き込まれたくなかったので、それについては黙っていた。その訴訟がどう決着したのか私は知らない。

午後一時頃東の境界線から来た入植をめざす者たちは、激しくあえぎ汗にまみれた馬に乗って到着し始めた。続いて、四輪車、二輪車、荷車など荷物と人間を運べるありとあらゆる乗り物、それはみんな不安と期待に満ちた住まいを求める人間たちを積んでいたが、それらがやって来た。

午後遅く最初の汽車が南方面から到着したが、これもいっぱいだった。車両の隅から隅までありとあらゆる種類の人間が詰まっていた。誰もが荷物を抱えていた。斧や鋤や銃を持つ者もいた。誰もが間違いなく着る物をつめたカバンを持っていた。車両の天蓋にも人間がいっぱいで、車両の両脇にしがみついたり、乗降ステップにぶら下がる者もいた。

汽車が完全に停まる前に、人々は狂ったようにかたまりとなって降りてきて、四方に乱暴に走り出した。ある者は乗る馬を求めて声を限りに叫んだ。ある者は仲間に向けてあるいは他の人間と何かを争って叫び、女たちは金切り声や悲鳴をあげ、男たちは走りながら激しく悪態をつき、つまづき転んではまた立ち上がり狂ったように走り始め、競争相手を出し抜こうとした。実際この喧騒はものすごかったので、インディアンが戦いの際に出すときの声をしのぐほどであった。

入植者には町なかの土地を確保して満足する者もあれば、田舎に入りこむのを望む者もいた。雇い入れる馬や馬車はなかったので、多くの人間は走って田舎の方へ向かった。私たちの馬車を見て、何人かが走り寄ると、たちまち私たちのキャンプの回りに怪しい人垣ができ、お金や外套や手持ちのものを差し出しながら、田舎の方へ連れて行ってくれればこれをやると息を切らしながら懇願する者もいた。私たちが、彼らの杭を打ちたいところまで連れて行きさえすればよいのだった。

私は連れてきた男たちに、今日はどうせ荷物を手に入れられないのだから連れて行ってもよいと言った。そうすると彼らは馬車に殺到して乗り込み、男たちは彼らをそれぞれ違う方向へ連れて行った。やがて帰ってきたが、十分報酬を受け、白人たちの自分の土地や農場を確保しようという狂乱ぶりを大いに楽しんでいた。

その夜オクラホマ市は白いテントであふれていた。店がわずかばかりの商品で開店し、弁護士が看板代わりの紙を貼り付けて商売を始め、医者が開業した。熱心な牧師は教会用に杭を打ち、町中でいろんな商売が始まった。あらゆる種類の食料と水さえもが信じられない高値で売られていた。こうしてオクラホマ市の入植は始まったが、これに参加できた幸運な人々にはいつまでも忘れることはできない出来事だった。

これは私の連れてきた御者たちにはまったく奇妙な光景だった。彼らは白人たちが政府から割り当てられるものをいかに熱心に確保しようとしているかを目の当たりにして、ひょっとしたら自分たちの現状をもう少しは理解して家に帰ったかもしれない。

自分たちの荷物を駅で積みこむことができたので私たちは帰途に着いたが、この日開放されたオクラホマの境界線を越えるまでずっと、私たちは新しい入植者たちが家作りに忙しいのが見えた。私たちがオクラホマ駅に到着する前の夜にキャンプを張ったところは、誰かが住みついていた。入植者たちは、テントを張るものもいたし、低木林を切り開き住めるようにあずまや風の小屋を作る者もいたし、当時居住用として一般的だった地下壕のような穴を命がけで掘る者もいた。この地下室は丘の斜面に大きな洞窟か地下室のようなものを掘り、天井に重い木材を渡してその上に芝草を重ねて部屋を乾燥させ清潔に保てるようにしてあった。地下室の壁を岩で覆って、実際相当に快適な、あるいは当時としては快適と思われる住まいを作る者もいた。

こうした開放の様子を目撃できたことは、連れてきた男たちばかりでなく私にも大きな経験だった。その中で私は、白人のやり方や性格について認識を改めることができた。実際、今日オクラホマ市やこの州のどこかで私が出会う立派な身なりの上品な人々のうちには、オクラホマが開放されたその日に私たちが見かけた、あの狂気じみた身なりで人を押しのけ引っつかみ叫び声を挙げていた連中がいるとは、私には理解しがたいことだ。同時に、文明化した人々はインディアンという兄弟から何か——自制心のようなものは学べなかったのだろうかと思ってしまうのだ。

23章　法廷でのインディアン

ショーニーの保留地からオクラホマ市の境界線、あるいはその市街地までおよそ二〇マイルの距離だったが、多くの白人が進出してきて商売を始め、精力的かつ活発に様々な活動を行うようになると、それは当然我がショーニーの上にも目に見える影響を及ぼすようになった。若者たちの多くが——政府の建てた学校の成果もあって——英語を話すことができるようになり、一家族に一人は誰か通訳できる者がいて、白人との取引もずっと容易になっていった。私たちはもはや日用品の取引に、公認の交易業者たちだけに頼る必要もなかった。より多くの市場が開かれ、荷物の積み下し場が近いという利点もあって、家畜やその他売ったり交換したりする品物もずっと高い値段で取引されるようになった。

しかしまた一方には発展に伴う不都合も生じた。新しい入植者たちの後を追ってギャンブラーや山師が流入し、私たちに相応の影響を与えることになった。私たちは白人の法や裁判の制度についてはほとんど知らず、小さい頃からの教えにより彼らには不信感を植えつけられていたので、白人たちが私たちの権利を守り保護してくれるということなどは、まったく思いもしないことだった。しかしまもなく私たちはオクラホマ市でのヘンリー・W・スコット氏を判事とするある重要な事件に関係して、初めて法廷での裁判を実際に経験することになった。この裁判の被告はトーマス・ワシントン（一般にはロング・トムとして知られる）、ブルー・コート、スウィッチ・リトル・アックスの三人で、彼らの罪状は三人の白人の殺害だった。

事件の発端は三人の男がその罪で起訴される殺人の数か月前のことで、それは数人の黒人がショーニーから馬を盗んだことによって始まった。追手が南東の荒野に逃れた泥棒たちの足跡を追ってその所在を突き止めると、戦いの末にようやく馬は取り戻された。数週間後のある夜のことロング・トムは馬が騒がしいのを聞いて、彼の息子とチャーリー・スウィッチ（スウィッチ・リトル・アックスの息子）を見にやって、その原因を突き止めようとした。夜はまだ早かったが、あたりは真っ暗だった。チャーリーはすぐに戻ってきて、三人の男が馬を連れ出そうとしていると報告した。チャーリーは叫び声とともに、彼らのいる方向に向かって銃を発射した。ロング・トムと少年たちは走っていって、その夜のために馬を囲いの中に追い込み待避させた。彼らは泥棒はきっと世間を大騒ぎさせている三人の黒人達にちがいないと考えた。

次の朝ロング・トム、ブルー・コート、スウィッチ・リトル・アックスの三人の男は馬に乗り、泥棒たちの後を追った。三人は難なく彼らの足跡を見つけて、それを数マイルほど追うと、跡はそこから北に方向を転じていた。彼らは泥棒たちが川を渡ったと思われる場所を確定し、そこの砂の上に小さな血の固まりを発見した。どうやらチャーリーが前夜彼らに向けて撃った弾が泥棒たちの一人に当たったものと思われた。泥棒たちの足跡は北に東にと続き、やがて木々に覆われた深い渓谷へと入っていった。泥棒たちはそこでキャンプをしていた。インディアンたちが馬を降りるのを認めると、泥棒たちは傷ついた仲間を手伝って馬に乗せ、自分たちも馬に飛び乗ると、ロング・トムとその仲間に銃を発射しながら、逃げ去ろうとした。

インディアンたちは木の後ろに身を隠すと、銃を撃ち返した。泥棒たちが少し高い視界の開けた場所までたどり着いたとき、彼らは逃げるシカのようにインディアンの弾に撃たれて、馬から転げ落ちた。インディアンがそこに駆けつけると、二人はすでに息絶え、残る一人も虫の息で、ロング・トムは裁判でも証言したように、その男の苦痛を和らげるために銃でその息の根を止めた。しかしインディアンたちの驚いたことに、彼らが殺したのは黒人ではなく、白人だった。そこでロング・トムは仲間を見張りに残して、白人とその持ち物には絶対に手を触れないようにと言いおいてソーク・アンド・フォックス管理事務所まで馬を走らせ、その出来事を報告した。

管理事務所長のリー・パトリックはロング・トムと現場に戻り、死者と彼らの持ち物の始末をした。それからインディアンたちはリー・パトリックの取り調べを受け、そして釈放された。彼らはそれでその件については決着したと思っていた。

しかし次のオクラホマ市で開催される裁判の開期中に、殺された白人の近親者が大陪審に訴え、インディアンたちを起訴したのだ。しかし死んだ白人たちの所持品のすべてがオクラホマ西部の農家から盗まれたものであることが判明し、インディアンたちは保釈金により釈放された。

この裁判はいくつもの開期をまたがって丸二年にわたって続いた。その間にも被告のインディアンたちはある一人の弁護士と契約し弁護を依頼したが、その男は弁護料を受け取るとすぐにオクラホマを離れ、追加の費用を払わないと戻らないと言ってきた。インディアンたちはこれを拒否し、そして裁判の直前にようやくルイス・アンド・レディック弁護士事務所と契約を結んだ。検察を指揮したのは合衆国連邦検事補ジョン・F・ストーンで、彼は有能な検事だった。

ショーニーの言葉を英語に、また被告のために英語をショーニーの言葉に通訳する役割を引き受け宣誓をしたとき、私はその責任の重大さに身の引き締まるのを感じた。私はまた法廷の厳粛さと、それに関係する人々の態度・振る舞いに接し強い畏怖の念に打たれた。私にはすべて初めての経験だった。

被告たちは、彼らが危機に直面したとき常にそうであるように静かな威厳ある態度で座っていた。裁判が始まると彼らは質問に手短に答え、上に述べた悲劇にいたる一部始終を包み隠すことなく語った。彼らはロング・トムが死にかかった男の苦痛を和らげるために銃でとどめの一発を撃ったことを含めて、白人たちを殺したことを認めた。公判は長引き、私たちの緊張は頂点に達していたが、インディアンたちは複雑な裁判が進められる中にあって、終始落ち着いて威厳ある態度を崩さなかった。

評決が最終的に陪審員の手に委ねられたのは夕方遅く、私たちの不安はたとえようもなく大きかった。法廷弁護士たちの構えた厳粛な様子は、それが不利な判決を意味するもののようにも思われ、私たちは半ば諦めの心境であった。ロング・トムが今後のことについての様々な指示を書き込んだ手帳を私に手渡すと、他の二人もこれに続いた。疑いもなく、有罪ということになれば即刻死刑と彼らは考えているらしかった。

陪審員たちが審議している間、弁護士の一人が私に陪審団はほとんどがひどい馬泥棒の被害にあったことのある農民たちによって構成されている、と教えてくれた。彼は陪審員がインディアンに有利な評決を下すという確信を抱いていた。しかし私は被告たちに無駄な期待を抱かせたくなかったので、それを彼らに伝えなかった。法廷は人々でごった返し、その多くは私たち同様にこの件に対して多大な関心を抱いている農夫たちだった。

陪審員たちが法廷に入ってきたのは真夜中近くだった。その中の一人が裁判長に紙切れを渡すと、裁判長は表情一つ変えずにそれに目を通し、それを書記官に手渡した。法廷は完全な沈黙に静まりかえり、人々は座って、書記官が運命の言葉を読み上げるのを、緊張のうちに待っていた。書記官は立ち上がると、微動だにせず座っている被告たちに判決を読み上げた。私はその最後の言葉をショーニー語で彼らに伝えた――「無罪」。

ブルー・コートとスウィッチ・リトル・アックスは立ち上がると、みんなが見守る中、足早に部屋を横切って陪審員らに近づくと彼ら全員と握手をし、そして自分たちの席に戻った。

ロング・トムはショーニー族の一人としてのふさわしい態度で、表情一つ変えず席に座ったままだった。裁判官は、こうした件については自分たちが法となって処理するのではなく、しかるべき機関にその処置を委ねるように、といった趣旨の短い説教をした。私がそれを通訳すると、ロング・トムはすばやく私に合図をして「判事にこう伝えてくれ」といった。「もし誰かがわしの見ている前で、その馬を盗もうとしたら、そのまま連れて行かせろと言うのかね。いいや。わしはまた同じようにするだろう」。

私がそれを判事に伝えるのをためらっていると、判事の方が質問で私を救ってくれた。「彼は今何と言ったのかね」。

私がロング・トムの言ったことを英語で繰り返すと、それに賛成する声で法廷はふたたび騒然となった。その場にいた誰もがやって来て私たちと握手をし、さらには判事にも駆け寄った。こうして長期に及んだ私の法廷での経験は、ようやく終わりを迎えることになった。

何年か後のこと、被告たちを最初に裁いた前述のインディアン管理事務所長リー・パトリックの妹でハリー・B・ギルストラップの夫人が、事務所に泥棒の死体が運び込まれた時のことを回想して、次のように語ったことがある。

「インディアンたちが庭に馬車を乗り入れたとき、私は事務所の戸口に立っていました。馬車には何かが積まれていて、それにはカバーがかかっていました。男たちは馬車の後ろに回ると、馬車用のシートに包んだ大きな荷物を引き降ろしました。その荷物は随分と重そうで、男たちは運ぶことができず、それを下に落としてしまいました。シートから三人の白人の死体が転がり出たときの、私の驚きを想像してみてください」。しばらくして、ギルストラップ夫人は次のように続けた。「兄のリーはインディアンたちに死体を中に入れるように言いました。彼はこの事件の報告のためにオクラホマ市まで行かねばなりませんでした。彼はその日事務所には私一人しかいないということを忘れていたのです」。

24章　我らが保留地の開放

一八九一年に私は、ソーク・アンド・フォックス族に土地を割り当てるための政府特別職員であるオクラホマ市のウィリアム・ウォーカーのもと政府調査官に任命された。私たちは管理事務所の近くで仕事を始め、そこからソーク・アンド・フォックス・インディアンのために長年通訳を務めていたヘンリー・ジョーンズの自宅近くにキャンプを移した。川沿いに下りながら、現在ショーニー会館が建っているところまで仕事を進めた。

しかし私は一か月もすると、健康と体力を急速になくしつつあった妻の面倒を見るために仕事をやめなくてはいけなくなった。妻の面倒を見て彼女が快適にいられるようにあらゆることをしつつも、私には七五頭に増えていた牛の世話をする時間はあった。その頃牛を育てるのは、ただで使える牧草地があったので比較的簡単だった。雄の子牛を売れば、増え続ける生活費の足しになった。牛乳やクリームやバターをいろんな目的に豊富に使えると食卓の喜びが大いに増した。

この年はポタワトミー・ショーニー保留地が白人の入植のために開放された年で、多くの点で記憶すべき年であった。この土地が価値のあるものだという話は国中に広まっていて、多くの人々がこの新しい地域にホームステッド（土地つき農場）を手に入れようと決心した。一八八九年のオクラホマ開放は大変な成功だったので、そこに参加しようとしなかったことを後悔する者も多かった。この土地自体の価値や新しい土地でやり直すという考え方を疑っていた懐疑的な人々も、いまや自分の運を試したくてうずうずしていた。「インディアンの反乱や虐殺」を恐れていた人々も、とりあえずその恐怖を脇に置いて自分のホームステッド法の権利を行使したくてうずうずしていたし、政府のくれるものは何が何でも欲しいという人も山といた。ホームステッドはただでもらえたものではなかったが、支払の条件はとてもゆるかったので、誰でもその期限にはそれを満たすことができると思っていた。間違いなく多くの人が何らかの「居住自由権法案」がやがて通過すると信じていた。ともかくこの地域のホームステッドを開放して欲しいと思っている人間がたくさんいたのだ。

それは激しい一年だった。正式の開放より前にその場に行こうという「抜け駆け入植者」たちが常にあちこちをうろつき、ありとあらゆる得を逃すまいとしていた。兵士や政府職員の一団は間断なく警戒をしていた。ショーニー族、特にビッグ・ジムとサム・ウォーリアに率いられる人々はいまだ開放には妥協せず、この地域に入ってくるすべての白人たちに不機嫌で攻撃的な態度を続けていた。私はできるだけのことをし、人々の相談に乗り、開放によって私たちが得ると思われる利益について説明した。しかし私の声は、強い不平不満の声にほとんどかき消されてしまった。

オクラホマ開放の騒動を目撃して、私は自分もB郡（現在のポタワトミー郡）の郡庁所在地であるテクムセが開放されるときに一か八かやってみることにした。私は杭を打って所有権を主張しても許可が降りないだろうと言われたが、トラブルを承知でやってみるのも面白いだろうと思った。そこで一八九一年九月二二日、郡庁所在地用の土地を囲む線が引かれたとき、私は他の人間たちと一緒に冒険を求めて位置についていた。

その日の数ある楽しくて愉快な出来事の中には、一匹のでっかい雄ジカが一マイル四方のその土地で囲まれてしまったという事件もあった。これから合衆国市民になろうとして殺到している人々の行列を通り抜けることができなくて、怯えたこの動物は逃げようと懸命に端から端まで走り続けた。行列の人間を蹴飛ばさないかと恐れて誰もあえて銃を撃とうとしなかった。しかし軍隊の指揮官が銃を発射すると、それが走り出す合図となり、しばらく大騒ぎと混乱が続いたが、それ以上の考えはシカには浮かばなかったようで、私は結局シカがどうなったのか知らない。

私は郡丁所在地の北に二つ土地を手に入れることに成功し、まもなく接する土地の所有者たちと知り合いになり、所有権登録の際証人として互いに協力することができた。私は問題なく土地の権利を得て、後にそれを売却しそれなりの利益を得た。

翌月（正確には一〇月二七日）私は、当時のオクラホマ準州の長官であるジョージ・W・スティールにより郡調査官に任命された。これは白人の仲間たちである市民の役に立てる初めての機会で、所有地の境界線を確定したり、市場への道路を建設したりした。

郡丁所在地間に道路を開くために、隣接する郡の中に委員会が設置された。それぞれの道路は一つの郡丁所在地を出て郡の境界線で他の道路とつながる。私たちの委員会はすぐ西の道路から始めたが、それは現在のノーマン市行きの道路でクリーブランド郡にあり、そこで他の道路とつながり、この国の高速道路網の一部となり、もっとも離れた地域ともつながっているのである。ノーマンは後に州立大学の場所として選ばれた。

郡境界線のこちら側は材木で作られていたし、目標物は簡単に見つかったので、調査は比較的簡単だった。クリーブランド郡側は土地が起伏の多い草原で、目標物もはっきりしなかった。したがって私たちは西の境界線を通り越してクリーブランド郡のどこかで落ち合った。

クリーブランド郡の委員会は、後にオクラホマ州知事になったW・C・レンフラウ氏が率いていた。クリーブランド郡の一行に出会ったその日私たちの若い連中が夕食を取っている間、レンフラウ氏は私に、来た道筋を一緒に戻って正確に見つけ損ねた目標物を特定してくれないかと頼んだ。私たちは、不要だと思ったので道具を置いて出かけたが、すぐにその道を見失った。私たちは行けば行くほど方角がわからなくなった。もとのところに戻ろうとしたが、それも不可能で、夕食の準備をするように置いてきた若い連中の方が道に迷ったのだと断定した。空にはどんよりと重い雲が垂れこめ、寒さは厳しかった。私たちは腹をすかせ寒さに震えさまよったが、私のインディアン特有の方角に関する直感ももうなくなっているように思えた。

ついに私たちは遠くの方に、地下壕を掘った後のような土の盛り上がりを見かけた。そこへ急ぐと、そのさびしい場所にいるのは中年の女性が一人だったが、そこは結局ひと部屋のかなり快適な住まいだとわかった。

女性に方角をたずねると、調査官たちが働いているのを見た場所を教えてくれた。正午をとっくに過ぎていたので、私たちは何か食べるものをもらえるかと頼んだ。女性はベーコン・エッグとコーヒーを私たちに作ってくれたが、それは彼女の乏しい食料のすべてであって、彼女の夫が食料を買いに町へ行って不在だったのだ。

体も温まり元気になって、私たちはキャンプに戻る道をすぐ見つけたが、若い連中は私たちが迷ったことを散々からかった。

私は教育を受けたり、宣教師たちと交友したり、白人の女性と結婚さえしたにもかかわらず、白人のやり方にはわからないことが多かった。政治とかあらゆる政策の裏で働くからくりについてはまったくわからなかった。私がそれらについて学ぶのは遅かったし、痛みを伴った（残念ながらいまだに未発達の状態だと思う）。我が部族の人々は白人のことを信用していなかったが、教育のおかげで私は白人を信用することを知っていたが、そのためにかえって、政治が紳士的行動と違うものだということを理解できなかったのと同様に、宗教と宗派同士の争いの違いもわからなかった。これらは私の理解を超えた謎だった。

知事によって郡の調査官に任命されたことで、私は共和党に引っ張られていた。在任期間の終わる頃、共和党公認の再選候補になった。私は民主党の候補に数票差で敗れ、それがこの地域での私の政治的活動の終わりになった。

こうした様々の出来事が起こっている間、私は家族ともとの場所、「小鳥の巣」に住んでいた。私たちはミッション・スクールのクエーカー教会に通っていて、そこでは会議の書記として長年手伝っていた。私はクエーカーの無抵抗主義にはまったく同意できなかった。私は父やハンプトンの先生たちから、自分の愛する人々や国を守ること、守るために必要なら死ぬことさえもがすべての市民の務めだと教わった。野生の動物でさえ自分の子を守るが、この神聖な人々は違う教えを伝えていた。

さらにもう一つ。学校にいるとき、私は我が部族の迷信を信じないように教わり、部族に戻ってきたときにもそうすべきだと納得していた。たとえば、私は祖先から、テクムセがクリーク・インディアンを最後に訪問し対白人連合に加わるように説得しようとしたときに彼が予知した地震のことを聞かされていた。彼らのもとを離れるとき、テクムセは、自分がある場所（現在のミシガン州デトロイト近郊）に戻り、そこで足を踏み鳴らせば地面が揺れるだろう、そして町の家はみんな倒れてしまうだろうと言った。地震が起こり彼らの家が一つ残らず倒れてしまったのは、歴史上の事実である。これは白人にとっては迷信であるが、私はインディアンを信じている。しかしなぜ、インディアンに予知された奇跡が迷信で、白人やユダヤ人によるものが迷信でなくて預言なのだろうか。双方の立場から言えば——肌の色は違うが——それぞれ自分たちの人種のために奇跡が見えたのである。私はこの問題に答えを出せないし、他の誰もがそうであって、もっともらしいことを言えないと思う。人間が自然法則と呼ぶ神の法律についてもっとわかるときが来るだろうと私は期待する。そのときが来れば、預言者のなせるわざだとされるいわゆる奇跡や驚異についてもっと知ることができるだろう。

私と妻がその小さな教会に通っていたこの時代、私は安息日学校（土曜学校）で教えていた。私は、福音書に書かれているように、我らが救世主イエス・キリストの人生の素晴らしさや重要性を教えようとしたが、奇跡については議論を避けていた。自分自身が理解できないことは教えられなかったからだ。

一八九二年の間ずっと妻は健康がすぐれなかった。すでに話したように政治に少し関わったときを除けば、私はたいてい家にいるようにして、妻の家事を手伝い、妻の最後の日々と思われるときをできるだけ快適に楽しく送れるように努めていた。それでも私は周りで起こっているあらゆること——未開の地が白人によって開発されることに強い興味を持ち続けていた。

25章　合衆国インディアン局

私の妻の健康は急速に衰え続け、一八九二年一二月二二日彼女はついに最後の恩寵に導かれて帰らぬ人となった。後には妻と私とが二人で一緒に計画し建てた「小鳥の巣」に、私と小さな三人の男の子が残された。「母親鳥」がいなくなって、小鳥の巣はその魅力を失い、私たちにとってはわびしい住処となった。

キカプー族のためのクエーカーの教会が、現在のマクラウド市の北二マイルのところにあり、そこに親しい友人が何人かいて、私は時々そこでの礼拝に出席することがあった。その中にシスター・エリザベス・テストという女性がいて、彼女はそこに集うもっとも敬虔な信者の一人だった。幸いなことに私は彼女と相談して、残された三人の男の子の世話と教育とを依頼することができた。

翌一八九三年の初め、私はキカプー族に農業を教える教師としてふたたびインディアン局の仕事に関わり、前に述べたリー・パトリックの父親である合衆国インディアン局の局員であるサミュエル・リー・パトリックのもとで働くことになった。二人は非常に強い倫理観の持ち主であり、自分たちの責任下にあるキカプー族の福祉のために最善の努力を尽くしていた。

しかしその後すぐに、友人からの急な勧めによって、私はキカプー族への土地割り当てを担当するインディアン局の特別職員としての仕事に応募することにした。私にはすでにショーニー族のために土地の割り当てをした経験があり、キカプー族が将来自分たちものとして所有することになる土地の選定を手伝うことで、彼らのために何か実際的な役に立てるのではないかと考えたのだ。私は割り当てられることになっている土地について隅々までよく知っていたし、また農業についての多少の知識もあった。インディアンたちは土地の耕作や家畜の飼育についての知識はほとんどなく、したがって土地の価値についても何もわからなかったので、たいていは土地の割り当てについて強く反対していた。実際彼らは自分の土地を選ぶという状況に置かれて大変不利な選択をすることも多かった。私にとってその仕事は、自分の所属するショーニーのためではないにせよ、インディアンのために奉仕できる新しい機会のように思われた。そして前述のように、私はその仕事に応募することにした。私は、多くの郡の役人、当時のこの地区のクエーカーの最高責任者であるチャールズ・W・カーク師、そして私に好意を寄せてくれていた他の人たちの手になる推薦状をすべて今なお大切に保管している。

しかし結局その仕事には、私ではなく私の友人のモーゼズ・ニール少佐がつくことになった。そしてすぐに彼から私に、割り当てられる土地の監督官の仕事の申し出があり、私はそれを受け入れることにした。キカプー族との関係も良好で、通訳としての役割も兼ねながら、私は土地の選定について彼らのために役立つアドバイスをすることができた。

私のこの仕事は冬から春、さらに一八九四年六月まで続いた。そこで土地の割り当て作業は一応終了し、私はふたたび無職となった。その年のいつ頃だったか、インディアン局ソーク・アンド・フォックス管理事務所の所長として、サミュエル・パトリック少佐に代わり、エドワード・L・トーマス将軍が赴任することになった（当時ショーニー、キカプー、ポタワトミー、アイオワの各部族はソーク・アンド・フォックス管理事務所の管理のもとにあった）。

当時を顧みると、それは一種の再編成の時期とも呼べる時代であった。それはインディアンの部族単位による政治を廃し、すべての部族を合衆国全体の法のもとにおいて、それによってこれを同等に扱い治めるという法案が議会を通過した直後であった。インディアン局にとって、処理に苦慮する種々の問題が次々に発生した。インディアンたちは落ち着かない悲惨な状況の中で、白人たちの侵入に憤り、白人の政府が彼らの土地を取上げその自治権を放棄させて、自分たちの理解できない法への服従を強いることに強く反発していた。

そうした状況の中で、トーマス所長がインディアン局長官の命として、インディアンのチーフや評議会等の古い組織に代わる事業委員会を作るためのメンバーとして、部族の中から主導的役割を果たしうる七人の名前を提出して承認を得るように、との指示を受けたとショーニー族に伝えてきたのは、一八九三年九月一三日のことであった。事業委員会の仕事はアブセンティー・ショーニー族を代表して、合衆国政府とのすべての交渉にあたり、またインディアン一人ひとりの相談員としての役割も務めるというものだった。彼らはまた土地譲渡者の身元を保証したり、その他のことについてもいろいろ部族の利益を代弁して働くことになっていた。

数日後に私は事業委員会のメンバーとして次の七人、トーマスW・アルフォード、トーマス・ワシントン（ロング・トム）、ジョンC・キング、ジョン・ウェルチ、スウィッチ・リトル・アックス、そして二人のチーフ、ホワイト・ターキーとビッグ・ジムの名前を送付したとの手紙を受け取った。名前が名簿の最初にあることから、私は自動的に委員会の委員長ということになり、ついに現実としてワシントンの合衆国政府から認められたショーニー族の長、最高顧問の地位に就くことになったのだ。

委員のリストがインディアン局長官によって承認された後、ビッグ・ジムとジョン・ウェルチはそれを拒否し、代わってトーマス・ロックとウォルター・ショーニーがその役につくことになった。最初の会合において、委員たちから私は委員長に選出され、ウォルター・ショーニーが書記になった。委員会は今も続いていて、私はなお委員長としての職責にある。しかし他のメンバーたちはそれぞれに死んだり、いろいろな理由で罷免されたりして、最初の委員七人の中で残っているのは私だけとなってしまった。この委員会がいつまで続くことになるのかは、私にもわからない。それは委員を任命した政府しだいということになる。内務長官は当初事業委員会に割り当てられていた仕事を内務省に移し、委員会が作られた最初の目的はすでに失われていた。委員会の存在は多くの点でショーニーの人々にとっては大いに役立つものと思われたが、その存続は（それをどうするかは）それを作った政府の手中にあった。事実、多くの狡猾な土地仲介業者たちは旧来のインディアン流の方法による彼らとの取引を好み、それは毎年成人に達する若い世代にもよい影響を与えなかった。ドーズ委員会は、善良な市民をつくるという立場から、ずっと以前にこうした慣行を廃止していたのだが、土地業者たちはそれを事実上無視しようとする傾向が強かった。

事実スタートしたばかりの頃には、委員会に随分と多くの問題が持ち込まれた。良心のかけらもない悪辣な連中が、絶えずインディアンの無知や人のよさにつけ込もうとしていた。多くの土地が農地として不法な賃貸の対象とされ、時にその契約が五年から二〇年にも及んで、その間の借地料がほとんどゼロかスズメの涙程度ということもあった。また一方にはインディアン関係の政府歳出予算案に、著しくインディアンの利益に反する条項を盛り込むことを画策する人々もいて、時にそうしたもくろみが成功することもあった。

気づきさえすれば、私たちは常にこうした事態を注意深く監視し、いつも成功したわけではないにしても、多くの場合は我がインディアンの利益を守ることに成功した。私は我が真実にかけて、事業委員会は力を尽くして合衆国インディアン局を助けるために働いたと断言することができる。委員会のメンバーはその仕事に対し、土地譲渡証書の証明書にサインする際のわずかな手数料を除いては、給料もその他のお金もいっさい受け取ることはなかった。

オクラホマが白人の開拓者に開かれて以後、この地方が経験した変化の内容について詳細に述べることは難しい。しかし当時のインディアンの置かれた状況と、それに続く発展の時代の中でインディアンがいかにそれに影響されたかを理解するためには、どうしてもこの変化を忘れるわけにはいかない。事実いかなる開拓の歴史においても、このオクラホマへの白人の入植が始まった時代に匹敵するものはない。この地方の劇的とも言える新しい時代の夜明けに比較できる先例は見当たらないのだ。オクラホマほどに急激な速度で開拓され、実に様々な人々が住み着くようになった土地は他にはない。私たちインディアン保留地の変化についても、ただただ目をみはるばかりであった。

新しい郡の中心地となったテクムセが開かれるようになった経緯についてはすでに述べたが、それはその建設から三か月も経たないうちに、にぎやかな小さな町へと発展した。この地域に物資を供給する鉄道も水路もなく、また一番近い貨物駅への道路すら十分に整備されてはいなかった。しかしそのような道は各種各様の馬車にあふれ、様々な物資を、建築資材を、人間をこの新しい町へと運んだ。多くの店舗、家屋、教会などが文字通りキノコのように建ち上がった。ショーニー族にとりすべてはただ驚き、目をみはるべき出来事だった。

それから流れ星のように、この地方に鉄道が敷設されるというニュースが伝わってきた。白人の開拓者にとっては、それは喜ばしい知らせだったが、インディアンにとってはただ さらに大きな疑問と後悔と、そして自分たちが今にもまして押しやられ、追いつめられるだろうという確信と、いずれは現在の家を捨てて、いずこかへ「移動」しなければならないというさらなる不安をもたらしただけだった。

鉄道はテクムセを通るはずであった。人々の中には、鉄道のルートから外れて騙されたという者もいたし、またそれは単に収賄、つまり誰かがショーニーの振興を図るために鉄道がテクムセをはずれてショーニーを通るように多額の金を払ったのだ、と言う者もいた。私に本当の理由はわからないが、最終的調査の結果、鉄道はテクムセを五マイル外れてショーニー・タウンを通ることになった。そして私はそのショーニー・タウンの当初の境界を確定したのだが、当時その町が今日見るような立派な、広いオクラホマ州の中でももっとも主要な都市の一つになろうとは夢にも思わなかった。

新しい二つの町の間の活発な競争が宣伝の役割を果したのか、鉄道が開通する頃までには小さな村だったショーニーは人でごった返すようになっていた。そのあたり一帯は大変綿花栽培に適した土地で、この地方に入植した人々のほとんどはその土地に雪のように白い綿花を植えた。鉄道が開通して、ショーニーは半径三〇数マイルに及ぶ地域一帯の貨物基地となった。事実ショーニーはオクラホマにおける第一の綿花市場となったのだ。

こうして新しい町ができると、そこには常にいかさま師や質のよくない連中が大挙流入してくるものだが、彼らにとってインディアンは騙しやすい格好のカモだった。そのために事業委員会は常に気を許すことなく、インディアンの利益を守るために忙しく働いた。テクムセにもショーニーにも酒場が開かれ、インディアンたちは時々その生来の弱さに抗しきれず、多量のアルコールに溺れた。

新たにテクムセとその周辺の地域に入植した白人たちについて、インディアンたちが随分と面白がって話題にした一つの話がある。それはテクムセに新たに裁判所が作られた直後のことで、そのとき私たちの東の郡境近くに住んでいたセミノール族の中でも無法で暴れ者の連中が何人かこちらの郡に侵入し、そこに開拓者として住みついた白人たちに危害を与えるということがあった。彼らは傲慢で威圧的で、事実多くの問題を引き起こしていた。白人たちはその侵入に憤り、インディアンが一人殺されたのではないかと思うが、確かなことはわからない。

　そのうち、インディアン「一斉蜂起」の噂が広がった。小さな町に住むほとんどの白人にとって、インディアンはインディアンであり、彼らは自分たち以外の種族やその性質については、何も知らなかった。インディアンが戦いの準備を進めているという噂はさらに広がり、とうとう白人たちは脅えに脅えて、そのほとんどが、オクラホマ中のインディアンが集結して町を襲い自分たちの家々を焼き払うだろうと、信じるほどだった。

　郡部に住んでいる白人たちのために警告の使者が送られ、その日遅く人々は裁判所に集まった。人々は身の回り品、寝具、衣類そして食料などを携えていた。女性と子どもたちは裁判所の中で夜を過ごし、男たちは完全武装して街を巡視し、誰もが今にも何かが起こるとものと考えていた。しかしインディアンは現れず、人々は安心し、胸をなで下ろして家に帰って行った。

　私はその夜近くに住む一人の白人の女性が、少なくとも私たちは友好的と考えてのことと思われるが、やって来て保護を求めたのを覚えている。私は笑いながら私もインディアンですよと言ったが、彼女は私を恐れているようには見えなかった。テクムセとその周辺地域の初期の入植者たちは今なおその出来事を笑いながらの語りぐさにしている。

　この地域の急速な発展と開発も、ほとんどは新たに入植した白人の間のものであり、その恩恵は私たちインディアンにはあまり縁のないものだった。何か月にもわたって私自身にも職がなく、小さな子どもたちの養育費の支払いすら困難だった。私はいくつかの種類の仕事についてかなりな自信を持っていたが、それをできる白人がいるときに、誰もインディアンを雇おうとする者などはいそうにもなかったのだ。

鉄道の開通により、キカプーの教会の近くにマクラウドの町が新たに建設され始めた。私はクエーカーの日曜礼拝の通訳していた関係から、鉄道会社からの好意によりマクラウドの町までの鉄道パスをもらうことになった。おかげで私は毎週子どもたちに会って一緒に過ごす時間ができ、それは彼らにも私にも大きな楽しみだった。私たちは時々長い時間をかけて一緒に森を散歩し、冬には暖炉の前に座って話をした。私たちはとても気心の合った仲間であり、別れずにいつまでも一緒にいたかった。

この頃カンザス・シティから一人の大変親切な婦人がマクラウドのクエーカーの教会を訪れ、私の小さな男の子たちに興味を持った。彼女は彼らを一緒に連れて帰り、しばらく滞在させたいと言った。私は同意し、そして彼女は一年以上もの間彼らを手元において学校に通わせ、彼らがマクラウドの混雑した学校で受けられるよりもはるかに恵まれた機会を与えてくれた。それについて、私たちは彼女に対し尽きることのない感謝の気持ちでいっぱいだ。私は教会で子どもたちに会えずとてもさびしい思いをしたが、そこでの私の仕事はやめなかった。そこにはとても仲のよい友人たちがいた。教師の一人は特に私の子どもたちに親切で、また私との共通の興味も多かった。シスター・テストの励ましもあり、私は教会に通い通訳の仕事を続けた。

私がこれを記録しているのは、私がキカプー族になぜそれほど多くの知人を持っているかを説明するためである。彼らは私を友人として認め、信頼してくれた。そのために数年後私は彼らのために幾分なりとも役に立つことができたのだが、それについては後ほど語ろうと思う。

一八九六年私は、農地の借地権について正当なものを認め、違法な契約を撤回するための特別な任務を負って赴任した特別職員のジョン・T・オグルズビーの事務員兼通訳として、短い間だがふたたびインディアン局の仕事をすることになった。オグルズビー氏は数か月の間ショーニーに事務所を置いていたが、一八九七年の七月彼の任務はソーク・アンド・フォックス事務所にくら替えとなり、私はふたたび職を失うことになった。

この間私は多くのエネルギーと時間とをキリストの福音のショーニー語訳のために費やしてきたが、その仕事に取りかかったのは私が学校で教え始めた頃だった。英語を読み、学べば学ぶほど、私はますます我がショーニーの言語に対する賛嘆の思いを深め、何とかしてその純粋さと美しさとを損なうことなく保存したいとの強い思いに駆られるようになっていった。自然とそれに関わるもの、目に見たり触れたりすることのできない観念的存在、人間の内面と魂、精霊と神などについての表現において、ショーニーの言葉はとても甘美で非の打ちどころがなく、比類なきもののように思われた。私はどのようにしてその言葉を保存するのが一番いい方法かについて熟慮を重ねた末、福音はいつの時代にも生きるものだから、それを翻訳するのが我がショーニーの言葉を保存する最上の方法であることに思いいたった。私は最初旧版［欽定訳聖書］を訳し始めたが、後にこれを変更し改訂版によって仕事を再開した(10)。

原注(10)　トーマス・W・アルフォードによってショーニー語に翻訳された『我が主イエス・キリストの四つの福音』（*The Four Gospels of our Lord Jesus Christ*）は一九二九年、オハイオ州ジーニアのウイリアム・A・ギャロウェイ博士によって出版された。五〇〇冊の中の一冊が出版者と翻訳者によってショーニーに贈られた。

この仕事は、それによる物質的見返りをほとんど見込めない、唯一仕事を達成した喜びと満足とがその報酬と言えるような、長く単調できつい精神的労働を必要とするものであった。私はこの仕事が現在の商業主義のもとでは愚行とも呼ばれ、そうしなければ忘れ去られてしまうことになるだろうと思う言語を残しておくことに喜びと満足とを見出そうというその考えが利己的、自己中心的とも言われるだろうとは十分に承知していた。それはそれでまったくかまわない。我がショーニーはかつてこの広大な国土を所有していたインディアンの一部族であり、彼らなりの知識とともに、強く勇敢で徳高い一族であった。もし彼らが白人の基準において生きることに失敗したとしても、少なくとも彼らは自らの信念のために戦ったのだ。将来いつの日か我がアメリカの歴史の過程において、彼らの生き方がその知られざる価値によって人々に寄与することがないと、誰が言えようか。確かに彼らの気質の高潔さは推奨すべきものであり、白人たちは忠誠心、忍耐、独立心といったいくつかの我がショーニーの教えから、十分な恩恵を得ることになるだろう。おそらくは後代いつの日か、人々はショーニーについての知識を求め、彼らの使ったそのままの言葉を見出したいと願うだろう。ともかくショーニーの言葉は威厳と甘美さにあふれ、そして私はその純粋さと美しさをそのままに保存しようと、最大の努力を尽くしたのだ。

第六部　新たな時代へ

晩年の著者

26章　新たな経験

一八九六年のいつだったかビッグ・ジムがリトル川を渡っているとき、その近くで悲しい出来事が起きた。私の友人ジョン・キングの甥であるウィリアム・チェロキーがダンス・パーティでロバート・スロートに銃で撃たれて死んだのだ。二人ともショーニー・インディアンだった。ロバートは即座に逮捕されノーマンの刑務所に入れられ、翌年この地区の裁判所でキートン判事による裁判を受けるときまでそこにいた。

私はオグルビー氏との仕事がちょうど終わった頃その裁判があり、検察当局から通訳を務めるように召喚された。ジョセフ・ブランチャードが被告側の通訳の予定だった。この裁判の双方の親戚たちは著名なショーニーの人間だったし、証人がたくさん出廷していて多くは親戚や友人で、みんなこの裁判に注目していた。この裁判は、双方がインディアンで陪審の前で裁かれる初期のものの一つだった。とても深刻な事件で、以前の部族の法律でも扱うのが難しかっただろう。なぜならロバート・スロートが強く犯行を否定したからだ。双方の通訳は裁判所に受け入れられ、私たちは証人の言葉を通訳する際に間違いを互いに指摘できるように並んで座った。注目度は高かった。

予審が済むと検察により裁判が始められた。証人たちが証人席に呼ばれ、真実を語ることを誓った。

私が通訳をし、ジョーは座って熱心に聞いていた。

私たちの方が終わり被告側が証言する段になると、ジョーは私が通訳を続けた方がいいとみんなの前で述べた。私は容赦してほしいと頼んだ。というのも、厳密に通訳していたし、どの文章もきわめて明瞭に表現しなくてはいけないという緊張感で疲れていたからだ。しかし弁護士たちとジョーは相談した後、やはり続けてほしいと言ったので、私はそうした。裁判は続いた。次から次と証人が立ち証言した。誰もがロバート・スロートは人格者で犯行とは無関係だと証明しようとした。弁護士たちは証人たちに質問を浴びせ、私は骨折って正確に通訳したが、ロバートが裁判に負けそうなのは裁判中ずっと明らかだった。最後に被告が証言台に立ち、判事は哀れなロバート・スロートに通訳を誰にしてほしいかとたずねると、驚いたことに私の名前を挙げた。

これは結論として、私がインディアンの信頼と裁判所の尊敬を得ていたことになるのでありがたいことだったが、数年後に、オクラホマ・インディアンを欺いて土地を奪おうとしていた白人たちが私が通訳になることを拒否したのとは大変対照的だった。

かわいそうにロバート・スロートは長々と自分がさまよっていたことを話し、アリバイを証明しようとしたが、説得力に欠け陪審を信用させることはできなかった。彼は長期にわたる服役を言い渡された。しかし数年後赦免され家へ帰ってきたが、何か不治の病に苦しんでいて自由を得た途端に死んでしまった。

この頃（一八九六～九七年だが）ショーニー寄宿学校は、校長メアリー・C・ウィリアム夫人の有能な運営手腕ときめこまかい配慮により、教育的機関として開学以来最高に充実した時期を迎えていた。彼女の教師としての才能は、個人的な教育熱心さと生徒に対する思いやりとともにすばらしいものだった。彼女は周りに有能な助手となる先生を集めていて、彼らは自分たちの手元に委ねられる子どものためにと思って働いていた。校長と先生たちは政府のめざしたものを単純にだが十分に果たそうとしていた。有能な助手の一人にミス・エディス・リードがいて、現在ポンカ市に住むルイス・C・タイナー夫人だが、生徒の成長と生活の向上に対しては努力を惜しまなかった。インディアン局を離れてから、タイナー夫人は州の社交界では知られた人物となり、彼女と働く人々に広く愛されている。他の先生たちも彼女に劣らず勤勉に務め、卒業生たちにも同様に慕われている。クエーカーの伝道者たちも立派な仕事をしているようだ。教会や学校には生き生きとした生活や活動や社会的な影響力が存在した。学習したりミサを受けるためにそこに集まった若い人たちは、文明のかなりよい面を学ぶことになったのだ。彼らはそうした成果を自分の家にも持ちこみ、人々の中に広く教育に対する興味が急速に生まれたのは明らかだった。

しかし一八九七年の学期末に、いつもパンのバターを塗った面しか心にとめていないように見えるある政府特別職員のもくろみのために、校長のウィリアム夫人はソーク・アンド・フォックスの学校へ移動させられた。ショーニーの学校の親たちには突然の激しいショックだったが、彼らは事業委員会に彼女を元に戻してもらうように要請した。事業委員会はインディアン局長官に熱心にウィリアム夫人をショーニーの学校へ戻すように嘆願してくれたが、それは無視された。それどころか、結局彼女は極西部のもっと大きな学校へやられ、そこで言わばいつもの仕事をしている最中に亡くなった。

前世紀（一九世紀）の終盤のこの頃、この地域では急速にいろんな変化が起こっていた。オクラホマ準州とインディアン特別保護区の二つの地域は、農地として、そして商売の機会が無限で投資が盛んである場所として国中に評判が広がっていた。まだ開拓前線だと考えられていたが、危険な要素はもはやなく、試練も避けられないものではなかったので——人々がものすごい数で押し寄せていた。

一つの鉄道がこの地域を通っていたし、いくつかの新しい鉄道も噂されていた。小さな町も大きな町も大きな繁栄のうねりがそこら中にやって来ているのを感じていた。悪党連中も政治家も「そこらを行ったり来たり闊歩している」のがはっきり見えていたとしても何か不思議があるだろうか。

白人の数が増えるにつれて、ショーニー・インディアンの中には不満が募っていった。ビッグ・ジムとサム・ウォーリアは、土地の割り当てやあらゆる形の進歩ばかりでなく白人の出現に対してさえも相変わらず完全に敵対していた。こういう精神状態では彼らは、いつもインディアンの中にいて文明や政府に反抗する気持ちをかき立て悪事を働く仲間にたやすく影響を受けてしまうのだった。友人のふりをしながら奴らはインディアンに言っていた、政府は今あなたたちが持っている自由をみんな奪い去ろうとしていて、土地にはいずれ税金がかけられ、祖先たちが強要されたのと同じようにあなたたちもついにはあきらめて白人に土地を渡すことになるのだ、と。また、政府はインディアンに無理やり子どもたちを学校に送らせて、白人の生活様式を身につけさせ祖先の信仰を捨てさせようとしているのだ、とも言っていた。間違いなく私は、自分の部族を捨て白人の生活様式を取り入れたインディアンの少年の絶好の見本だと思われていたことだろう。

奴らはチーフたちには人々をメキシコへ移住させるよう勧めていたが、そこには広大な土地が耕されずにあり、獲物が豊富で、祖先たちのように野性的で自由で幸せな生活が送れると言うのだった。インディアンも他の民族と同じように「古き良き時代」のことを考え語るのが好きなのだ。

一八九七年四月一五日、私は二番目の「白い鳥」を私の「小鳥の巣」へ連れて来た。すでに触れておいたキカプーの学校で先生をしていたミス・エタ・P・メスナーは、私の子どもたちの母親がいなくなったその代わりをすることを親切にも了承してくれた。私たちは結婚し、子どもを連れ戻しにカンザス・シティへ行き、自分たちの家で一緒に生活を始めた。

27章　ビッグ・ジムの死

以前にも述べたが、様々な点でショーニー・インディアンの心に怒りをかき立てつつあった輩たちが、一八九八年ついにビッグ・ジムを説き伏せてある契約にサインさせることに成功した。私はこの契約が正確にどのような内容のものだったのかは知らないが、それは何かショーニーをメキシコに移動させることに関係し、オクラホマのインディアンからその土地を取り上げようとするさらに大きな計略の始まりだった。

この契約は、ショーニーの他のメンバーが一人も出席しない秘密の会議においてサインされたもので、その点では部族の旧来の法に照らしても違法なものだった。チーフのビッグ・ジムは説得により仲間のインディアンをメキシコに移動させることができると考え、さらに男たちが非常に魅力的な嘘の約束を提示して、彼に契約書への署名を迫ったのに違いなかった。

ビッグ・ジムはワシントンに呼ばれて、（それに参加したメンバーの何人かのその後の行動から判断してのことだが）どうやら何人かの議員による上院の委員会が開かれたらしい。

そうこうする間にも、噂により伯父のビッグ・ジムが大変切迫した立場に置かれているという話が、私と事業委員会の他の委員の耳にも伝わってきた。この契約の話を聞いたとき、私たちはすぐにその計画の実行を防ぐための手段を取った。さらに私たちは合衆国インディアン局長官に契約のサインにいたるまでの経緯や状況についての正しい報告書を送った。

また私たちは、事業委員会のメンバーの一人がショーニー・インディアンから土地を騙し取るという この計画に加担していることを突き止め、そしてその委員から事情を聴取するために部族全体の評議会が招集された。この会議の結論は地域のインディアン管理事務所に提出され、その結果このメンバーは有罪として委員会から追放されることになった。こうして事件の全貌が明らかにされたことにより、一味のもくろみは一時的に阻止されることにはなったが、その計画は完全には断念されず、インディアンの移住計画を煽ったり、インディアン管理事務所の計画に対する反対運動を煽動したりと、たえず陰険な働きかけが繰り返された。

当時のショーニーにとってさらに不幸なことは、ジョー・エリスの後を継ぎ、いくつかの点で進歩的な考えを持っていた私たちのチーフ、ホワイト・ターキーが、一八九九年一一月二六日に死んだことだった。彼の死は特に当時の危機的状況においては、きわめて悲痛な出来事だった。彼には子どもがなかったので、その死によってサウェギーラ支部族の純粋な血統が途絶えることになった。血筋から言えば次のチーフは私の友人のジョン・キングであったが、合衆国政府はすでにインディアンの法を認めなかったので、チーフの地位は名ばかりの名誉にすぎず、ジョンはそれを受け入れようとはしなかった。彼は事業委員会の委員であり、そのことによって多少なりとも実際的権威を保っていた。

ホワイト・ターキーの強い影響力が消えると、ビッグ・ジムをそそのかし、インディアンの仲間を連れてメキシコに移動させようとする男たちの試みが、徐々に功を奏するようになっていった。ショーニーの土地を根こそぎ奪おうという計画には失敗したが、彼らはなお多くのインディアンに彼らのオクラホマの土地を明け渡させ、それを自分たちで利用しようという計画を執拗に抱き続けていた。ビッグ・ジムは配下に多くのインディアンを率いていたが、その中にはジムよりも私の方が政治の事情に通じていると気づいていて、私の忠告に従う仲間たちもいた。しかし不信感はますます大きくなる一方で、険悪な感情がショーニー全体を覆うようになっていった。

一九〇〇年の夏、ビッグ・ジムは家族を連れて移り住むことができる土地を探すために、何人かの勇敢なインディアンの戦士を選りすぐった小さなグループを率いて、メキシコに向けて出発した。その中には私の弟デイビッドもいた。一行がメキシコのコアウイラ州［テキサス州境の内陸の州］の町サビナスの西、ナシミエントに住んでいた友情厚いメキシカン・キカプーの保留地にたどり着いたとき、そこのインディアンの間には伝染病の天然痘が大流行し、猛威を振るっていた。チーフとその仲間たちは気づく間もなく、その病気に感染してしまった。

親切なキカプー族は訪れたショーニーの兄弟たちに、もし病気に感染したのならしかるべき処置をほどこし面倒を見るからと滞在を勧めたが、彼らはすぐにオクラホマに戻ることにした。私の弟のデイビッドはその夜密かに馬でそこを離れた。彼は駆けに駆けて、発病寸前にショーニーの家にたどり着いたが、しばらくの闘病の後一九〇〇年九月二九日それが原因で死んだ。残りの仲間はキカプーの忠告と親切な申し出にもかかわらず、次の日の朝家に向かって出発した。帰路をたどるうち、一行はサビナスで発見され、町の下の川岸に防疫のために隔離された。

そこで伯父のビッグ・ジムは重い病に倒れ、そのまま一九〇〇年九月三〇日ついに帰らぬ人となって、何の儀式もないままにその川の岸に葬られた。こうして彼のチーフとしての生涯は終わりを告げたが、その一生は、文明化に対する戦いは別としても、高貴な性格に満ちたものだった。彼は誠意と正しい行為とを確固として擁護し、部族の伝統を誠実、忠実に守り、ショーニー・インディアンのためにその生涯を捧げ尽くしたのだ。メキシコに向かった一行の中で、たった二人だけがその病から生き残って、後にオクラホマの故郷に戻り、他のメンバーの痛々しい死やチーフの質素な埋葬の様子を仲間たちに伝えた。チーフが何の儀式も行われないままに埋葬されるとは！

こうした状況は実に悲しいことではあったが、そのことでショーニーの間に混乱を画策した一味の悪巧みは終わりを迎えた。おそらくはビッグ・ジムが悲惨な死を目前にして自分の過ちに気づき、生き残った者たちに忠告して家に帰ってその警告を伝えるようにと言ったに違いない。病気の発病を待っていた最期の孤独な時間、見知らぬ土地で、愛する者の手によって介護されることもなく、死と向き合っていた彼の心情を一体誰が推し量ることができようか。

ビッグ・ジムの影響力が取り除かれると、事業委員会とより進歩的考えを持った指導者たちは、ショーニーの人々とずっと理性的な話し合いができるようになり、彼らはもはや文明化の進展に対して激しい憤りを示すこともなくなった。ビッグ・ジムの死後ショーニー・インディアンたちは、自分たちがどうすべきか——つまり次に誰をチーフとして選ぶべきかについて迷い、決めかねていた。チーフは、部族としてのショーニー・インディアンの命とも言うべき全能なるミソーミ（部族精神）の求めるところにより、純粋に支部族サウェギーラの血を引く者でなければならなかった。

ビッグ・ジムの後を継いだのは息子のリトル・ジム（トトムモ）で、彼は今でもショーニーのチーフとしての立場にいる。彼は多くの点で父のビッグ・ジムに似ているが、きちんと教育を受けた聡明な妻を持っている。彼女はショーニー寄宿学校に学び、実に多くのことを身につけた女性である。彼らの子どもたちが祖父ビッグ・ジムの優れた資質を受け継ぎ、それを彼らの母の穏やかな知性と結びつけて、誉れ高い祖先にふさわしい立派な人物へと成長してくれることを祈りたい。

最近私の親しい友人ジョン・キングがデールとマクラウドの間にあるサニー・サイド農場の近くの

自宅で亡くなった。彼は商売から身を引いて農場に引退し、そこで妻とおよそ一歳になる一人娘とともに、幸せに暮らしていたのだった。

28章　新しい世紀の夜明け

一九〇〇年にショーニー・インディアンに起きたもっとも重要なことは、ビッグ・ジムの死や「悪い仲間」の影響を振り払ったことを除けば、自分たちの管理事務所を学校に持ったことだった。学校は政府に数年間は管理されていたが、地域の人々にまだ知られていて、インディアンたちにはミッション・スクールとかクエーカーの教会として知られていた。この年にショーニーとポタワトミーの仕事はソーク・アンド・フォックス管理事務所から移され、新しい管理事務所が学校が今建っているところに開設された。学校のキャンパスの隣であり、ショーニー市から約一マイルだった。同時にフランク・A・サッカリーが土地分配担当の政府職員と学校の校長に任命され、仕事を兼務することになった。もう一つの重要な変化はインディアン局のすべての職員が公務員扱いとなり、望ましい経営にはいつも有害な「政治的利権」の仕組みを廃止できるようになったことだ。

他にも、それほどではないが重要な変化がいくつもあった。新しい世紀の最初の数年を振り返ると、私の記憶はぼんやりしていてともかく急速に変化が起こって、代わりに物事の新しい秩序が生まれていた。他の地域もこんな状態だったのだろうか、あるいは準州が州に昇格するオクラホマに特有のことだったのだろうかと私は考える。それは、まるで「時の翁」が新世紀の始めは古い秩序を変える論理的な時期なのだと決めているかのようだった。建設的な力がずっと働いていて、そのおかげでこの特殊な時期に証拠が一度に暴かれているようであった。

自分について言えば、この頃私はただ傍観者で、次々起こる変化にほとんど気づかず確かにそれらの重要性にも無関心であった。私の二番目の妻は、いつもからだが虚弱だったが、結婚するとすぐに結核にかかった。彼女はそんな病気と戦えるほどの体力は持っていなかった。私は家にいなくてはならず、ほとんどの時間を生徒のためではなく家事に気を配っていなくてはならなかった。一九〇一年の春には私がひどい天然痘にかかった。私は回復後、妻の健康にもそして自分にも転地療養がよいと信じてコロラドへ妻を連れて行った。

コロラドの気候はしばらく妻にもいいように見えたので、私は秋まで一緒に滞在したが、私は仕事の関係で帰らなくてはいけなくなった。妻に残るように勧めたが、彼女は一人でいるのを嫌がったので、一緒に戻った。

私が自分の仕事を片付けた後、事業委員会は三人を選んでワシントンへ行かせ、二〇年もの間未解決だったある失った土地の所有権をさらに求める事を決定した。当然私は一団の代表に選ばれた。

当時まだインディアンの宣教師だったカークおばさんが同じ頃ワシントンへ行くことを知って、妻も同行する決心をし、私たちは一緒に旅に出たが、おかげで大いに楽しみが増えた。ワシントンに着くと、私たちはカークおばさんの親戚であるロバート・カーク大佐の家に滞在するよう招かれた。家族みんなが私たちを暖かくもてなしてくれて、このときは結局要求は認められなかったが、大佐もこのことが留意されるよう委員会に手助けしてくれた。私たちはワシントンで二週間過ごし、私の母校ハンプトン学院を楽しく訪れた。帰途では、オハイオ州のジーニアに立ち寄ってカークおばさんの娘を訪問し、名所を見て回るなどとても楽しい二日間を過ごした。その近くにはショーニーの古いチャラコーサの町があって、そこで私の曽祖父（かの有名なテクムセ）が一七六八年頃に生まれたのだった。私たちは彼女の娘とともにさらに別な訪問をするために彼女と別れ、帰郷した。

私の妻の健康は悪化し続け、一九〇二年五月四日に亡くなり、クエーカーの墓地に葬られた。ふたたび私は子どもたちとともに取り残された。子どもたちをショーニーの学校に入れると、私は事業委員会の仕事にほとんどの時間を当てた。

事業委員会の仕事のために、私は政府職員フランク・サッカリーの事務所に行くことが多かった。この男との最初のつきあいから、私はインディアンたちが彼のことを本物の友人だと考えているのがわかったし、その後の月日のうちに、インディアンたちが友人を必要としているという事実が明らかになるにつれて、このことは何度も証明された。

この地域を可能性にあふれた土地にしようと集約されたものすごい力は、実に様々な種類の人間や、インディアンのものだった土地を手に入れようと多くの悪事を働くならず者たちも一緒に連れて来たので、こういう「自然の子ら」を守るには強力な個性と勇気を持ちあわせた人間を必要とした。フランク・サッカリーが力と忍耐と勇気を持っていることは私には何度もわかった。それが証明されたのは、メキシコ人と結婚したあるショーニーの女を見つけるために南テキサスへ一緒に旅をしたときのことであった。それは、彼にとっては政府職員としての仕事であり、私には事業委員会の一員としての務めであった。その女の件は先例となりうるものであり、こんなふうに起こった。インディアンが割り当てられた土地に実際住んでいるかどうかいつも調べている人間がいて――本物の所有者が土地を離れていると自分で所有権を登録しようと狙っている――その女性が所有権の申請に現れないのを見つけると、そいつは彼女の土地で登録をしようとした。多くの土地がこういうふうにして悪巧みの人間に不法に取られてしまった。しかしこの件はサッカリーに報告があり、彼は真実を確かめるべく保護される権利を持つその女性と子どもたちを見つけることに乗り出した。

女性の夫は彼女をメキシコへ連れて行ったことが報告され、私たちはあらゆる手がかりを追った。最初女性の跡をメキシコまでたどり、次はテキサスまで戻った。いつになく厳しい旅だった。水ぶくれを起こしそうなくらい暑い太陽の中十分な水も食料もなく、荒れた土地を何日も馬に乗った。やっとメキシコ人の老婆を見つけ、その若いインディアンの女性がすでに死んでいたことを聞いた。サッカリーは確かな証拠を手に入れなくてはならず、そのためさらに何日間も退屈な旅を続けうんざりしながら待機し辛抱強く調査をし、ようやく女性とその子どもたちがテキサスのサン・アンジェロで天然痘で死んだこととの証拠を手に入れた。彼はまた子どもたちが死ぬ前にキリスト教の洗礼を受けていたことも確認した。

この旅の後、サッカリーと私は互いに十分理解し合えた。というのもこの旅で多くの時間を一緒に過ごしたからで、私は彼の頭と心の奥深くまで知ることができたと思う。

29章 「小鳥の巣」での生活

一九〇三年私はふたたびインディアン局の仕事に関わり、特別職員としてショーニー族の戸籍登録の仕事に携わることになった。私はすでにそうした戸籍の記録を自分の便宜と事業委員会での使用のために行っていたので、すでに収集していた事実関係の資料が政府のためのまとめるのに役立ち、仕事はすぐに終わってしまった。それから私は公務員の試験を受け、内定の通知を受け取って、サッカリー氏指揮下の役所において主任として働くことになった。

同じ年の五月に私は我が愛する友人ジョン・キングの未亡人を、自分の妻、第三番目の「小鳥」として結婚し、はからずも私たちが少年の頃ハンプトン学院においてお互いに誓った約束を果たすこととなった。ジョン・キングはショーニー寄宿学校で教育を受けた愛らしい少女を妻として、結婚していた。彼のまだ幼い一人娘エタ（Etta）を、私は自分の子どもとして一人前の女性になるまで育てた。彼女は美しい少女で、私も感銘を受けていた父親譲りの高貴な気質を受け継いでいた。彼女は誰もが自分の娘と呼びたくなるほどの素敵な女性へと成長し、衆目の一致するところショーニー族の誉れであった。エタはショーニー・ハイスクール、そしてカンザス大学を卒業し、その後一年間ポーニー・インディアン・スクールで教えた。それから彼女はバージニア出身の若き技術者ジョージ・A・ステイシーと結婚した。彼らは何年かの間アリゾナ州において大変幸福な生活を送っていた。彼らは一九二六年私たちを訪ねて来て、そして不幸なことにエタは生後数日の幼児とわずか三歳の二人の幼い少女を残して、この私たちの家で亡くなった。私たちは生後数日の赤ちゃんを自分たちの子どもとして育てることにしたが、エタの夫は三歳の子どもをバージニアの自分の母のもとへ連れていった。

私が三番目の「小鳥」と再婚すると間もなく、長男のピエールが東部の学校で学ぶために家を離れた。もしそうしたことでインディアンには愛情が欠け、人間的感情がないと考える人がいたら、私が二番目の息子リースに宛てた便りへの返事としてピエールが書いてよこした次の手紙を読まれたい。リースへの手紙の中で私は、長男ピエールが「小鳥の巣」と年老いた父親鳥を忘れてしまったようだ、と書いていた。

小鳥の巣の
お父さんへ
リースがお父さんの手紙を送ってくれて、僕はそれをとても喜んでいます。お父さんは、僕が「小鳥の巣」や「年老いた親鳥」を忘れるなどとは絶対に考えないでください。僕には小鳥の巣について思い出すことが山ほどあります。まず始めにずっと昔のこと、僕たちが我が家と呼んで、まだペンキも塗っていない安らぎの住まいから眺めた東側と南側の風景があり、そしてその家は僕にとって知る限り最高の家でした。東に向かっては緩やかに起伏する草原が広がり、かなたには所々に何本かの木が丘の稜線を縁取っているのが見えました。

北に目を向ければ、見えるのは「リスの小川」と「ヤマネコの小川」がカナディアン川に合流する近くの川岸を縁取るうっそうとした立木や雑木の森です。そのうっそうとした森は北西に向かって我が家の方にのびて、昔の駅馬車道が「ヤマネコの小川」を横切る地点には三本の高いポプラの木があって、その道を守る歩哨のように静かに立っています。

森と家との間にはまだ若いモモやリンゴの果樹園があり、リンゴの木の樹皮はワタオウサギ［尾の白いウサギ］がそれをかんで粗くデコボコしていました。

南にはなだらかに起伏する草原が遥か遠くの丘のふもとまで広がり、コナラやウルシの林に溶け込むかのように消えていました。思い出す限りにおいて、当時我が家から見えたのは南西の方向にただ一軒シガーズ家の家があっただけでした。

「小鳥の巣」の周りにはお手製とも言える杭の囲いが張り巡らされていました。家の真後ろには古井戸があり、古いカシのバケツが備えつけてありました。家の南東には台所や食堂として使われていた丸太小屋がありました。庭には何本かのカシの木、クワの木、そして一本の大きなクルミの木やいくつかの植込みもありました。それから庭の片隅にかたまって生えていたクリのイガのことも忘れられません。それは夏に裸足で庭を走り回る二人の男の子にとっては大変な恐怖でした。

なだらかな丘の草原では多くの牛が草を食み、そして子どもたちはそのうちの何頭かが家の方に戻ってきて、パパや雇われたおじさんたちがその乳を搾るのを熱心に見つめていました。

日曜日の朝には教会の澄んだ鐘の音が鳴り響くのが聞こえました。そうすると二人の男の子は、パパとママとまだ赤ん坊のポールと一緒に玄関に鍵を掛け、裏口から昔の駅馬車道へと出るのです。その道はヤマネコの小川を渡って牧草地をぬけ、古い共同の井戸の脇を通って、教会へと通じているのです。

教会に着くと、彼らは中に入り席に座ります。他の人たちも一人、あるいは二人ずつ静かに入ってきます。まず最初に年老いたブールボネー夫人が、松葉杖をついたご主人を連れて入ってきます。それから他の人たちが入場するのですが、その顔は覚えていても、名前はすでに忘れてしまいました。

それから何人かの婦人とそれに続いて大勢のインディアンの少女が入ってきます。彼女らはみんな同じ帽子をかぶり、背中に長い二本のリボンを垂らしています。その後に学校の制服を着たインディアンの少年たちが続きます。彼らはふざけて聖歌集に絵を描いたり、白く長いひげを生やした背の高い老紳士が、イエスは彼らを救うためにこの世に遣わされたのだと説教している間も、（彼が見ていないと）彼に向かってアカンベーをしたりしているのです。

さてもう一度リースと僕、二人の男の子の話に戻ることにしましょう。幼いリースは落ち着きなくむずがり、「お母さんのそばに静かに座っていなさい」と言われても、なかなか言うことを聞きません。やがて彼は自分に向かって手を差し出している小柄な婦人の方にちょこちょこと歩いていきます。彼はその婦人の膝の上にあがり「カークおばさん」と呼びかけます。兄の方も行きたかったのですが、カークおばさんは二人も一緒に面倒を見れないよ、と父に止められるのです。そこで兄はパパとママの間に座って何かすることを探し、赤ちゃんのポールのつま先をもて遊び始めるのですが、やがてポールはそれに我慢できず、声を上げて怒りはじめます。ママが下を見ると、そこには、必死にボクは何も悪いことをしていませんよとでも言うように、一人の小さな男の子が静かに座っているのです。父親はすぐに男の子を腕に抱きかかえ、やがてその子はぐっすりと寝入ってしまうのです。

礼拝が終わると、一家はしばらくの間友人たちと話をして、それから家に戻ってチキンかウズラ、時には野生の七面鳥の食事を取ります。それが済むと子どもたちはバッファローの毛皮の上で、また暖かい日であれば庭のクルミの木の木陰に広げられた幌馬車のシートの上で昼寝をするのです。

数年後、この地方には大変多くの人々が入ってくるようになりました。以前は疑いもなくワタオウサギの領分だった場所に、町が立ち並び始めました。ザックとベイリーが家族に加わり、家は移され、丸太小屋は取り壊され、地下室が掘られてその上に新しく大きな丸太の家が建てられました。

しかし家族が快適に暮らすために必要と思われるすべてのことが完成すると、神の手が差し伸べられ、そしてその取り分を要求してきました［母の死のこと］。しかし父なる偉大なる精霊と、母なる神様はその家族を見捨てませんでした。

三人の子どもはキカプーの教会に行き、かわるがわるカンザス・シティの親切な婦人のもとに住んだり、そこの学校に通ったりしました。しかし教会で生活していたその間、お父さんは僕たちが一体何を心待ちに生きていたと思いますか。僕たちは勉強を学び、ゲームをし、弓矢で狩りをすることを習い、実にいろいろなことをして時間を過ごしながら、土曜の夜が来るのを待ちました。僕たちはその時パパが来ることを知っていたのです。そして平日にもお父さんが僕たちといられる時は、一緒に長い散歩をしたり、狩りをしたり、あるいは森の中で水入らずの時間をともに過ごしたのです。

やがて僕たちにはエタという先生ができました。彼女はやって来て、そして僕たちと一緒に「小鳥の巣」に住むようになりました。そしてその後僕たちには幾分なりとも前に述べた幸せな日々が戻ってきたのです。

やがて子どもたちは成長し、少しは家の手伝いができるようになりました。一番上の少年は「お父さん子」でした。僕はその子が後からきたお母さんを愛していなかった、と言っているのではありません。ただその子と彼の父親は仲のよい友だちだったと言いたいのです。

こうした生活が数年続いた後、家族はまたバラバラになってしまいました。死の天使がふたたび我が家を訪れたのです。一番年上の子は家を離れて遠くの学校に行ってしまいました。下の二人の子どもたちは寄宿学校に入れられ、そして年老いた父親鳥はかわいそうに、ただ一人その巣に残されることになったのです。

年老いた親鳥に何ができたでしょうか？　一人残された孤独な親鳥にとって、一体何が……また別の相手を見つけること以外に！

この結婚は家族の他の鳥たちからも、大きな祝福と感謝の念で受け取られました。一番年上の若鳥は、親切な新しいお母さんとエタ・キングという妹ができて、大喜びでした。

お父さん、これでも僕が自分の家を、家族をそして仲間を忘れることができるとおっしゃるのですか。

僕は急いで過去を振り返りながら、心に思い浮かぶままにこの手紙を書きました。僕自身としても、自分が家を忘れていないか確認したかったのですが――どうやらそれほど忘れてはいないようですね。

一九〇四年　四月一九日

ワシントンD・C

ピエール

30章　ある土地詐欺事件

私がフランク・サッカリーのもとショーニー管理事務所の一等書記官としてインディアン局のために働き始めると、ショーニーの間にばらまかれあの悲しみと混乱を引き起こしていた宣伝が、キカプー族やショーニー管理事務所管轄のその他の部族に対してまだふりまかれているのがわかった。ショーニーと同じようにキカプー族も非常に不安定な状態で、多くの人々が教育や文明全般についてビッグ・ジム派の人々とまったく同じような考え方を持っていた。

キカプー族の中には土地の割り当てを拒み、一見生活の手段を持たない者もいた。少し何か産業でもあれば多くのものを生み出せるに違いない場所に、貧困や飢餓とさえ言える例がたくさん存在した。キカプーの土地はとても豊かで肥えていたからだ。それだけ余計に、インディアンの不満を利用して得をしようと思う連中には大きな誘惑となった。彼らは不幸な境遇にあって、周りで絶え間なく働きかけて悪事をしようとする連中の言いなりであった。

キカプーの中には毎日のように事務所にやって来て不平を言う者もいた。政府は自分たちから子どもを奪い去って学校に送り、白人に仕立てようとしているんだとよく言われる、とか。また、いずれ自分たちの土地に重い税金をかけられて、払えないと牢獄にやられてしまうよと言われている、とか

（文明になじんだ人には、牢獄という言葉がインディアンにとってどれほどの恐怖を与えるかまず想像がつかないだろう）。あるいは、まもなく戦争が起きて、キカプーの人間は皆殺しにされ、土地は白人に渡されてしまだろうと、散々言われているとか。かわいそうに彼らは不幸のどん底にいたのである。

明らかなのは、こういう情報のすべてが、ショーニー族に対してメキシコに移住するようそそのかしたり、ビッグ・ジムを説き伏せて前に述べた契約書に署名させようとした同じ連中によって植え込まれていたということだ。ビッグ・ジムの件は、ただ彼が予想もせぬ死を迎えたことで図らずも成就しなかっただけのことであった。事業委員会の仕事はしばらくそのもくろみを抑えることはできたが、もしビッグ・ジムが生きていたら私たちもついには負けて、大勢のショーニー・インディアンがメキシコで極貧にあえぐこととなっただろうと私は確信する。この陰謀は、連邦政府の職員たちにもその影響力を持つ強力な人物たちに裏で支えられていた。実際今日でもこの州で著名な人物が関係していたので、もし私が彼らの名前を挙げれば全国的なスキャンダルになることだろう。そうする気は私にはないが、それはまさしくオクラホマ・インディアンの歴史の一部であるので、オクラホマ歴史協会に対してその真正なる記述を残し保存しておくつもりだ。

私は一〇年もの間この連中と単独で戦ってきた。一人のインディアンとして、部族の事業委員会の一員として、そしてサッカリーの事務所に入ってからはインディアン局で働く者の代表として。私は自分の経験を幾分かは私のライフワークであるこの本に残すべきだと思うので、ここでそれを短くまとめたいと思う。

当初はインディアンの文明に対する嫌悪感を利用して、彼らが割り当ての土地を自発的に捨ててこの地域を去るよう仕向けるのが、悪い連中の大きな計画であった。合衆国にはもはやインディアンが自由に所有できる土地は残っていなかったので、メキシコへ行くように勧められた。ショーニー・インディアンがメキシコで土地や市民権を持てるかどうかや、商売という考えを持っていなかったり日々の食料を市場で骨折って手に入れる能力を持っていないとかは連中にはどうでもいいことであった。相手の持っている土地を奪うことだけが、ゲームをしている人間の考えることだった。

しかしこの州の法律はインディアンが自分の土地を売ることを禁じた。心優しい議員たちが、政府の後見を受けるべき人々の利益を保護するという手段を取っていたのだ。しかしその法律も、国会議員たちをそのゲームのために何らかの合意にいたるように説得できるとすれば、すり抜ける道はあった。

これは思うほど難しいことではなかった。インディアンはこの地域を離れ足を伸ばしてメキシコにいる友人たちを訪問するようそそのかされ、やがて国会はある法律を通過させて、インディアンは合衆国の住民ではないものの、（事情があって）ここにある自分たちの土地を売る権利を与えられたのだと宣言する。こういう手口で事は成し遂げられた。

かなりの数のキカプー・インディアンがメキシコに引きとめられ、もてなされ、食事を出され、たくさんのウィスキーを与えられ、牛のように保護された。やがてその法律が国会で通過し、合衆国大統領によって署名承認された。それからインディアンはオクラホマの土地を実際よりもはるかに安い値段で売った。彼らは合衆国の市民権を失ったものの、メキシコでは何も手に入れなかった。

フランク・サッカリーは彼らをメキシコにまで追いかけて粘り強く立派に自分の仕事を続け、その結果この不正はありのままにインディアン局長官と司法省に持ちこまれ、その売買が無効になるよう方策が取られた。

この問題は数か月もの間法廷で決着が長引いた。たいへんな法廷闘争で、国中の人々が注目した。真犯人の何人かの手下どもは投獄されたが、キカプーの人々に市民権が回復し土地が自主的に彼らのもとに戻された後に結局解放された。

私も連中をやっつけるのに一役買っただろうか。サッカリーはもちろんだと言う。私もそう思う。しかし、合衆国上院インディアン問題委員会から派遣された「調査委員会」がこの件で証言を取っているとき、委員会は私を通訳として認めるのを拒否し、わずか三〇〇語にも満たない語彙しか持たないキカプーのあまり教育を受けていない少年を通訳として採用した。しかし最終的には、メキシコ政府が調査を要求してきたとき、両政府は私を通訳として受け入れたのである(11)。

原注(11)　メキシコ政府はオクラホマの住人であるインディアンがメキシコに侵入してくるのに憤慨していたので、この件で不正義をしでかしている連中の逮捕を要求していた。国際的な問題であった可能性は十分だったが、ちょうどその頃メキシコで革命が勃発し、政府が入れ替わり、事は沙汰やみとなってしまった。それ以来、そのとき監獄にいた合衆国市民（インディアン）に対する告訴は取り下げられた。

フランク・サッカリー、ジョージ・アウトセルト、ジョン・エンブリーやその他この事件に関わった人々の仕事ぶりは、ひょっとしたら国にとってとんでもない不面目なことになりかねなかったことを予防してくれたのだから、国民もいつまでも彼らに感謝を惜しまなくて当然のものであった。それに私も一役買えたことは、私の人生の中でもっとも誇りうる功績の一つであった。

31章　オクラホマ、州となる

インディアンの歴史に新たな悲劇的一章が加えられ、彼らが疑念、優柔不断、絶望のただ中にあがき苦しみ、友を疑い、敵の忠告を入れ、不可避なるものへの戦いを繰り返していた困難な年月の間、国全体もまた政治的混乱の状態にあった。オクラホマとインディアンの二つの準州は合衆国の中でももっとも豊かな地域の一つに属するものとして認められつつあった。インディアンに最終的な落ち着き場所として割り当てられたとき、ほとんど価値のないものと考えられていた土地が、農地としてのみならず天然資源の面からもまた、測り知れない価値があることが判明したのだ。

インディアンを騙すのは簡単だという話は、新聞の届く範囲で広く人々の間に流布していた。土地を売ったインディアンの多くがなおその代金として毎年受け取っている年金があり、またこれとは別に合法的な普通の取引を通してもお金の流れは潤沢であると考えられていた。そして大きなビジネス・チャンスの可能性があるという話が誇張されて広まった。こうした話の結果としてオクラホマには絶えず人が流入し、そこは中西部の州の中でも最も多様な種類の人々が住む地域となった。

他の州で失敗した多くの人々が、新規一転の再スタートを期してこの新しい地域に入ってきたし、またここは以前から無法者や犯罪者の格好の逃げ場でもあった。その結果当然のこととして早くから州となった地域、特に東部諸州の人々は、オクラホマを非常に不道徳な地域と考えていた。私は復活のミサを行っていた一人の伝道師から聞いた次のような話をよく覚えているが、それは一般にオクラホマ地域がどう思われているか端的に表したものだった。

家族がオクラホマへ移り住むことになった一人の少女が、お祈りをしていた。いつもの「おやすみなさい」と家族の一人ひとりへの神の祝福と加護を祈った後、その敬虔な少女は続けた、「主よ、さようなら。明日私たちはオクラホマに行きます」。

私が聞いたもう一つの話は、当時のショーニー市の状況をよく示している。それはちょうどサンタ・フェ鉄道が町の中心に汽車の路線を通そうと計画し、市民たちもまたその鉄道の誘致を確実にするために、融資の割増金を募ろうと運動していたときだった。ウィリアム・ジェニングズ・ブライアン〔民主党の有力政治家、国務長官も務めた〕の忠実な友人にしてかつ崇拝者であり、ブライアン氏の有名な「銀貨の自由な鋳造」政策〔銀本位制と銀貨の自由な鋳造・通用を主張する政策〕の信奉者でもあった一人の実業家が、鉄道のための増資計画に反対の立場を表明した。市民集会の演説において、彼は叫んだ、「我々はもはやこれ以上の鉄道を必要としない。我々はすでに立派な街を持ち、今やその割合は一六対一である」と。そのとき彼は鉄道一本で酒場が一六もできたと言いたかったのだ。

しかし増資が募られ、サンタ・フェ鉄道が開通して市の中心を通るようになると、街はますます大きく、その地域一帯はさらに成長を続けた。事実その地域の発展と人口の増加は著しく、州への格上げの要求や叫び声が大きくなっていった。ある政治家たちは二つの地域を一つにまとめて合衆国の一州として申請するという案に賛意を示し、また別の人々はそれに反対して、二つを別々に州として認めさせるべきだと主張した。

当時政権を担ってすべての役人の任命権を持っていた政党（共和党）は、どちらか一方の地域が州として認められることには反対の立場をとっていた。この問題については、多くの混乱と動揺とが続いた。可能性として、キカプーの土地詐欺事件にまつわる不名誉と、昇格に反対する人々がその主張をさらに一般に宣伝しようとすることを関係者が恐れたために、オクラホマの州への昇格の障害が少なくなったと言えるかもしれない。

ともあれ二つの地域は一九〇七年一一月一六日、白人たちの大いなる歓声と祝福のうちに一つの州として認められることになった。まもなくこの「赤い人の国」は合衆国の中でもっとも完全に組織された州の一つ、そしてその土地の元々の所有者であるアメリカ・インディアンがもっとも多く白人と同じ市民として州内に留まり、何らかの形で政府の組織や行政に参加している最初の州となったのだ。

オクラホマ州のすべてのインディアンがこの事実と、それが意味する特権的栄誉に気づき、本来のインディアンとしての誇りに加えて、アメリカ市民としての真の誇りを持つことができるようになったとき、インディアンはアメリカという共和国の真に偉大な一部となることができるのだ。

32章　私は死ぬまでこの地にとどまる

キカプー族の土地詐欺事件の裁判が決着すると、私はショーニー管理事務所の一等書記官を辞職したが、事業委員会の委員長の職は続けて、その事務所もまだ持っていた。その事務所に関わる仕事は年々少なくなっている。というのも若い人たちはますます商売上の問題を理解し自分で行動することを覚えつつあるからだ。

フランク・サッカリーは一九一〇年にインディアン局の別の部署に昇進し、彼がショーニー寄宿学校を去った後は学校も次第にさびれていった。州になるとともに、公立学校というよい制度がやって来て、インディアンの子どもの多くは英語を話し、自分の住む地域の公立学校に白人の子どもたちと一緒に通うのが一番だと考えられるようになった。政府がインディアンの子どもの代わりに彼らの通う地域に授業料を払い、それが田舎の学校制度を作り上げていくのに実際経済的に助けとなった。

ショーニー寄宿学校は一九一九年に閉鎖された。価値ある校舎も荒れるにまかされ、グランドや小道も雑草や成長力の強い野生の花やつる草に覆われ、悲しげな歌をさえずる多くの鳥たちの住処に仕方なくなり果てていた。特に鳩たちは哀れで、その悲しげな調子は訪れた者の耳に何日も残るのである。

学校が閉鎖されたためクエーカー教徒の教会は不要になり、我が部族の文明化に測りがたい貴重な役目を果たしたあの小さく白い教会は打ち捨てられた。鐘は錆びたまま使われず、朽ち果てるままに鐘楼に残っていた。小さな牧師館も、板石でできた小道、ポピーの花壇、タチアオイ、大きくなったスギの木、勢いよく茂ったバラのつる、スイカズラとともに、人の気配がなくなってしまった。過ぎ去りし日々のかすかな思い出があたりに残るばかりだった(12)。

原注(12)　牧師館は最近火事で燃えてしまったが、現在同じ場所に本物の農場の家屋が立っていて、「路傍の農場」として知られている。著者アルフォード氏の原稿が完成して以来、教会もまた打ち捨てられている。

多くのインディアンが不十分ながら取り入れた文明の生活様式は、彼らの健康に厄災をもたらした。インディアン局は結核が年配の世代に深刻な被害をもたらしており、すぐに強力な手立てを取らないと若い世代にもすぐに感染が広がると気づいた。協議の後、学校の跡地を結核患者の療養所に作りかえることに決まった。早速建物は改造され補修され、結核治療の設備が十分用意された(13)。この療養所は、結核患者、特に初期段階の子ども向けに始められた。結核から完治する患者も多く、不治であると診断されても治療を施されるが、一方少数だがここで亡くなる患者もあった。療養所の関係で学校も維持され、そこで可能な子どもは学習している。この療養所が始まったとき、クエーカー教本部はまだ教会だった土地を所有していたが、もう教会はなかった。クエーカーの聖職者だったチャールズ・ウートンはその土地と隣接する小さな農場を買い、自分でふたたび教会を始めた。ウートン夫妻は自分たちの時間を惜しまず療養所の患者たちのために使い、あの小さな白い教会で長い年月の嵐にも耐えてきた伝道の精神を今も生き生きと伝えている。何年もの間静かにしているその銀色がかった鐘も、ある澄み渡った日曜の朝に再び響き渡り、近所の人々みんなをその素朴な祭壇で礼拝するよう呼び寄せるかもしれない。

原注(13)　結核治療の近代的設備をすべてそろえて合衆国内でも有数の新しい病棟が、このショーニーの結核療養所に完成している。学校制度とある特殊療法がこの機関の特徴であるが、これは結核治療の技術の高さで国中に知られているデイビッド・W・ギリック（Gillic）医学博士の運営によるものである。

一九一二年ソーク・アンド・フォックス族とアイオワ族の仕事はショーニー管理事務所に移された。そういうわけで五つの部族がここの管理事務所の管轄になっている。

現在ほどインディアンに対して、世話をしたり保護をしたり政府が十分に強力な手を差し伸べてくれることはかつてなかった。実際今日のインディアン局の職員は、自由に使える有能な専門家の集団を抱えた大きな家族の長のようなものである。医師、弁護士、教師、看護婦、そしてあらゆる分野の専門家たちが、家族一人ひとり、つまりインディアンたちの要求に応えられるように待機している。

政府の医師が人々の健康に気を配り、子どもの福祉も学齢に達するまで慎重に配慮される。学校視察官[23]がいて、インディアンの子どもがちゃんと学校で教育を受けられるように見るのが仕事である。いまだに自分の子どもを学校にやるのを好まないインディアンの親が大勢いて、時にちょうど白人の親にも義務教育法を守らせるのと同じように、彼らに無理やり子どもを学校に送らせることが必要なこともある。視察官は管理事務所管轄下の自分の担当の子どもすべてについて記録していて、子どもの成長や進歩は教師の記録とともにチェックされる。子どもの生活習慣は擁護され、定期的に健康診断も行われる。

どんな分野でも特別な才能を見せるインディアンの子どもはそれを伸ばすよう奨励される。その子が初等中学校（グラマー・スクール）を終えると、追及したいと思う分野の訓練が行える上級学校へ行くよう勧められる。もし農夫になりたければ、農業の方法に関して十分指示を与えられる専門家がいる。理論ばかりでなく、実地でも訓練を受けることができる。

女子は実際的な家事運営について教わるし、男子と同じように興味ある分野の特別の訓練を受けることもできる。私たちの部族の子どもには、芸術的な分野で顕著な才能を見せる者もいる。

こうした若者が世に出て市民として生活を始めてからも、完全に自由の身ながら彼らはなお面倒を見てもらえるし、利益を保護してもらえる。専門家のアドバイスも求めさえすれば手に入る。もし病気になれば特徴を十分に理解した医師に診察してもらえる。死んだ場合もインディアンの葬儀を手配され、財産についてもちゃんと遺言書をチェックしてもらえる。

こう尋ねる人があるかもしれない、そういう手厚い配慮や保護の結果どうなりましたか。どれだけ彼らの文明を高めることができましたか、と。

この質問に答えるためには、まず文明とは何ですかと尋ねなくてはいけないと、私は思う。「我が部族の若者たちは白人の生活様式を身につけつつある」。その結果より高い文明に到達するのか、それとも目に余るほど自由というものを誇示するようになってしまうのか、私にはわからない。

なるほどインディアンにも社会的な区別はあって、優秀な知性を示す一族もあるが、それは他のすべての人種にもあることだ。若い世代の知性ある者たちは、ますます同等の白人の隣人たちに遅れを取らずにやっている。彼らは同じハイスクールに通い、同じファッションを身につけ、同じ本を読み、同じ映画を見に行く。合衆国憲法によって賦与された「幸福の追求」という特権を白人と全く同じように行使している。実際多くの若者がすでに「文化」を手に入れているのだ。

若者は高性能の車に乗り、酒も少し飲み、多分ギャンブルも少しやる。白人の仲間がするのと同じように熱心に女性という種を口説くことをすでに学んでいる。女性も今日では祖先が使ったのとは違う種類の「化粧」をし、髪を短くし、パリのファッションに身を包み、爪にはマニュキアをつける、白人の友人がするのとちょうど同じように。

しかし、これらすべてが文明というものだろうか。

多くの若者はもがき苦しんでいる。進むべき方角を見失っているのだ。なぜなら、祖先から受け継いできた粘り強い根元的な力強さをなくす一方、独自のものは何も身につけていないからだ。親たちが持っていた信仰を捨ててしまっても、白人の宗教は取り入れていない。人間は誰でも心の中で、長続きのする強固な信仰を持ちたいとか、積極的に満足の行くまで未来を信じてみたいと強く思っているのだ。そういう信仰が人格を固めてくれるのに、我が部族の若者には彼らの魂をつなぎとめる錨がないのだ。

彼らの中には、白人との新しい社会的つながりに軋轢を感じて戸惑う者もいる。彼らはものの考え方にずれを感じて、自分がどういう態度を取ったらいいのか確信を持てない。一方で、鋭い知性ときらめく才覚を持ち、所属する集団でしっかり地位を占める者もいる。

全般的にはこのような印象だが、インディアンという人種は「死に絶え」ようとはしていない。少なくともショーニーはそうではない。確かに彼らは次第にそのアイデンティティーをなくしている。今では白人との結婚がとても多いので、そのうちに私たちの中には「純血のインディアン」がいなくなるかもしれない。そういう点では私たちも他の人種と少しも変わりがないし、私たちがアメリカ国民の立派な国民性に貢献したことが認められ、評価されるときが来るのを信じている。

インディアン局の仕事を離れてから、私は自分の古い家、同じ「小鳥の巣」で静かに暮らしている。私の息子や娘は先ほど述べた若者たちに混じって、人生の荒波にもまれ、この国の経済の中でそれなりの場所を得ている。私は子どもたちの心と頭に我が部族の教えをいくらかでも注ごうとしてきたし、それなりに成功したと思っている。

私は死ぬまでこの地にとどまるつもりだ。

訳注

＊本文の終わりに訳注をまとめた。短くてここにまとめる必要がないと判断したものは、本文中の該当部分の直後に［ ］で入れた。

［1］インディアン特別保護区（Indian Territory）　一八三四年からインディアンを移住させるために設けられた準州、現在のオクラホマ州の東部。一九〇七年に全廃。オクラホマ州の西部は一八九〇～一九〇七年の間「オクラホマ準州」（Oklahoma Territory）であった。

［2］インディアン局（Indian Service）　インディアン問題を担当する役所、インディアン問題の行政全般をさす場合も多い。正確には、Bureau of Indian Affairs（BIA）で、インディアン事務局、インディアン管理局とも。一八二四年発足（当初陸軍省内、のち一八四九年内務省内）、一八三二年には長官職を設置。

［3］ハンプトン学院（Hampton Institute）　東海岸バージニア州ハンプトンにある。一八六八年に「ハンプトン農工業学校」（Hampton Agricultural and Industrial School）の名で設立された。もともと黒人奴隷解放を唱えるプロテスタント教会の連合体による黒人教育を目的とした私立師範大学であったが、一八七八年にアメリカ・インディアンの子女教育プログラムも併設されて、一九二三年まで続いた。その後、多くの学部や大学院を増設し、一九八四年にハンプトン大学（Hampton University）となって、現在にいたる。

［4］インディアン局管理事務所（Indian agency）　保護事務所、出張所とも。各インディアン保留地（Indian Reservation）に一つずつ配置された。一八七一年までは連邦政府と各部族間の条約で、現在は行政命令により境界を設定。二〇一五年現在三〇〇以上ある。認定されている部族は五〇〇を優に超えるが、すべての部族が保留地を持つわけではないし、共有したり複数持つ部族もある。

［5］インディアン局管理事務所職員（Indian agent）　各管理事務所に所属する政府職員。著者トーマスは断続的ながら、長きにわたりこの職員を務めて、ショーニーその他のインディアンがオクラホマの地に適応できるよう生涯を

捧げた。インディアン管理官とも。

［6］ドーズ一般土地割当法（The Dawes Act of 1887, or General Allotment Act）　一八八七年連邦議会で可決。アメリカ・インディアンの保留地を解体して個々に個人所有地として割り当て、インディアンを独立の自営農民として市民社会に同化させることをねらいとした。その土地は二五年間連邦政府への信託（つまり転売できない）が規定された。しかし、八七年に五五万平方キロ（一億三八〇〇万エーカー）あったインディアンの土地は、この法令が破棄された一九三四年までに六〇パーセントが彼らの手から離れ、三分の二は白人に売却された。この法令の施行によって、インディアンは生活の基盤である土地と生活様式、つまり固有の文化を奪われ、病気と貧困と無気力の生活に決定的に追い込まれたと言える。

［7］ゲータキピアーシカ（ショーニー語の読み方）　原著にはアルファベットを使って、原語の発音に近い綴りが記されているが、日本人ばかりかアメリカ人にもわかりにくい。翻訳に際しては、著者の孫で今回出版のために文章も寄稿してくれたポール・アルフォード氏に、一語一語発音をしてもらってできるだけの確認をしてカタカナで表記した。

［8］イギリス人の捕虜を祖母に持つ混血であった　『インディアンに囚われた白人女性の物語』（刀水書房）にも詳しいように、インディアンと白人の軋轢・抗争の歴史の中で、特に白人の子女が囚われて養子のように育てられ、インディアン社会で生活する例は少なからず存在する。事情は様々だが、子女は家族と同等に育てられ、本人もインディアンを敵視するどころか、家族以上の愛情を持って生涯を終えることもあった。

［9］チーフ（Chief）　インディアン各部族を統率するリーダー。部族長とも。かつては酋長と訳したが、近年は差別的として使用することは少なくなった。

［10］テクムセ（Tecmuseh）　テカムセ、テカムシとも。ショーニー語で、流れ星、あるいは天空を横切る豹の意。一七六八～一八一三年。アメリカ・インディアンのショーニー族のリーダー、おそらくはチーフ。雄弁な軍事指導者であり、伝説的な戦士。オハイオ渓谷への白人侵入に抵抗し、インディアン諸民族の大同盟を唱えた。各地を説

得して回り、米英戦争（一八一二～一五年）ではイギリス軍と結んで戦い、インディアン戦士を指揮。アメリカ軍を包囲、降伏させ、ハリソン将軍指揮下のアメリカ軍に壊滅的損害を与えた。しかし、一三年一〇月のテムズ川の戦いでテクムセは戦死、インディアン連合国家の夢もついえた。

［11］（裸族の）大平原地帯のインディアンや東部森林地帯のインディアン　カナダとアメリカを含む北米インディアンには一〇ないし一一種類の分類があり、共有される文化的特性と地理的な地方により分類するのが一般的である。現在は太平洋諸島民を含む一一の分類が通例となっている。本来オハイオなどを拠点としたショーニーは東部森林地帯のインディアンであり、他にポタワトミー、キカプー、ソーク、フォックスなどがある。大平原地帯のインディアンには、スー、シャイアン、チカソー、カイオワ、コマンチ、クロウ、ポーニー、ポンカなどがある。

［12］ニュースペイン（New Spain）　ヌエヴァ・エスパーニャ、スペイン副王領とも。北アメリカ大陸、カリブ海、太平洋、アジアにおけるスペイン帝国の副王領を指す名称で、アステカ帝国の占領が完成した一五二一年から一八二一年まで存在した。その領地は、メキシコ、中央アメリカ、テキサスを含む合衆国西部・中西部、フロリダなど広範囲に広がっていた。

［13］ホームステッド、自営農地（homestead）　一八六二年に自営農地法（Homestead Act）が成立。入植者に一六〇エーカー（約二〇万坪）の未開拓地を、一定の条件を満たせば無償で払い下げるという法律。西部開拓の原動力となった。

［14］偉大なる聖霊、すなわち運命の支配者（The Great Spirit, or ruler of destinies）「偉大なる聖霊」は部族主神、グレート・スピリット。インディアンの多くの部族に共通する、この世を統率すると考えられた霊的存在、最高の存在、神。

［15］アビリーン街道、チザム街道　アビリーン街道（Abilene Trail）、チザム街道（Chisolm Trail）など、一八六〇年代から一八八〇年代の最盛期には、テキサス州南部の牧場からカンザス州の積み出し鉄道駅まで牛を運ぶ、総延長一〇〇〇キロを超える街道が行く筋も発達した。これを家畜街道と総称した。鉄道駅からは牛を載せて東部の消

費地に向けてたくさんの列車が走った。これは西部劇の必須要素であるカウボーイの活躍場所でもある。

［16］支部族は五つ　インディアンの部族などの構成を見るとき、英語では上位組織から順に tribe / clan/ band がある。日本語にすると、部族、支部族、一団（バンド）。この翻訳では clan を支部族としたが、他にも、族や氏族などと訳す人もある。種族（race）やグループ（group）はもっと一般的な表現で、インディアンにも使われることがある。

［17］クークームセーナ（私たちの大祖母、あるいは偉大なる聖霊）　クークームセーナは our Grandmother, or Great Spirit で、神のような存在の「偉大なる精霊」である。

［18］マガフィー読本（McGuffey's reader）　一九世紀半ばから二〇世紀半ばまでを中心に、全米の小学校などで幅広く採用された、グレード別の教科書シリーズ。現在でも一部の学校、ホームスクール用などに使用されている。

［19］週刊誌「青年の友」（*The Youth's Companion*）　一八二七年～一九二九年発行の子ども向け雑誌。一八九二年からは *The Companion-For All The Family* と改名され、一九二九年に *The American Boy* に引き継がれた。

［20］「抜け駆け入植者」（Sooners）　オクラホマ州のことを The Sooner State（抜け駆け入植者の州、早い者勝ちの州）とも言う。

［21］家畜街道（cattle trails）　訳注［15］を参照。

［22］オクラホマの土地　オクラホマ準州の中心部にあった、どの部族にも割り当てられていなかった一万二〇〇〇平方キロ（三〇〇万エーカー）ほどの土地。

［23］学校視察官（school inspector）　視学官とも。学区ごとに任命された公務員。

解題

『インディアンの「文明化」――ショーニー族の物語』における「文明化」とその問題点

中田佳昭・村田信行

1　はじめに

この文章は、勤務校の清泉女学院短期大学研究紀要の第一九号（二〇〇〇年六月）より転載。一部削除加筆、および誤記等の修正を加えたものである。

2　ショーニーとその歴史

まず、ショーニーとその歴史について明らかにしておきたい。アメリカ・インディアンの一部族ショーニーは、大小五〇〇にも及ぶとされるインディアンの部族の中でも少数派に属し、そのことから不明な点が多いことも手伝って、その存在と歴史とはあまり知られていない。今いくつかの資料によりその歴史を総合すると、およそ次のようになる。

彼らはアルゴンキン系語族に属する北米インディアンで、その当初の居住地域は北アメリカ北東部、現在のオハイオ州を中心とした地域であったと言われている。当時彼らは他の東部の森林インディアンとともに森に住むこともあったが、本来は獲物を追って移動、生活する遊牧のインディアンであった。部族全体は大きくは二つ、細かくは五つの派――サウェギーラ、ペクーウェ、キスプーゴとチャラカーサ、メイクージェに別れ、大きな二つの派はそれぞれにその先頭のグループ、サウェギーラとチャラカーサを代表として互いの力を競い合う関係にあった。後に前者は「アブセンティー・ショーニー」、後者はチェロキー・ショーニーとなって今日にいたっている。

一七世紀中頃大きな二つのグループは分かれて、一方はテネシー州北部からカロライナ南西部、他方はペンシルベニア州西部からニューヨーク州南部等を移動し、一八世紀半ばにいたってふたたびオハイオに戻りそこで合流した。当時の人数は一五〇〇人程度であったと言われている。その後好戦的なショーニーは北西部における多くの白人との戦いに加わり果敢な抵抗を繰り返した。しかしその戦いもむなしく、一七九五年のグリーンヴィル条約により多くの部族の長たちはオハイオ川以南の土地を合衆国に譲ることに同意し、インディアナへの移住を余儀なくされることになった。

しかし白人の侵略とその文明化政策に頑強に抵抗し後世の伝説的英雄となったテクムセと、その弟でショーニーの予言者と呼ばれたテンスクワタワ等は、この条約を認めなかった。彼らはオハイオ川渓谷から自分たちを追い出そうとする白人に抗戦するため、インディアナの保留地に予言者の町ティピカヌーを建設し戦うインディアンの砦とした。またテクムセはインディアンの大同団結を叫び、その蜂起を求めて各地のインディアンの説得に奔走した。しかしその激しい抵抗にもかかわらず、一八一一年ティピカヌーはハリソン将軍の軍隊に焼き払われ、白人との戦いのためイギリス軍と結んだテクムセも一八一三年カナダのオンタリオ、テムズ川の戦いにおいて戦死し、これによりショーニーによる合衆国政府への抵抗は急速にその勢いを失い、終わりを告げることになった。

戦いに負け、その定住の地を失ったショーニーのその後の運命は過酷なものだった。特に現在の「アブセンティー・ショーニー」となるサウェギーラを中心としたペクーウェ、キスプーゴのグループは、当時スペイン領だった現在のミズーリ州ケープ・ジラードーに二五平方マイルほどの土地を得て一旦そこに移住した。この経緯から現在の「アブセンティー・ショーニー」は当時ミズーリ・ショーニーと呼ばれたこともある。ケープ・ジラードーに土地を確保すると、彼らはさらにこれも当時のスペイン領だった現在のテキサス州へと、未開の奥深く進んで行った。そこで彼らはヒューストン将軍を助けてテキサス共和国の独立に協力し、その見返りとして東部テキサスの土地の所有権を得るのだが、一八三九年土地投機家たちによってその土地を奪われ、ふたたびテキサスの外へと追われる身となった。

後に「アブセンティー・ショーニー」と呼ばれることになるこのグループが同じショーニーであるもう一つのチャラカーサ、メイクージェのグループや他の好戦的インディアンに比して、戦いを好まない平和論的性格が強かったことから、合衆国政府は常に彼らの利害を考慮することなくこれを無視、そのことが結果として彼らを土地や保留地の問題で不利な状況に置き続けることになった。「アブセンティー・ショーニー」の呼称は、カンザスの保留地において、ショーニーを現在のオクラホマのインディアン保留地に移動させる協定に調印させせようとしたとき、このグループがそこにいなかったことから、「不在の＝アブセンティー」ショーニーの意味で合衆国政府が与えたものである。

アブセンティー・ショーニーが白人の合衆国政府による厳しい文明化政策の中を、少数部族としての運命に翻弄されながら、様々な曲折を経てようやくオクラホマに定住の地を得たのは一八四〇年から一八六〇年頃であった。それは南北戦争が始まろうとしていた時期で、奴隷制の可否などをめぐって人々の軋轢が高まり、特別保護区内のインディアンたちにも大きな不安が広がっていた。それ以来一五〇年、現在はオクラホマ州の保留地を中心に全米では二九〇〇人余が生活していると言われている。

ショーニー族は現在、アブセンティーを含め三つの合衆国認定部族に分かれている。他の二つとは、東部ショーニーとロイヤル・ショーニーである。三部族はいずれもオクラホマ州を拠点とするが、東部ショーニーとロイヤル・ショーニーは東部州境のオタワ郡に部族政府を置き、アブセンティーは本書にもある通りショーニー市に置かれている。登録人口はいずれも三〇〇〇人弱ほどである。

3　「文明化」と *Civilization and The Story of the Absentee Shawnees*

トーマス・ワイルドキャット・アルフォードが、オクラホマ州セミノール郡の小さな町ササクワに近いインディアン保留地に生まれたのは、彼の属するアブセンティー・ショーニーが上述したような彷徨、流転の後に、ようやくオクラホマの一隅に定住の地を得た一九世紀半ば過ぎ、一八六〇年のことであった。ティピカヌーの戦い、テムズ川の戦い、クリーク戦争等に勝利した合衆国政府は、一八三〇年ジャクソン政権による「インディアン強制移住法」を成立させて、さらに強力に文明化政策を推し進めつつあった。『インディアンの「文明化」――ショーニー族の物語』（以後『文明化』と呼ぶ）はこうした歴史的状況の中、アパッチ、スー、ナバホ、プエブロその他の大きな部族に比してあまり人に知られることのない少数部族ショーニーの中に、伝説的英雄テクムセ直系の子孫として生まれ、インディアンと白人の価値観、未開と近代、野蛮と文明の間に揺れながら「文明化」の中を成長して行く一人の若者の自伝である。

一般的理解によれば、インディアンの「文明化」は、白人の進出に対するインディアンの強い抵抗はあったにもせよ、何らかの統一的意志によることのない自然に進行した必然的歴史のプロセスと考えられている。しかし実のところ「文明化」は、白人の手になる合衆国政府によってアメリカの大地をその住処とするインディアンに対して計画的・組織的かつ継続的に仕掛けられた、彼らの土地の収奪と西洋流の農民化による白人文明への同化政策であった。元来広大なアメリカの大地はすべてインディアンのものであった。否、彼らにはもともと所有という概念がなかったから、そこは彼らが自らの神である「偉大なる精霊」（The Great Spirit）に感謝しつつ、自然から生きるのに必要なものだけを受け取って、それと共存する大地であった。そこに白人の文明がやって来た。そのときのインディアンの驚愕を、一部の高校で使用されている英語のリーダーの教科書に引用されているテクムセの言葉によって代弁させると、次のようになる。

ネイティブ・アメリカンに関する間違った考え方は、土地を所有するというヨーロッパ人の思考法に端を発している。ネイティブ・アメリカンは、土地が自分たちのものであるのではなくて、自分たちこそが土地のものなのだと感じていた。ショーニーの偉大な部族長テクムセは、白人たちのそういう要求をたびたび聞いてびっくりした、「土地を売ってくれって？」「アメリカの地にもとから住む者たちは、天上の神々が我々を地上に置いてその資源を大いに活用させたのであって、みずからがその一部である物（大地）を我々に売らせるのを目的にしてはいなかったのだ」。

（中学の英語教科書 Polestar III、数研出版）

こうした白人の進攻に対してテクムセの兄チクシカは次のようにも言っている。引用は白人の攻勢になす術もないインディアンの苦境を伝えている。

白人が公正な戦いでインディアンを殺すと誉れ高いと言われるが、インディアンが公正な戦いで白人を殺すと殺人と言われる。白人の軍隊がインディアンと戦って勝つと偉大な勝利と言われるが、負けてしまうと大虐殺と言われ、もっと大きな軍隊が組織される。インディアンが一人殺されると、それは大きな喪失であり、われら部族の中にぽっかり穴があき、われらの心に悲しみがもたらされる。白人が一人殺されると、三人も四人も引き続き現れて代わりを務め、それには終わりがないように見える。白人は自然を征服しようとするし、自分の意のままに自然を矯めようとするし、すべてなくなってしまうまで自然を浪費してしまう。白人という人種は、いつも飢えている化け物であり、食べるは土地ばかりだ。

（Allan W. Eckert, *A Sorrow in Our Heart: The Life of Tecumseh*, Bantam Books, 1992, p.211）

白人のインディアン文明化政策は武力、法律、組織、商業、宗教、教育等あらゆる手段を通じて強力に推し進められた。一八六八年オクラホマ州西部ワシタの戦いにおいて、カスター将軍が率いる第七騎兵連隊が「赤い悪魔」（red devils）インディアンを殲滅すると、アメリカ政府は一八八九年四月二二日正午をもって、すでに多量の白人の流入をみていたオクラホマをあらためて開放（？）することにした。オクラホマは別名を「早いもの勝ち州」（The Sooner State）と言われる。ちなみにオクラホマの語源はインディアンの言葉で、オクラ＝赤い、ホマ＝人々である。開放宣言により、赤い人々の土地に早い者勝ちに殺到した白人が満ち、それは実質的に白い人々の土地となった。文明化政策の勝利である。

こうした文明化、西洋文明の波に一人のインディアンが、たとえば『文明化』の著者トーマス・ワイルドキャット・アルフォードがいかに抵抗し得ただろうか。白人の文明化政策に対するインディアンの対応は、各部族、また個々人において様々ではあったが、およそ（一）文明化を容認し、同化路線を歩む、（二）文明化を拒み、抵抗を続ける、（三）どちらとも決めかね混乱のうちに生活する、といった三つに大別される。インディアン対白人という基本的対立の構図において、文明化は白人にとって強力に推進すべきもの、インディアンにとっては頑強に抵抗し続けるべきものであった。こうした選択肢の中からいずれを選ぶかはトーマス・ワイルドキャット・アルフォードにとって実に苦渋の選択であった。

この自伝は白人の文明化政策を積極的に受入れた第一の選択肢に属するものとして分類されている。著者は、白人たちの狡猾な学問に賢く対処し、「白人の知恵というこん棒（武器）を使って白人を倒すために」（to use the club of white man's wisdom against him、原著九〇ページ）、ショーニーから選ばれたエリートとして東部のハンプトン学院に送られ、そこで白人の文明について学ぶことになる。しかし結果はショーニーの長老たちが期待したようにはならなかった。そこで著者は長く深い苦悩の末にショーニーの指導者、部族長としての未来を捨てて、キリスト教に改宗する。卒業後彼は故郷オクラホマに戻り、クエーカー（フレンド派）のミッション・スクールの教師としてインディアンの子どもたちの教育に携わり、その後は合衆国インディアン局に職を得てインディアンへの土地の割り当て等の仕事に従事し、その生涯を終えた。ショーニー側から見ればハンプトン学院での教育を契機としての彼の文明化路線への転換は、インディアン的伝統や価値への許し難い裏切りであったが、他方で今日にいたる強大な文明化の進展とその流れから見れば、彼の決断とその後の仕事は、結果としてショーニーを始めとする他のインディアンの苦境をも救うこととなった。文明化路線に沿ってではあるが、著者はインディアンの子どもたちの教育のために心血を注ぎ、また土地を中心としたインディアンと白人との間の種々の問題を仲介して、被抑圧的立場にあったインディアンの利益を代弁し、そのために一生を捧げた。

したがって『文明化』は、著者が頑なにインディアン的価値にこだわり頑強に文明化への抵抗を主張したものでもなければ、また無条件に文明化路線に依り、それを賞讃した類の書物でもない。文明化を容認しその方向に向かって歩みながらも、本書はアメリカ・インデイアンへの、特に自らが属するショーニーへの深い愛に満ちている。恐らく、『インディアンの「文明化」――ショーニー族の物語』と一見無味乾燥にうたれた書名が著者の立場の中立性とその深い思いとを伝えている。

4　「文明化」をめぐる重要用語の歴史的解説

前項で述べたように、白人のインディアン文明化政策は武力、法律、組織、商業、宗教、教育等あらゆる手段を通じて強力に推し進められた。ここでは、その中でも特に「文明化」の推進力となった主要な法律、制度、組織・機構などについて説明したい。

（１）インディアン各部族と連邦政府および各州との法的関係

白人の到来以前には数千年にわたって、南北両アメリカ大陸で一五〇〇万人とも言われるインディアンが、数百もの独立した部族としてそれぞれ狩猟や農耕など様々な形態で生活を営み、互いに言語を理解しない状態ながら事実上アメリカ大陸を領有していたと言われている。あくまでも推測だが、現在のアメリカ合衆国に当たる地域にも数百万人ほどのインディアンが住んでいた。そこにはもちろん白人たちの持つ「私有」の概念も契約書という文字による証拠もなく、彼らは長い歴史の結果としてアメリカ大陸を共有し、その大地で暮らしていたのである。

一七世紀の白人流入以来、白人とインディアンの争いや戦いが繰り返され、いわゆる「文明化」、すなわち強制的同化が強力かつ継続的に進められてきた。それは白人とインディアンの間に交わされた数々の協定と白人による一方的不履行や無視の歴史であった。一八世紀は英仏との領土争いのために、アメリカ植民地政府はインディアン各部族ともある程度協調路線を取らざるを得なかったが、イギリスからの独立そして米英戦争（一八一二年戦争）の終了後ますます西部開拓に拍車をかける白人アメリカ政府は、特に一九世紀前半「明白な天命」（Manifest Destiny）というスローガンのもとインディアンたちに攻勢をかけ、強制移住を推し進めた。一旦オクラホマなど西部地域に移住したインディアンたちを、白人開拓者たちは一九世紀後半になるとさらに多くの土地を求めて邪魔者扱いするようになる。南北戦争で南部側についた部族は、敗北のため移住を余儀なくされ、東部地域にはインディアンはほとんどいなくなった。これらのインディアンが最終的に押し込められたのは、「インディアン保留地」（Indian reservation）と呼ばれる多くは不毛で不便な、白人にとっては無価値な辺境の土地であった。

白人はインディアンを追いやるにしても建前上法律や大義名分を用意していたが、それらが守られたためしはきわめて少なかった。一八三二年連邦最高裁の判決では、人道的人物として名高いジョン・マーシャル首席判事が、インディアン各部族を「米国内の従属国家」、すなわち各州と同等かそれ以上の立場を有する存在として認め、その土地所有権を正当なものとしたが、この精神は二〇世紀初頭のいくつかの判決でも踏襲された。各部族は連邦政府と「信託関係」にあり、土地は合衆国のものでありインディアンはそれを借用していることになるが、合衆国はインディアンを守る義務があり何人もその関係を妨げることはできないとする。現在も法律上はこのように、各州の権限を超えて両者は関係付けられている。

（2）インディアン局（the Bureau of Indian Affairs = BIA）

一七世紀初頭東海岸から始まった白人の開拓の実態は、インディアンとの接触ならびに戦いそして徹底的掃討の繰り返しであった。白人たちが開拓を円滑に進めるにはインディアン対策が不可欠で、各時代とも白人の開拓者たちの要請にしたがって多くの対策と法的措置が取られた。

インディアン局は、こうした対策の連邦政府の公的窓口であった。まずは一八二四年、陸軍省の中に初めてインディアンの福祉と権利を守るという名目で前身的組織が創設されたが、このことはインディアン問題が軍事的問題であったことを示している。インディアンとの交易を調整し、その福祉教育を図り、各部族を西部地域に移住させ、その結果できた各保留地の管理をすることを目的とし、開拓者の不法行為をある程度抑制する役目も負っていた。一八三二年には正式にその局長も任命された。連邦政府が次第に整備され、一八四九年内務省が設置されたとき、インディアン局もそちらに移された。以後一九八〇年まで様々な曲折を経ながら、インディアンに関わる事柄の最大の権限と責任を持つ政府機関であった。

想像に難くないが、インディアン局は「インディアンにとってよいと白人が勝手に判断したこと」を実行に移したと考えればわかりやすい。人道主義的な白人もいないわけではなかったが、組織も職員人事も含めて常に白人の立場から行政は動かされた。

多くの部族がミシシッピ川以西に強制移住させられ、インディアン保留地に押し込められた一八五〇年代以降には、六〇ほどあった保留地にそれぞれIndian agency（インディアン局管理事務所）が設けられ、Indian agent（インディアン局管理事務所職員）を中心に各部族を管理し面倒を見た。一八七八年には正式にIndian police（インディアン警察）、そして一八八三年にはcourt of Indian offences（インディアン犯罪裁判所）が各事務所に併設され、インディアン対策上不可欠の機関として存続した。

今日にいたるまで連邦政府のインディアン政策は実に様々な紆余曲折を経ているが、インディアン局の歴史上もっとも重要な出来事と言えるのは、一八八七年のドーズ土地割当法と一九三四年のインディアン再組織法であろう。

（３）ドーズ一般土地割当法（Dawes General Allotment Act）
アンドリュー・ジャクソン大統領が推し進めた一八三〇年の「インディアン強制移住法」（Indian Removal Act）に始まった各部族の西部地域への強制的で過酷な移住と、次から次に起こる白人とインディアンの争いとその凄惨な虐殺ぶりが世間に次第に浸透するとともに、一八八〇年代心ある白人たちの間にはインディアンに対する同情が広がった。ヘレン・ハント・ジャクソンの『恥ずべき一世紀』（一八八一年）、『ラモーナ』

（一八八四年）は白人の非道ぶりを余すことなく世に伝え、黒人奴隷の悲惨な状況を告発したストウ夫人の『アンクル・トムの小屋』（一八五二年）に並び称せられている。

上院議員ヘンリー・ドーズは人道主義的と言われた人物だが、彼がこの法律を成立させた考え方は、インディアンは土地共有制のために白人のような進歩ができないでいるのであって、私有制を取り入れ自由競争を学び、土地に根ざした農業中心の生活を送ったほうがよいというものであった。それにしたがって保留地に定住するものには市民権と土地を与えると定めた。この法律制定の背景には、一九世紀末のインディアンに対する同情的で人道主義的側面が幾分か含まれていたことは疑えないが、その裏にインディアンを文明化、白人化させ、狩猟から農業に生活の基盤を切り替えさせてより小さな土地に住まわせれば、それだけ多くの土地を白人の開拓者に開放できるという利己的計算があったことも自明であった。

ドーズ法の施行とその結果は悲惨であった。共有制の否定はインディアン文化の崩壊につながり、やせて乾燥したさほど広くもない土地で農業を効率的に行う技術を持たない多くのインディアンは、やがて自分の土地を安値で白人に売る以外に選択の余地はなかった。二五年間転売禁止の条項があったものの、開拓者をはじめ投機業者、牧場主、鉄道会社などに次第に土地は買い取られていった。施行後五〇年のうちに、一億三八〇〇万エーカーあったインディアンの土地の三分の二に当たる八六〇〇万エーカーが白人のものになっていたという。

一九世紀の虐殺と強制移住などのために、アメリカ独立の当時六〇万人いたインディアンも一九〇〇年には二三万余に激減していた。アメリカ大陸に数千万とも言われる数が生存し、インディアンの生活の基盤でもあったバッファローも一八八五年にはほぼ絶滅していたと見られている。

（４）ハンプトン学院とインディアン局の教育政策

各保留地を中心に、インディアン部族間の意思疎通の役目も負って、英語ならびに白人の基本的授業科目がキリスト教各派のミッション・スクールや公立学校でインディアンたちに提供されたが、最初の数校が設置されたのは南北戦争の後であった。インディアン局管理事務所が管理していたものの、当初はあまり進展はなかった。混血の子ども以外の出席状況もよくなかった。一八七〇年初めて連邦議会でインディアンのための教育予算が承認され、一九世紀のうちには一四八の全寮制（寄宿）学校と二二五の通学学校が運営された。学校当局は意欲に燃えていたが、教育の成果は思うようにはあがらなかった。学校で学んだ子どもたちはその成果をインディアンの実生活の中では適用しようがなく、他の子どもたちに優越感を持つ一方、部族内ではよそ者扱いされることが多かった。

全寮制の中で一番有名だったのがペンシルベニア州のカーライル学校だった。連邦政府の資金で成り立つこの学校は、同化政策に熱心だったリチャード・プラット陸軍大尉が設立した。ハンプトン学院（バージニア州ハンプトン、現 Hampton University）は、一八六八年の設立当初の名をハンプトン農工業学校（Hampton Agricultural and Industrial School）と言い、解放された黒人奴隷の職業教育を目的としてサミュエル・チャップマン・アームストロング陸軍准将によって設立された。どこよりも先駆けてインディアン教育にも取り組んだことで知られている。その実態は14章（一一七ページ）に詳しい。

全国的に学校運営は次第に改善され、教員採用にも資格制が取り入れられ、教科書や教育方法も統一されて格差がなくなった。一八九〇年代には通学学校が一段と普及した。子どもは親元を離れずに学べるし、費用がかからない点で親たちにも歓迎された。やがて政教分離の原則からミッション・スクールへの補助金が打ち切られ、全寮制および通学学校は連邦制度下に入った。いずれにしても、いつも学生募集が問題であった。白人が中心に経営する学校に対する親たちの抵抗は強く、部族の中で序列の低い家族の子どもが食料配給停止という脅しで入学を余儀なくされることも稀ではなかった。全寮制学校での生徒の死亡率も高かったので、この世の別れとして悲しみの中送り出す親も多かったと言われている。

5　オクラホマ州ショーニー市周辺視察とショーニーの現況

著者トーマス・ワイルドキャット・アルフォードは一八六〇年、オクラホマ州セミノール郡のインディアン保留地に生まれた。彼は一八七九年までのほぼ二〇年をここで過ごし、数年間東部のハンプトン学院で学んだ後もふたたびこの地に戻って、一九三八年七八歳でこの世を去るまで、その生涯の大半をここで送った。オクラホマの大地は著者がそこで育ち、そこに眠る故郷であり、『インディアンの「文明化」――ショーニー族の物語』の歴史の舞台である。

以下に、その歴史の舞台への現地調査により「ショーニーの現在」を記す。

(1)　一九九九年八月オクラホマ州訪問

私たち訳者二人は一九九九年八月一七日、トーマス・ワイルドキャット・アルフォードの自伝の舞台であるオクラホマの大地に降り立った。中西部はまだ真夏の最中で、赤い人（インディアン）ならぬ赤い不毛の大地を想像していた私たちの目には、まぶしすぎるくらいの緑の風景が広がっていた。二〇日までのわずか三日の滞在であったが、すっかり近代化した一見アメリカらしい風景の中に、かつてインディアンたちが生活を送り歴史を刻んできた様子を垣間見ることができた。著者の直系の孫でありこの伝記の紹介者であるポール・アルフォード氏、そして彼のいとこエルロイ・アルフォード氏のガイドで（互いに会うのは初めてだという彼らも、自分たちのルーツをほとんど初めて確認するというので興奮を隠さなかったが）、アブセンティー・ショーニーゆかりの場所の数々と予想を上回る多数のショーニーの関係者たちを訪問することができた。

まず初日は、著者が生まれ幼少時代遊び歩いたササクワやその周辺の森林、その中を悠々と蛇行しながら流れる北カナディアン川、自分の手で建設し結婚以後亡くなるまで住み続けた「小鳥の巣」と呼ばれる小さい住居、丘の上のドングリやペカンの木陰に立つ教会兼寄宿学校のミッション・スクール、そしてショーニー・インディアンの伝説的英雄テクムセの名前を冠した隣接する広大な墓地にこの伝記に登場する一族とともに眠る著者の墓、など。まさに抜けるように青く乾いた夏の空の下に白く輝くミッション・スクール、そして「小鳥の巣」の神々しいほどの姿を忘れることができない。著者が実際その土地を拠点にインディアンのために一生心血を注ぎ、少しでも我が部族あるいはインディアン全体のために尽くすことができたのを誇りに思いつつ生涯を終えた、小さく白くつつましい家。個人の一生ばかりでなく、ショーニー・インディアンの命運にさえ関わったやはり小さく白い教会兼学校。私たちは、関係のない人々にはただの小さな建物にすぎないこれらの場所を目前にして強烈な感銘を禁じ得なかった。

翌日は、ショーニー政府を訪れた。インディアンの多くの部族は自らの共同体をしばしば nation（国家）と呼び、その行政の中心を government（政府）と呼ぶ。小さいながら、議会、裁判所、警察、財務省、厚生省などを持つ独立国家なのである。ショーニー政府の機関が集まった敷地はショーニー市の南郊外に位置し

「小鳥の巣」の裏手にあったが、Shawnee Complex（ショーニー合同庁舎）と言われていた。同じくポールのいとこに当たる（やはり互いに会うのは初めてだというが）マリアンが知事（昔で言えば酋長、部族長）の秘書を務めていて、政府全体を案内してくれた。まずは知事に接見。体調を崩されていて、主治医つきの短い対面ではあったが、一つの部族を束ねるリーダーの威厳を十分見せてくれた。それぞれの機関で働く人々もにこやかで自信に満ちていた。外見上は何ら通常のアメリカ人と変わらないが、自らの部族に対する高い誇りと意思の強さを感じさせ、『文明化』の中の赤き人々が現在の世界に生きここでつながっているのがよくわかった。オクラホマの滞在はわずか三日だったが、アルフォード一族の強力な助けを借りて、ショーニーの歴史の一端に触れることができたと思う。

(2) 現在のアブセンティー・ショーニー政府の仕組み

二〇〇〇年現在、部族の登録者数はおよそ二九〇〇人で、主に二つの地区に居住している。一つは、歴史上部族内の主流二集団の一つであるビッグ・ジム派が最終的に定住したショーニー市に隣接するLittle Axe（リトル・アックス）地区で、もう一つはショーニー市とその周辺地区である。

アブセンティー・ショーニーは、一九三六年のオクラホマ・インディアン福祉法のもとに連邦政府に正式に認められたインディアン部族であり、この法律は一九三八年に新しく批准された憲法条項に則ったものであり、一九八八年には修正を加えられている。

部族政府は司法と立法・行政の二つの部門から成っている。加えて独立した選挙管理委員会があり、毎年開かれる部族の選挙を司っている。

立法・行政部門は五人のメンバーから成る。部族の長である知事、そして副知事、書記、収入役、代議員であり、すべて部族民の投票で選出され、立法と行政権を併せ持つ。司法部門は、部族裁判所と最高裁判所から成り、ともに裁判官は行政（執行）委員会によって指名される。

総評議会（総会）は部族登録されているメンバーでなくては出席できない。最近は部族の登録にも四分の一以上ショーニーの血を引いている必要がある。選挙の投票や総評議会への参加には一八歳以上でなくてはいけない。

（3）現在のインディアンおよびショーニーの人々の生活

今、あらためて少数民族アブセンティー・ショーニーそしてインディアンたちの歩んできた険しい道に、複雑な思いを馳せないわけにはいかない。インディアンの文明化と言うよりは白人社会への強制的同化と言うにふさわしい彼らの過酷な歴史は、単に過去の歴史と言うより、我々に現在において世界に散らばる多くの文明のことを考える契機を与えてくれる。同じくアメリカ文明に対峙するインディアンと日本人として、そこに何かしらの共通点はあるのだろうか。

現在において良くも悪くもインディアンの白人社会への同化は各部族においてかなりの進展を見せている。実際インディアンは「文明化」を超えてほとんど「白人化」して、都市部に住むか、伝統と文化を守り貧困に苦しみながら保留地に住むか、のどちらかに二極化している。

6 「文明化」とその問題点

『文明化』の翻訳と、その歴史の舞台となったオクラホマ州ショーニー市とアブセンティー・ショーニー政府への訪問を通して、私たちがもっとも強く思いを馳せたのは、かってアメリカの大地を住処としていた彼らショーニー・インディアンが、白人の侵攻による大きな文明化のうねりの中で、徐々にその安住の地を失い物理的にも精神的にも追いつめられていった、その過酷な運命である。アブセンティー・ショーニー政府も、周辺に居住するショーニーの人々の生活も、文明化したアメリカ的風景の中に埋没して、よほどの意識で見ない限り周辺のそれとは分かちがたい。司馬遼太郎は『アメリカ素描』の中で文明と文化とを定義し、文明とは「だれもが参加できる普遍的、合理的、機能的なもの」をさすのに対し、文化は「普遍的でない、むしろ不合理な、特定の集団、民族においてのみ通用する、他に及ぼしがたい特殊なもの」といった趣旨のことを言っている（三九ページ）が、この定義に従えば普遍的白人の文明が、特殊なインディアンの文化を飲み込んだ、ということになるのであろうか。

合衆国政府によるインディアン文明化の過程は、それとパラレルに今日にいたるアメリカと日本の関係を想起させる。これも『アメリカ素描』によるが、ペリーが「捕鯨業者の圧力に押されて」バージニア州ノーフォークを出港し喜望峰、インド洋、南シナ海を経て「日本のドアを足蹴にして」破ったのは一八五三年のことであった（一二九ページ）。同じく司馬は『街道を行く── ニューヨーク散歩』の中で、このとき「人類文明代表者のような押し出しでペリーが艦隊をひきいて江戸時代の日本にやってきた」と記している（一三ページ）が、もし私たちが、このとき、一八五三年という年に目をとめれば、アメリカ大陸においてインディアンを追いつめつつあった力と太平洋を隔てて日本に開国を迫っていた力とは、文明という同じ源から発したものだということが理解される。一九世紀後半のアメリカにとって太平洋は隔絶の空間ではなく、その勢力の延長の空間として注目されつつあった。しかし日本はたまたま遠く離れた極東の一隅にあり、インディアンはアメリカ国内にいた。勝海舟が蒸気船咸臨丸に乗ってその太平洋を横切りサンフランシスコ湾に入ったのは一八五三年からわずか七年後、一八六〇年のことである。日米関係はこうして始まり、今日にいたっている。もちろん日本にとってアメリカは最大の友好国には違いないが、それにしても世界最大の覇権国家アメリカの攻勢は何と強いことか。

そもそもアメリカ、そしてアメリカ文明とは何か。世界のＧＤＰの約二五パーセントを占める経済力。湾岸戦争、中東和平、コソボ紛争その他の国際問題の方向を導く指導性、そしてその裏付けとなる軍事力。高くヒューマニズムを掲げ、個人の自由と平等を理念として、世界にその学術的、文化的成果を発信し続ける若く活力ある多民族国家。だがそうした国家、文明としての力を認めながらも、一方では自らの正義をグローバル・スタンダードとして他を圧し、支配しようとするアメリカの政策や態度に警戒感を示し反発する国、識者も少なくない。

この文化と文明、その接触と対立の問題についてハンチントン（S. P. Huntington）の『文明の衝突と世界秩序の再創造』（*The Clash of Civilization and the Remaking of World Order*, 1996、日本語訳『文明の衝突』一九九七年）は興味深い。その中でハンチントンは、冷戦後の世界は国家やイデオロギーによってではなく、「文明のパラダイム」によって形成されることになるだろう、として次のように述べている。

冷戦後の数年間に、人びとのアイデンディティとそのアイデンティティの象徴は急激に変化しはじめた。国際政治が文化の系統にそってあらためて形成されはじめた。（中略）本書の中心的テーマをひとことで言うと、文化と文化的アイデンティティ、すなわち最も包括的なレベルの文明のアイデンティティが、冷戦後の統合や分裂あるいは衝突のパターンをかたちづくっているということである。

（『文明の衝突』一九〜二一ページ）

ハンチントンは冷戦後の世界を再編成する主要な文明として中華文明、日本文明、ヒンドゥー文明、イスラム文明、西洋文明、ロシア正教文明、ラテンアメリカ文明、そしてアフリカ文明の八つをあげている。他の七つの文明の規模に比して日本文明の立場はいかにも心もとないが、それを他のアジア文明から峻別しているのは日本文明の特異性と、恐らくは現在の国際社会において無視できない日本の国力、経済力によるものであろう。ハンチントン自身は日本文明を紀元五世紀頃より中国文明とは別個の発展を遂げ、近世にいたっては西洋文明にならい近代化しながらも、なおそれとは異なる独自性を維持し続けている特異な文明として位置づけ、さらに日本がユニークなのは世界のすべての主要な文明には二か国ないしはそれ以上の国が含まれているが、日本は唯一国と文明とが一致して、他のいかなる国とも文化的に密接なつながりを持たない孤立した国である点だ、と指摘している。ハンチントンの言葉は日本文明の特異性に潜むその孤立性を警告している。また彼の警告は西洋文明にも及ぶ。過去において「西欧諸国は他の文明にまで領土を拡張し、よその土地を植民地化し、すべての異文明に決定的影響を及ぼしてきた」が（二二ページ）、今後「非西欧世界は独自の文化的価値観を主張し、西欧から押し付けられた価値観を拒絶するようになるだろう」と（三二ページ)。そしてハンチントンはこの書物を、こうした「文明の衝突」によって世界戦争が誘発される可能性があるが、それを回避する唯一の道は、中核となる国の指導者が普遍主義＝グローバル・スタンダードの押し付けを放棄して文化的多様性を受入れ、その上であらゆる文化に見出される人間の「普遍的性質」(universal dispositions)を求め、それを尺度として二一世紀の国際社会をデザインすることだ、といった趣旨で結んでいる。

来るべき時代には文明の衝突こそが世界平和にとって最大の脅威であり、文明にもとづいた国際秩序こそが世界戦争を防ぐ最も確実な安全装置なのである。(四九四ページ)

ハンチントンはインディアン文明はすでにアメリカ合衆国の文明(西洋文明)に含まれるものと考えたのであろうか、具体的にはこれに言及していない。しかしすでにアメリカにおける「文明化」の本質と実態を見てきたように、事実ここにも激しい「文明の衝突」はあったのである。インディアンたちは今ハンチントンの「文化的多様性への理解」への呼びかけをどのように聞くのだろうか。すでに遅いと言うのだろうか。しかし私たちは今後の日米関係にも、二一世紀の国際関係のあり方にも、お互いの文明の共存のために、確かな歴史の教訓としてインディアンの声を聞かなければならないように思われる。トーマス・ワイルドキャット・アルフォードの『文明化』が提起する問題は決して過去のものではない。

文明化と言うよりは白人社会への強制的同化と言うにふさわしかった彼らの過酷な歴史は、単に過去の歴史と言うより、冷戦後かえって各地域あるいは民族間で紛争の絶えなくなった現在において、世界に散らばる多くの文明のことを考えさせて、むしろ私たちには身近な問題のようにも思える。現在世界でひとり勝ちのアメリカ経済、突き詰めればアメリカ文化の本質がいったい何なのか。我が日本の文化とこれからさらにどう関わっていくのか。話は大きくなるが、こうした問題が私たちの目前にぼんやりながら巨大に横たわっている。

＊原著巻末にある「アブセンティー・ショーニー概略史」は詳細すぎることと、その一部のみ収録されていることもあり、本書への翻訳は見送らせていただいた。その内容は、この「解題」の冒頭部分にわかりやすくまとめた。

著者の孫から
ショーニー族のその後と現在

ポール・レオン・アルフォードJr.（訳・村田信行）

私の祖父（トーマス・ワイルドキャット・アルフォード）の本が出版されてから、そして祖父がインディアンの言うところの「幸せな猟場」（死後の世界）に旅立ってから、ほぼ八〇年という歳月が過ぎた。祖父が亡くなったのは、私が生まれる一年半前のことだった。私は祖父のことを父親の話を通して少しずつ知るようになった。それはしばしば愉快な話であったり、興味深い出来事であったりした。祖父の人となりを示すものはほとんどなかった。成長するにつれて、祖父は、父親の話を通して、私のアイドル（憧れの対象）となった。私は自分が一部インディアンの血を引くことを誇りに思ったが、祖父という人物をもっと詳しく知りたいと熱望していた。オクラホマ州ショーニーにある一族の故郷、祖父の言うところの「小鳥の巣」を何度か訪ねるうちに、祖父トーマス・ワイルドキャットの人となりを少しずつ知るようになったのである。

初めてのオクラホマ訪問

最初の訪問は一九五三年で、父とおじと二歳上の姉と一緒だった。私が記憶しているのは、一九四八年型のシボレーで長い道のりを走ったことばかりで、他のことはほとんど覚えていない。

次の訪問は一九五六年で、その年の早くに私は運転免許を取っていた。父はふたたびオクラホマ州ショーニーの故郷を訪ねたがっていた。私は運転を手伝ってあげられることがうれしくてわくわくしていた。私たちは数日で一千マイルにも及ぶ行程を踏破した。たくさんの親戚に会ったり、父と私に提供された伝統的なインディアンの食べ物を楽しんだりした後に、私は祖父の昔の仕事部屋に座っていた。そこは当時のままに残っていた。時を経て黄色くなった文書や手紙類が、様々な棚や引き出しにひっそりしまわれていた。もし私が、通常成長すれば誰もが持つ興味や好奇心をそのとき持っていれば、いろいろ探してみたり、その古いメモ類や文書を読んだりもしただろう。その部屋に座って、そこでかつては祖父が一族のためにいろいろ事務をこなしていたことを想像するのは面白いことだった。

祖父の晩年を思っていたとき、私は父が話してくれたあることを思い出した。父は祖父が弱っていて死期も近いとの連絡をもらって、あわてて汽車でショーニーに戻ると、数日のうちに祖父は病に屈して亡くなってしまった。死ぬ間際に祖父は父に、「森に行って適切な薬草を見つけられれば大丈夫なのだが」と言ったそうだ。私は、何年か前の私の故郷アリゾナでのことも思い出す。ある日父は私に、森へ行ってある木を見つけてインディアンのタバコを作るときが来たと言った。私はもう何年もの間、父が死んだときにはインディアン式の埋葬をしてほしいことを知っていた。父が言っていたことには、そのためには従うべき手順があり、欠くべからざるある種のタバコがあった。

私たちは、可能ならと父は言ったが、動物の痕跡をはっきり残した木を見つけなくてはいけなかった。そういう木は特別な力を持つということだ。日本の初期の神道の人々のように、いくつものインディアンの部族は、多くの動物や植物は霊的なものを有すると考えた。私たちはアリゾナのペイソン［フェニックスの北東約二〇〇キロ］の近くの森の中に入って行き、ビーバーがかじった跡のある木を見つけた。その木には明らかにいくつもの痕跡があった。父は葉っぱを集め、家に帰るとタバコをこしらえ、それをシカ皮の袋に入れた。父が亡くなると、姉たちと私はこれを墓の上にまき、私はショーニーの言葉で、父が安らかに「幸せな猟場」への道をたどれるようにと唱えたものだ。祖父の昔の仕事部屋に座って、私は祖父のために執り行われた同様の墓地での儀式、すなわち当時の正しい葬送の儀式を想像することができた。

オクラホマ再訪（翻訳者とともに）

次の訪問は一九九九年、中田氏と村田氏の要望に応えて実行されたもので、二人は『文明化』の中で詳しく読んできた様々な場所を訪れ、ショーニーの人々に会いたがっていた。私は二人よりも数日早くオクラホマに到着し、幸運にもルース・ミュジックに会うことができた。私はルースのことはまったく知らなくて、彼女がトーマス・ワイルドキャットの残された最後の子どもだと知って驚いた。おそらくこのとき、私は祖父についてもっと知ることができた。ルースはこのとき八二歳で、まだ頭はしっかりしていた。私は祖父はどんな人だったかとたずねた。ルースは答えた、「彼は気難しい父親で、厳格で、思いに沈んでいることがよくあったわね。気分を損ねるとすぐに何か非難されるのを覚悟しなくてはいけなかった。好きになるのが大変な人だったわね」と彼女は言った。私は動揺し、現実に立ち戻るしかなかった。私のヒーローは誰とも同じように良いところ悪いところを持つ普通の人間になってしまった。私は晩年の彼について聞いてみた。ルースが言うには、祖父は時々「小鳥の巣」の庭を後ろ手にやや頭を下げて、深く考え込んでいる風にぶらぶら歩いていた。またあるときは、自分の小さな仕事部屋でショーニー族の事業に関わる事務（仕事）をすることもあった。

トーマス・ワイルドキャットは熟考しなくてはいけないことがたくさんあった。彼はけっして「白人のようにふるまい過ぎている」と人々に非難されることを完璧に克服できてはいなかった。彼の生涯の長きにわたって、通訳や一族のスポークスマン、あるいは数少ない教育を受けたインディアンの一人として、一族にとって重要な存在であったとしても、彼は一族の一部の人間からはリーダーとは認められていなかった。今回の訪問の間でさえ、現在でも祖父の本を読もうとはしない一族の人々がいると聞かされた。どうしてそうなるのか。

祖父は何が避けて通れないものなのか、何が一族の多くの人々が受け入れがたいと感じているものなのかをわかっていた。ヨーロッパ大陸からの多くの人々、祖父や父がよく言っていた「白人たち」はこの地にやって来て留まろうとしていた。古いやり方はいずれ変化するだろう。あらゆる部族のインディアンたちはそれを受け入れ、できるだけ調和して暮らしていかなくてはいけない。古くからの生活様式を奪われるときには誰もが悲しみを感じるとしても、自分たち本来の文化を少しも放棄しないでこの変化を受け入れなくてはいけない。祖父の著書は、インディアンの生活や性質のこうした特色がアメリカの記録（歴史）の一部に永久になるということを見届けようとする試みであった。

多くのインディアンの国々（部族）が征服される様子はまったく完膚なきものであり徹底的であったので、祖父の心配は十分理解できるものであった。インディアンの文化を記録にとどめておくという祖父の希望はかなえられたのだろうか。

白人が偉大なアメリカの大陸に足を踏み入れたとき、変化と革命の種はまかれたのである。続く数世紀の間に、白人という侵略者たちの気まぐれにより数々の条約が締結されたり破棄されたりしながら、何百もの部族が強制退去させられた。一つの条約がむすばれたとしても、金が発見されるとすぐにもっと多くの開拓者たちが土地を求め、他の多くの理由がこしらえられ、条約は破棄され、「新しいアメリカ人」の飽くことを知らない飢えを満たすために新しい条約が取り決められるのであった。結果として、条約なんてものは単純に無視され、侵略者たちはしたいと思ったことをするばかりであった。抵抗や戦争があろうが、結果は火を見るよりも明らかであった。近代的な武器装備、人数の多さ、明白な天命という気分があいまって、インディアンの古いやり方には弔いの鐘が鳴らされたのである。

多くの部族同様にショーニーは分断されいくつかのグループに分かれ、アメリカ中に散り散りとなった。最終的には、インディアン保留地がアメリカ政府により作られることになり、インディアンの古いやり方が見せかけばかりに継続され、部族ごとの事業が続けられた。

「アブセンティー・ショーニー」の本部（政府）は今日オクラホマにあるものの、部族の多くの人々は合衆国全土に住んでいる。すべての部族の場合と同じように、ショーニーの純血も結婚を通して次第に薄まり、純粋にショーニーの血を引く人々はますます少なくなっている。アブセンティー・ショーニーは、その言語を含めて積極的な文化保存政策を持ってはいるが、現実はすべての部族同様、時間とともに記憶は衰退している。祖父の著書のように本でのみ何らかの記録が残されているばかりだ。

『インディアンの文明化』翻訳の経緯

この本の翻訳がどういう経過を経てできあがったのかを語るのは面白い話であろう。私は一九八七年に、長野市にある清泉女学院短期大学のカリフォルニア・ホームステイ・プログラムの際に、その引率教員であった村田信行氏（友人ノブ）のホームステイを受け入れた。そのときノブは祖父の著書をたまたま見る機会を得た。数年後、ノブとその同僚の中田佳昭氏（友人アキ）からこの本を翻訳したいと考えていることを聞かされた。私はその可能性を考えるとわくわくした。そのときからすでに何年もが経過した。友人アキは数年前に（二〇〇六年）に我々の前からいなくなってしまった。彼の早すぎる逝去（享年六〇歳）に私は深い悲しみを禁じ得なかった。ひょっとしたらこの翻訳は彼の思い出を記念して、彼の仏前に供えられる供物となるのであろうか。

一九九九年の訪問のとき、日本からの二人の友人と私はいとこのエルロイの運転で案内してもらった。エルロイも祖父トーマスの孫の一人だった。彼の父は、トーマスの三度目の結婚の子だった。

北カナディアン川沿いの祖父たちの故郷の土地は、祖父が生まれた当時のままであった。町のにぎわいからは離れて、ちょっとの想像力があれば前の時代を思い起こし、ウェギワ（住まい）などの生活の様子や夜のキャンプの火の周りの歌声なども想像することができた。

私たちはトーマスの眠る墓地も訪れた。私はそこを訪れたこともなかったし、墓石を読んだこともなかった。私はひざまずいた。友人二人がはるばる海を越えてここにやって来ました、と私は言った、二人はおじいさん、あなたの本を日本語に訳しています。とそのとき、モッキングバード（マネシツグミ）が近くの木の枝からさえずり、私は風のささやきを聞いたように思った。ひょっとしたら、クークームセーナの偉大な精霊が私たちに訪問のあいさつをしたのかもしれなかった。

私の考えでは、祖父は人類がどのようにして新世界へ、つまりアジアからベーリング海峡を越えてアメリカにやって来たかについての従来の古典的な説を信じていたように思う。その結果として彼はアジア人に対して、他の民族とは共有し得ないある種の親近感を抱いていた。実際インディアン、特にショーニーは今日の日本人にも認められるいくつかの同じ特徴を持っている。それは秩序ある社会と、その中においてその構成員各々が全体の調和のために行動するという責任に対する信念である。またショーニーの信仰が、多くの動植物にその「霊」を認めると言う点において、日本古来の宗教である神道と共通するところを持っているというのも、偶然とは言えないかも知れない。

祖父の家族

本の中にも示しているように、祖父トーマスは三度の結婚をした。最初の妻メアリーは一八九二年、私の父が生まれて四年後に病に屈して亡くなった。二番目の妻エッタとの間に子どもはなかったが、エッタは一九〇二年に病気で亡くなった。三度目の妻、ジョン・キングの未亡人は、何人か子どもがいた。私は彼らに会ったはずだが、その記憶はまるでない。

最初の結婚では三人の子どもがいて、一八八八年生まれ（三男）の私の父ポールと、八六年生まれの次男チャールズと、八五年生まれの長男ピエールだ。ピエールはカリフォルニアに移ってロサンジェルスに住んだが、そこで一九六一年に亡くなった。それ以前に彼は、数年間アリゾナに住んでいて、妻とともに移動図書館車両を運営していた。チャールズは唯一「小鳥の巣」に残って農業をしていた。彼は一九五六年のクリスマスに突然心臓発作で亡くなった。

この三人兄弟はみな、トーマスの願い通り、ハンプトン学院に通った。ピエールは優秀な学生だった。チャールズもまた優秀だったが、私の父ポールはそうでもなくて、結果的に退学を求められた。このことで祖父はひどく腹を立てたらしい。「小鳥の巣」に戻って数か月後に父はビジネスを学ぶためにカンザスのあるカレッジに入った。入学後数か月で父は結核にかかり、退学を余儀なくされた。快方に向かうのに長い時間がかかり、ようやく少しだけ回復した。転地療法すればもっと回復するだろうと考えて、父は西へ向かい、ニューメキシコでしばらくカウボーイになった。健康は大いに改善した。後に一九一〇年頃アリゾナに移り、いくつもの仕事をして働いた。

私の父は、私のように、旅や移動を好み、そのために時には仕事さえ変えていた。一九二三年にはハワイのホノルルに行き、外航船の給油基地建設を手伝った。最後はアリゾナのフェニックスに落ち着き、母と出会い、一九三七年に結婚した。奇妙に思えるかもしれないが、母の過去について私はほとんど何も知らない。アルフォード家は、少なくとも祖父の代や父の代のように、いつもむしろ閉鎖的であった。私が父のことをもっと詳しく知ったのも、一九八一年に父が亡くなって、いとこのエルロイが自分のファイルに保存していた資料を私に送ってくれたからであった。エルロイはアルフォード家にとって記録係のような役目を果たしてくれている。

私の来歴（ライフ・ヒストリー）

私は一九四〇年にアリゾナのフェニックスで生まれた。もちろん私は自分がインディアンの出であることを知っていた。近年インディアンの血を引いていることを主張するのはおしゃれなことのようである。政治家や教育家にまつわるニュースに垣間見える話の数々にそういう様子が見られる。私の母はまったくインディアンの血を引いていないし、父も半分はショーニーの血であると主張しているが、実際は祖父の偉大な曾祖母はイングランド人であるので、さらにその血は薄いことになる。私の髪は明るい色をしているし、眼も青いので、自分の出自に触れるときには時々疑いのまなざしで見られることがあったものだ。私はそのことについて語るのをやめてしまった。

私はほとんど技術職の世界で働いてきた。モトローラでは半導体の生産に関わり、サウディアラビアでは油井の電気技師や技術者として働いた。二〇〇一年に引退する前の最後の仕事は、衛星の通信施設（カリフォルニアのバンデンバーグ空軍基地）であり、機密の情報を集め、衛星のシグナルをモニターするものであった。

アメリカ空軍ではレーダー技師として働き、一年半ほど日本の当時ジョンソン基地と呼ばれたところに配属されていた。そこは現在確か航空自衛隊入間基地と呼ばれていると思う。私は日本という国そして日本人の優しさに心奪われ、恋をした。大阪、神戸、京都、そして一九五九年には富士山にさえ登ったが、それはけっして忘れられないかけがえのない体験だった。私の人生がもし少しでも違った方向に進んでいたならば、私が日本に住むということも十分考えられたことと思う。

アブセンティー・ショーニー族は存続する。オクラホマ州ショーニー市の部族政府では訪問者たちを歓迎している。それらは、アメリカ・インディアンの物語という連綿と続く大河小説のほんの一章である。あの懐かしき「小鳥の巣」はいまだ同じ場所にあるが、アルフォード家の手からは離れてしまい、その年月からすれば絶望的な保存状態にある。近くにある、あの小さな「伝道所の教会」は、歴史的な場所として現在誰もが見学できる。

合衆国内の数百にも及ぶ部族の歴史は複雑である。それらの詳細については記録や資料が互いに一致しないこともしばしばである。新しい開拓者たち（白人たち）の西漸運動（西方への移動）が続いている間には、部族の様々な分裂もあった。多くの部族が寸断され、時には定着する場所によっていくつかの派に分かれることもあった。

それぞれの地域は、ある程度、そこに昔から住む固有の人々のことにも対応しなくてはならない。一つの地域にはわずか数グループかもしれないが、想像してほしい、五〇〇もの部族に加え、それぞれに多くのグループがつながっているのだ。複雑な問題だ。「固有の」という言葉も誤解を招くかもしれない。アメリカ・インディアンたちは、他の場所、すなわち北東アジア大陸から何千年も前からやって来た。その前には、また別な場所から。すべての人類の始まりはアフリカとも言われる。そう考えると唖然としないではいられない。アブセンティー・ショーニーの物語は、人類の歴史の小さな一章にすぎないのだ。

我が部族の現在

アメリカ・インディアンの物語は多くの場合において悲劇的で、時に十分その名に価するものでもあり、またそれについて多くの書物が書かれてもきたが、私の祖父のこの本はアメリカ・インディアンの日常生活を垣間見せてくれるという意味において、大変貴重なものでもある。文体は飾らず、時に他の書物に見られる行き過ぎた感情的表現を避けている。きっと祖父は自分の著作がその教えの永遠性のゆえに、時空を超えて日本の新しい読者に届くと知ってそれを誇りに思うだろう。私は日本の読者がこの一人のアメリカン・インディアンの生涯を見つめ、それを楽しんでくれたらと願っている。

私の祖父の夢はかなったのだろうか。インディアン文化の「優れた性質」はアメリカの良心の中にしみこんでいるのだろうか。部族政府の存在や合衆国政府による保護のための補助金などを見れば、その答えは、少なくとも多少は「イエス」かもしれない。多くのアメリカ・インディアン文化の歴史について興味も新たに高まってはいる。かつてインディアン政府（ネイション）は中傷され、インディアンの人々も自分たちがインディアンの血を引くことを認めることをひどく嫌っていたのに、現在の状況は正反対で、多くの人々が何分の一かでもインディアンの血を引くことを誇らしげに、しかもしばしば何の証拠もなく主張する時代となった。アメリカ文化との融合の際に果たしたインディアン文化の貢献に対する評価も新たに生まれている。しかし人間とは気まぐれな生き物だ。国中のいたるところでインディアンに永遠に分け与えられたと考えられている（白人からすれば）残りの土地に対する人間（白人）の欲望が、またかつての所有欲の火に油を注ぐことはないだろうか。時がたてばわかることだろう。

今日のショーニー族の人間は、他の誰とも同じように見える。読者は、インディアンと非インディアンを区別する特定の形質を見つけたいとか、私たちインディアンの子育てに特別に異なる部分を見つけたいとか考えるかもしれないが、それはもう一世紀も前にそういう違いがまるで消えてしまったという事実をすっかり忘れているのだ。現在のアブセンティー・ショーニーとごく一般的なアメリカ人を容易に区別する何らかの特別な行動や形質を発見したいと思う日本の読者は、現実を知るとがっかりすることだろう。共有の歴史の内容は別にして、多くの部族の場合と同様に、ショーニーは普通のアメリカの背景にすっかり溶け込んで（同化して）いると言える。ショーニー語もほとんど忘れられている。多くは非インディアンの作家による歴史書に書かれたような場合を除けば、その歴史を残しておこうという試みもほとんどされなかった。子どもたちも、周りの白人たちとも何ら変わりなく育てられている。多くのショーニーは古い生活様式に関する知識もほとんどなく、悲しいことには、ほとんど興味もない。祖父はこうなることをわかっていたし、彼は未来の世代のための記録としてこの本を書いたのだ。実際、ショーニーは部族としては確かに存在しているが、世の中の多くの組織や政治的団体と何ら変わりない存在だ。ナバホやクローやスーのような部族に、年長者たちが文明の汚染からある程度隔絶された広大なインディアン保留地で古い儀式や習慣をいまだに実践している例はある。こういう部族を研究したい読者には、適当な素晴らしい本はたくさんある。

アメリカの自然なままの最後のインディアンについて直接記述したものを望む読者には、シオドーラ・クローバーによる『イシ――北米最後の野生インディアン』(Ishi in Two Worlds, by Theodora Kroeber 一九六一年)をお勧めしたい。石器時代から来た人間が文字通り現代のアメリカに足を踏み入れたときどうなったか示した魅力的な本である。興味深いのは、祖父トーマスとイシはほぼ同時代の人間であるということだ。

この『文明化』の翻訳も他の本と同じように、読者の歴史に対する理解の領域を広げたり、かつて実際に存在した世界のほんの一部でも照らし出してくれるのに役立つだろうし、その点で日本の二人の友人が親切にも示してくれた大きな興味に対して私は感謝の念でいっぱいだ。

アルフォード家の祖父、ゲーノワピアーシカもきっと喜んでくれていることと思う。

二〇一六年一一月　カリフォルニア州サンタ・マリアにて

アメリカ・インディアン参考文献

〈和文献〉

青柳清孝『ネイティブ・アメリカンの世界――歴史を糧に未来を拓くアメリカ・インディアン』古今書院、二〇〇六年

明石紀雄・飯野正子『エスニック・アメリカ』有斐閣、一九八四年

阿部珠理『アメリカ先住民の精神世界』日本放送出版教会（ＮＨＫブックス）、一九九四年

阿部珠理『アメリカ先住民――民族再生にむけて』角川学芸出版、二〇〇五年

阿部珠理『ともいきの思想 自然と生きるアメリカ先住民の「聖なる言葉」』小学館101新書、二〇一〇年

阿部珠理『ＮＨＫカルチャーラジオ　歴史再発見　アメリカ先住民から学ぶ――その歴史と思想』ＮＨＫ出版、二〇一一年（放送九月二七日～一二月一三日）

阿部珠理『アメリカ先住民を知るための62章（エリア・スタディーズ149）』明石書店、二〇一六年

阿部珠理『メイキング・オブ・アメリカ――格差社会アメリカの成り立ち』彩流社、二〇一六年

綾部恒雄（編）『アメリカの民族――ルツボからサラダボウルへ』弘文社、一九九二年

鵜月裕典『不実な父親・抗う子供たち』木鐸社、二〇〇七年

内田綾子『アメリカ先住民の現代史――歴史的記憶と文化継承』名古屋大学出版会、二〇〇八年

鎌田遵『ネイティブ・アメリカン――先住民社会の現在』岩波新書、二〇〇九年

鎌田遵『ドキュメント アメリカ先住民』大月書店、二〇一一年

鎌田遵『「辺境」の誇り――アメリカ先住民と日本人』集英社新書、二〇一五年

斎藤眞『アメリカとは何か』平凡社、一九九五年

司馬遼太郎『アメリカ素描』新潮社、一九八六年
司馬遼太郎『街道をゆく――ニューヨーク散歩』朝日文庫、一九九七年
清水知久『先住民通史』一九七一年
清水知久『米国先住民の歴史』明石書店、一九九二年
スーザン小山『白人の国、インディアンの国土　正義と賭博と部族国家』三一書房、一九九六年
富田虎男、清水知久ほか『アメリカ研究史入門』一九七四年
富田虎男『アメリカ・インディアンの歴史 第三版』雄山閣、一九九七年
富田虎男・鵜月裕典・佐藤円（編著）『アメリカの歴史を知るための63章 第三版』明石書店、二〇一五年
藤川隆男（編）『白人とは何か?――ホワイトネス・スタディーズ入門』刀水書房、二〇〇五年
藤川隆男『人種差別の世界史――白人性とは何か?』刀水書房、二〇一一年
藤永茂『アメリカ・インディアン悲史』朝日選書（朝日新聞社）、一九七二年
藤永茂『アメリカン・ドリームという悪夢――建国神話の偽善と二つの原罪』三交社、二〇一〇年
北米エスニシティ研究会（編）『北米の小さな博物館――知の世界遺産』彩流社、二〇〇六年

〈翻訳書〉

W・E・ウォシュバーン（宮田虎男訳）『アメリカ・インディアン　その文化と歴史』南雲堂、新アメリカ史叢書別巻、一九七七年
シオドーラ・クローバー（行方昭夫訳）『イシ――北米最後の野生インディアン』岩波書店、一九七〇年
『アメリカ・インディアン』研究社、米国史資料集、ヘレン・ジャクソン「恥ずべき一世紀」ほか、一九七七年
W・T・ヘーガン（西村頼男ほか訳）『アメリカ・インディアン史』北海道大学図書刊行会、一九八三年、第三版一九九八年

フィリップ・ジャカン（監修・富田虎男、訳・森夏樹）『アメリカ・インディアン――奪われた大地』創元社、「知の再発見」双書20、一九九二年
ジュリアン・バージャー（綾部恒雄訳）『図説世界の先住民族』明石書店、一九九五年
ロナルド・タカキ（富田虎男監訳）『多文化社会アメリカの歴史』明石書店、一九九五年
メアリー・ローランソン、ジェームズ・E・シーヴァー（白井洋子訳）『インディアンに囚われた白人女性の物語』刀水書房、一九九六年
ヴィンセント・N・パリーロ（富田虎男訳）『多様性の国アメリカ』明石書店、一九九七年
サミュエル・ハンチントン（鈴木主税訳）『文明の衝突』一九九八年、集英社
デビッド・マードック（富田虎男日本語版監修、吉枝彰久訳）『写真で見るアメリカインディアンの世界』あすなろ書房、知のビジュアル百科37、二〇〇七年

〈欧文献〉

Debo, Angie, *A History of the Indians of the United States*, University of Oklahoma Press,1970.
Prucha, Francis Paul, *Atlas of American Indian Affairs*, University of Nebraska Press, 1990.
Eckert, Allan W., *A Sorrow in Our Heart*, Bantam Books, 1992.
The Columbia Encyclopedia Fifth Edition, Columbia University Press, 1993.
The Oxford History of the American West, Oxford University press, 1994.
Burton, Jeffrey, *Indian Territory and the United States, 1866-1906 Courts, Government, and the Movement for Oklhom Statehood* University of Oklahoma Press,1995.
Ward, Geoffrey C., *The West: An Illustrated History*, Little, Brown & Company, 1996.
Klein, Barry T., *Reference Encyclopedia of the American Indian*, Todd Publications,1998.

Brumble, H. David, *American Indian Autobiography*, University of California Press,1998.

Flanagan, Alice K., *The Shawnee*, Grolier Publishing, 1998.

Huntington, Samuel P., *The Clash of Civilizations and the Remaking of World Order*, Touchstone Books, 1998.

〈論文〉

伊藤敦規「日本における北米先住民研究の歴史と現状　文化人類学分野」『立教アメリカン・スタディーズ29』立教大学アメリカ研究所、二〇〇七年

大野あずさ「米国における北米先住民研究の歴史と現状 都市インディアン研究分野」『立教アメリカン・スタディーズ29』立教大学アメリカ研究所、二〇〇七年

佐藤円「日本における北米先住民研究の歴史と現状　歴史学分野」『立教アメリカン・スタディーズ29』立教大学アメリカ研究所、二〇〇七年

あとがき

カリフォルニアで原著者の孫にあたるポール・アルフォードに出会ったのは一九八七年。彼に勧められ、原著を読み、日本語にしたのは二〇〇〇年。それからも早一八年が過ぎ、共訳者の中田佳昭氏を亡くした今、海を越えた日本の多くの人々にアブセンティー・ショーニーの歴史を知ってもらえるようになったことにひとしおの感慨を抑えることができない。本書の最後に、この翻訳を通して理解を深めることになった北米インディアンなどの現況を、ポールの様々な実例を交えながら少し補足したい。

現在アメリカ合衆国には、五〇〇を超える連邦承認部族、三〇〇を超える連邦保留地があり、連邦政府との関係や歴史を見ても各部族の現状や問題は実に様々だが、アメリカ国勢調査の人口統計によれば、一九六〇年代以降インディアンの人口は少数民族グループ中第一の伸びを示している。これはインディアンの純粋な人口増加ではなく、インディアンをはじめとする少数民族への関心、彼らの主張する権利への理解の広がりに起因することは間違いない。アメリカの国勢調査は、人種や所属グループについては本人の申告制であり、つまりインディアンの血を引くことが公表して恥ずかしいことではなくなった証と言える。一方、インディアンの白人などとの混血化は進んでいる。外見上何ら白人と変わらない「自称」インディアンは飛躍的に増えている。

著者トーマスの孫ポールは現在カリフォルニア州サンタマリアに住むが、ショーニーのＩＤを持ち、彼の文章でもわかるように、部族員であることに誇りを抱いている。ショーニー部族政府は遠くオクラホマ州にあるので、私たちが『文明化』のその舞台を訪問するまで彼自身そこを訪れたことはなかった。これまで部族員のＩＤ発行の条件は、ショーニーの血統が四分の一以上必要だったが、二一世紀初頭に一六分の一に変更されたそうだ。多くの部族で、その血統の割合は緩和されていると聞く。ポールが生まれ育ったアリゾナ州には当時から比較的多くの部族が住んでいたが、彼自身はインディアンをあまり意識したことはなかったようだ。オクラホマは一五歳の頃に父などと初めて訪ねたときまでは、単に祖父トーマスの『文明化』の中の話から想像するばかりだったそうだ。ポールの外見は、自らが語るように、眼もブルーであるし、すでに多くのアメリカの白人と変わりなく、インディアンを髣髴とさせるものはない。私の目には、若干アルメニア人のサローヤンを思わせるアジア的風貌があるように思うのだが。

『文明化』の舞台であるオクラホマ州は、連邦政府が一九世紀に政策的にインディアンの移住先として重要視した地域であり、オクラホマ・テリトリー（準州）という時代（一八九〇～一九〇七年）を経て州に昇格し、現在もインディアン人口およびその割合の非常に高い州である。二〇一〇年の国勢調査によれば、インディアン人口は三二万余で全米の州の中でカリフォルニアに次いで第二位、全米でのインディアン人口に占める割合は一一・〇パーセントである。タルサやオクラホマシティには四万人に近いインディアンが住んでいる。

すべてのエスニック・グループ（少数民族）の中で最貧グループに属すると言われるインディアンだが、統計上一九七九年から一九九九年には、年間所得五万ドル以上の中流層は二一・四パーセントから二八パーセントへ激増していることからもわかる通り、インディアン全体の所得水準は明らかに改善している。一方近年では、部族間の経済格差は逆に明らかに広がっている。インディアン・カジノによる経済的改善は、この二〇年ほどの大きな話題であるが、レーガン政権時にインディアン予算削減と引き換えにカジノ経営が奨励され、一九八八年にはインディアン賭博規正法が成立した。一九九二年に始まったコネティカット州のマシャンタケット・ペクォート族の成功例は、多くのインディアン部族に希望をもたらした。その収益が伝統文化や習慣の復活などに活用されたり、もちろん部族員の教育や福祉、医療などの資金にもなることがわかった。カジノ経営の好影響は一部の部族にとっては明らかだが、カジノを経営していてもほとんどその部族の経済や生活水準を改善できない例も多い。保留地に住むインディアンの生活は様々なレベルの福祉政策に依存しており、それらが最低生活を保証する一方、自立心を奪い、成長の可能性を損なっている面も多々指摘される。保留地の事情に合わせて、牧畜、林業、天然資源、美術工芸品、カジノなど各分野での新たな経済的自立が可能かどうかが重要であると思われる。ショーニーも多くの部族同様、オクラホマ州のノーマン市とショーニー市の二か所でサンダーバード・カジノというカジノを経営している。どの程度はやっているのか、収益が十分上がっているのかどうか。よくはわからない、とポールは言っていた。

一九九五年から二〇〇四年は国連の国際先住民年と制定されるなど、アメリカ・インディアンもその重要な一部であるアメリカ合衆国の歴史観の見直しは進んでいる。しかし、その清廉で強欲でない自然観や現代人にもてはやされる環境共生思想などに対する過度の美化や賞讃が、インディアンの現実の姿を見誤らせる可能性もしばしば指摘される。アメリカ先住民へのステレオタイプで同情的なイメージ、真の意味で彼らの自立に資することのない大衆的人気がいつも存在する。

著者トーマスもその実例であるが、一九世紀半ば当時のオクラホマなど西部前線地域でのインディアンたちのキリスト教信者への改宗者の多さは、現代人から見れば意外かもしれない。保守派（抵抗派）、進歩派（受容派、改革派）の実態は『文明化』の中で何度も説明されているが、進歩派は想像以上に穏健であり、むしろ前向きに同化していた人々もかなりいたような気もする。

ミッション・スクールは一八七〇年代から政府の手を離れ特定の宗派に運営が任され、多数の民間経営が始まっている。文字を持たない多くのインディアンは学校教育というものを長らく持たなかった。一八六八年に創設されたハンプトン学院は、そうした初期の実業教育学校の代表的なものの一つだった。ただ教育観については、この自伝の中にも詳しいように、白人とインディアンは正反対で、インディアンは子どもの自主性を重視し、体罰や折檻とは無縁だった。白人の軍隊的で画一的な教育方法は、多くのインディアンの心を踏みにじり、その父母や部族に不信感を植えつけたが、インディアン文化への不寛容が結果的にインディアンの学習意欲を大いに阻害するという反省が始まったのは、一九三四年のインディアン再組織法が制定され、保留地内に学校が建設され始めて以降であった。インディアン独自の運営と教育方法までもが可能になったのは、一九六〇年代以降のことだった。

各部族再生や連邦政府との関わりなどにおいてリーダーシップを果たしたのは、これらミッション・スクールの卒業生であった。トーマスももちろんその一人であり、部族長にはなれなかったものの、あくまでも進歩派と保守派の橋渡しとしての役回りを死ぬまで果たし続けたと言える。キリスト教への改宗が結局大きな分かれ道であったのは間違いないが、改宗したがゆえにいつまでもトーマスのことを裏切り者として考えていた部族民も多数いたことも、ポールの述懐にもある通り、確かである。トーマスの心中いかばかりであったか。一世紀以上もの時を隔てて彼の苦悩を察すると、いまだに私は胸が引き裂かれる思いである。

＊　　＊

この翻訳を出版するに当たり、多くの幸運と過分な力添えに恵まれたことに感謝したい。共訳者・故中田佳昭氏の遺志を引き継ぎ、何とか原稿を整えてきたが、私一人ではここまで辿り着けなかったであろう。原著に引き合わせ、著者に関する貴重な情報を提供し味わい深い文章まで寄稿してくれたポール・アルフォード氏、出版への原動力であった故人の奥さま・中田良子さん、刀水書房から出版できる契機を与えてくださった同窓の大先輩・巽孝之先生と故人のご長女・貴子さん、そして専門外の拙い解題などの文章にチェックをいただいた白井洋子先生、以上の方々のご支援なくしては今日を迎えられなかったのは間違いない。謹んで御礼と感謝を申し上げたい。

あわせて、本書の出版をお受けいただき、不慣れな私に適切な助言と励ましを継続的にくださった刀水書房の中村文江さんに、心から御礼申し上げたい。これほど魂をこめられる作品に出会い出版できたのも、みなさまのおかげであったと確信している。

最後に、故中田佳昭先生にこの完成した私たち二人の、努力の結晶を捧げたいと思います。出版まで随分お待たせしてしまったことをお詫びし、これまでの長きにわたるご指導やかけがえのない多くの思い出に感謝しつつ。

二〇一八年一〇月

村田信行

トーマス・ワイルドキャット・アルフォード年譜

年代	年齢	本文頁	活動・出来事	世界の動き
1860	〇	10	（七月）誕生（現在のオクラホマ州セミノール郡ササクワ）	61～65　南北戦争
1868	八	25	移動を続けていた家族は八年ぶりに特別保護区にもどる	68　明治維新
1869	九	78	母死去	
1870	一〇	85	父、後妻エッタ（三〇歳くらい）と結婚、のち四子をもうける ショーニー、ポタワトミー間に定住地をめぐる軋轢続く	
1872	一二	89	（五月）双方に土地割当（米議会制定）されたが、紛争おさまらず	
		92	教会兼学校が完成、姉ナンシーとともに入学（四年間通学）	
1874	一四	97	学校は州政府管轄に	
1875	一五	98	ショーニーは二つに分裂、進歩派は政府の割当を受け入れる	
1876	一六	99	（早春）非進歩派はハラーに移住（一〇年間）	76　リトルビッグホーンの戦い
1877	一七	104	（夏）父死去	
1879	一九	110	（十月）ハンプトン学院入学（ジョン・キングとともに、三年間学ぶ）	
1881?	二一	124	キリスト教信者になる	81　ジャクソン『恥ずべき一世紀』
1882	二二	132	一人で帰郷（ジョン・キングは翌年帰郷） 交易業者のもと通訳などを務める	
		136	（十一月）ポタワトミーの学校（ワネット）で教師を始める（一年間）同時にインディアン局の職員となる	
		142	ハンプトン学院で知り合ったスー族の彼女との結婚を断念	

1883	二三	143	（九月）ショーニーの寄宿学校の校長に	
		144	ジョン・キングがハンプトンからもどってくる	
1884	二四	145	（早春）ハンプトン学院のアームストロング学院長が来訪	
		145	（春）学校の増改築で休校、ワシントン訪問（二名を連れて）	
		146	（九月七日）「小鳥の巣」完成、ミス・メアリ・グリネルと結婚式	
		148	チロッコ・インディアン学校で教える（下宿、短期間）	
1885	二五	149	（二月）ショーニーの寄宿学校の仕事を再開（五年間）	
1887	二七	164	（十一月）アーカンソー市からの友人来訪、狩り体験	87　ドーズ一般土地割当法成立
1889	二九	168	（四月）オクラホマ準州の白人入植者への開放	
		175	ショーニー族三名をめぐる白人の馬泥棒と殺人事件の裁判の体験	90　ウンディッドニー事件、フロンティア消滅宣言
1891	三一	181	ソーク・アンド・フォックス管理事務所で政府特別職員に任命されるが、衰弱する妻のために一か月ほどで辞める	
		181	ポタワトミー・ショーニー保留地、白人へ開放	
		182	（九月二二日）著者自身も所有権を求めて入植に走る（現テクムセ市）	
		183	（十月）郡調査官に任命される（郡庁所在地間の道路建設などに従事）	
		185	再任選挙で共和党に推されたが、民主党候補に敗北	
1892	三二	187	（十二月）妻メアリ死去	
		187	シスター・エリザベス・テストに子ども三人の世話を依頼	
1893	三三	187	（初め頃）インディアン局特別職員の下、キカプー族の土地割当に従事	
		189	（九月）インディアン局直轄のショーニー族事業委員会（七名）の委員長（代表）に選出される	

1894	三四	193	ショーニー・タウンに鉄道通る、一大都市、綿花市場となる
		195	キカプーの教会の通訳を務める
		195	子ども三人をカンザス・シティの婦人のもとへ一年間預ける
1896	三六	196	短期間インディアン局の仕事、キカプーの事務員兼通訳
			『我が主イエス・キリストの四つの福音』の翻訳・執筆すすむ（出版は一九二九年）
		200	ウィリアム・チェロキー殺人事件裁判で通訳
1897	三七	204	（四月一五日）ミス・エタ・P・メスナーと結婚（二度目）、「小鳥の巣」に住み始める
			三人の子どもカンザス・シティから帰ってくる
1898	三八	205	ビッグ・ジムのとんでもない契約が発覚。一旦阻止されたが、以後も一族のメキシコへの移動などが画策された
1900	四〇	206	（夏）ビッグ・ジム一行、メキシコに視察行。弟デイビッドも同行、ナシミエントで天然痘にかかり、帰宅後発症、九月二九日に死去
		207	（九月三〇日）ビッグ・ジム帰途メキシコのサビナスで死去、川岸に葬られる
		209	ショーニー寄宿学校にインディアン局管理事務所が開設される
1901	四一	208	ジョン・キング死去
		210	（春）天然痘にかかる、回復後夫婦でコロラドに転地療養
			未解決の土地所有権回復の陳情にワシントンへ、妻も同行、帰途オハイオ州にも寄り、テクムセの生れた村を訪ねる
1902	四二	211	（五月）エタ（第二の妻）死去
		212	政府職員フランク・サッカリーとのメキシコ行の顛末
1903	四三	213	ふたたびインディアン局の仕事に（戸籍登録）、引続きインディアン局の公務員試験を受け、主任に登用される
		213	（五月）ジョン・キングの未亡人と結婚（三度目）、その娘エタを引

			取る	
1904	四四	220	キカプー族のメキシコへの移住詐欺問題は一〇年ほども継続、決着したときに一等書記官は辞職したが、事業委員会は続けた	
		227	やがて公立学校制度が始まる	07 インディアン特別保護区とオクラホマ準州が州に昇格
				11 アメリカインディアン協会設立
1912	五二	229	ソーク・アンド・フォックス族とアイオワ族もショーニー管理事務所の管轄となる	14〜18 第一次世界大戦
1919	五九	227	ショーニー寄宿学校、閉鎖。学校の跡地に結核療養所、学校機能も維持される	
1926	六六	214	(エタは成長して結婚) 夫婦で訪ねてきたが、滞在中に二人の女の子を残して死去、生まれたばかりの子 (孫) を引取る	
1936	七六		『文明化』(本書初版) 出版	34 インディアン再組織法
1938	七八		死去	39〜45 第二次世界大戦
1940			(一月) 孫のポール・レオン・アルフォード生まれる (アリゾナ州フェニックス)	

《訳者紹介》

中田佳昭（なかた　よしあき）

1946 年，長野県南安曇郡堀金村（現安曇野市）に生れる。上智大学文学部英文科卒業，同大学院修士課程修了。清泉女学院短期大学（長野市）国際コミュニケーション科教授，2006 年死去

主要業績：『日本のシェイクスピア 100 年』（共著）荒竹出版 1989 年，『ことばコンセプト事典』（共著）第一法規出版 1992 年，『わが心のふるさと信州』（共著）信越放送株式会社 1998 年，「光と風土 ── 西の「光」と東の「明かり」」『フィロロギア：渡部昇一先生古稀記念論文集』大修館書店 2001 年

村田信行（むらた　のぶゆき）

1957 年，山口県防府市に生れる。上智大学文学部英文科卒業，同大学院修士課程修了。現在，清泉女学院短期大学（長野市）国際コミュニケーション科教授

主要業績：「Dickens and *Sketches by Boz*（ディケンズと『ボズのスケッチ集』）」，*Soundings*,No.11（サウンディングス英語英米文学会）1985 年，『ことばコンセプト事典』（共著）第一法規出版 1992 年，「ディケンズの中期「短編小説」」『清泉女学院短期大学研究紀要』2013 年

〈歴史・民族・文明〉

刀水歴史全書98

インディアンの「文明化」 ショーニー族の物語

2018年12月7日 初版1刷印刷
2018年12月13日 初版1刷発行

著 者 トーマス・W. アルフォード
訳 者 中田佳昭
村田信行
発行者 中村文江

発行所 株式会社 刀水書房
〒101-0065 東京都千代田区西神田2-4-1 東方学会本館
TEL 03-3261-6190 FAX 03-3261-2234 振替00110-9-75805

組版 MATOI DESIGN
印刷 亜細亜印刷株式会社
製本 株式会社ブロケード

 ISBN978-4-88708-438-4 C1322

刀水歴史全書 —歴史・民族・文明—

四六上製　平均300頁　随時刊　(価格は税別)

樺山紘一
1 **カタロニアへの眼**（新装版）
歴史・社会・文化
1979,2005(新装版)　000-X　四六上製　289頁＋口絵12頁　¥2300

西洋の辺境，文明の十字路カタロニアはいかに内戦を闘い，なぜピカソら美の巨人を輩出したか。カタロニア語を習い，バルセロナに住んで調査研究した歴史家によるカタロニア文明論

R.C.リチャードソン／今井　宏訳
2 **イギリス革命論争史**
1979　001-8　四六上製　353頁　¥2200

市民革命とは何であったか？　同時代人の主張から左翼の論客，現代の冷静な視線まで，革命研究はそれぞれの時代,立場を反映する。論者の心情をも汲んで著された類書のない学説史

山崎元一
3 **インド社会と新仏教**
アンベードカルの人と思想〔付〕カースト制度と不可触民制
1979　＊002-7　四六上製　275頁　¥2200

ガンディーに対立してヒンドゥーの差別と闘い，インドに仏教を復興した不可触民出身の政治家の生涯。日本のアンベードカル研究の原典であり，インドの差別研究のほとんど最初の一冊

G.バラクロウ編／木村尚三郎解説・宮島直機訳
4 **新しいヨーロッパ像の試み**
中世における東欧と西欧
1979　003-4　四六上製　258頁　¥2330

最新の中世史・東欧史の研究成果を背景に，ヨーロッパの直面する文明的危機に警鐘を鳴らした文明史家の広ヨーロッパ論。現代のヨーロッパの統一的傾向を最も早く洞察した名著。図版127点

W.ルイス，村上直次郎編／富田虎男訳訂
5 **マクドナルド「日本回想記」**
[再訂版]　インディアンの見た幕末の日本
1979　＊005-8　四六上製　313頁　¥2200

日本をインディアンの母国と信じて密航した青年の日本観察記。混血青年を優しくあたたかく遇した幕末の日本と日本人の美質を評価。また幕末最初の英語教師として評価されて，高校英語教科書にものっている

J.スペイン／勝藤　猛・中川　弘訳
6 **シルクロードの謎の民**
パターン民族誌
1980　006-9　四六上製　306頁　¥2200

文明を拒否して部族の掟に生き，中央アジア国境地帯を自由に往来するアフガン・ゲリラの主体パターン人，かつてはイギリスを，近くはロシアを退けた反文明の遊牧民。その唯一のドキュメンタルな記録

B.A.トゥゴルコフ／加藤九祚解説・斎藤晨二訳
7 **トナカイに乗った狩人たち**
北方ツングース民族誌
1981　024-7　四六上製　253頁　¥2233

広大なシベリアのタイガを漂泊するエベンキ族の生態。衣食住，狩猟・遊牧生活から家族，氏族，原始文字，暦，シャーマン，宇宙観まで。ロシア少数民族の運命

G.サルガードー／松村　赳訳
8 **エリザベス朝の裏社会**
1985　060-3　四六上製　338頁　¥2500

シェイクスピアの戯曲や当時のパンフレット“イカサマ読物”“浮浪者文学”による華麗な宮廷文化の時代の裏面。スリ・盗賊・ペテン師などの活躍する新興の大都会の猥雑な現実

P.F.シュガー,I.J.レデラー 編／東欧史研究会訳

9 **東欧のナショナリズム**

歴史と現在

1981　025-5　四六上製　578頁　¥4800

東欧諸民族と諸国家の成立と現在を，19世紀の反トルコ・反ドイツ・反ロシアの具体的な史実と意識のうえに捉え，東欧紛争の現在の根源と今後の世界のナショナリズム研究に指針を与える大著

R.H.C.デーヴィス／柴田忠作訳

10 **ノルマン人**　[品切]

その文明学的考察

1981　027-1　四六上製　199頁　¥2233

ヨーロッパ中世に大きな足跡をのこしたヴァイキングの実像を文明史的に再評価し，ヨーロッパの新しい中世史を構築する第一人者の論究。ノルマン人史の概説として最適。図版70余点

中村寅一

11 **村の生活の記録**　（下）[品切]

(上)上伊那の江戸時代 (下)上伊那の明治・大正・昭和

1981　028-X　029-8　四六上製　195頁,310頁　¥1845 ¥1800

村の中から村を描く。柳田・折口体験をへて有賀喜左衛門らとともに，民俗・歴史・社会学を総合した地域史をめざした信州伊那谷の先覚者の業績。中央に追従することなく，地域史として独立し得た数少ない例の一つ

岩本由輝

12 きき書き**六万石の職人衆**

相馬の社会史

1980　010-7　四六上製　252頁　¥1800

相馬に生き残った100種の職人の聞き書き。歴史家と職人の心の交流から生れた明治・大正・昭和の社会史。旅職人から産婆，ほとんど他に見られない諸職が特に貴重

13 （欠番）

田中圭一

14 **天領佐渡**　（1）[品切]

(1)(2)村の江戸時代史 上・下 (3)島の幕末

1985　061-1,062-X,063-8 四六上製 (1)275頁 (2) 277頁 (3) 280頁 (1)(2) ¥2000 (3)¥2330

戦国末～維新のムラと村ビトを一次史料で具体的に追求し,天領の政治と村の構造に迫り,江戸～明治の村社会と日本を発展的にとらえる。民衆の活躍する江戸時代史として評価され，新しい歴史学の方向を示す

岩本由輝

15 **もう一つの遠野物語**［追補版］

（付）柳田國男南洋委任統治資料六点

1994　＊130-7　四六上製　275頁　¥2200

水野葉舟・佐々木喜善によって書かれたもう一つの「遠野物語」の発見。柳田をめぐる人間関係,「遠野物語」執筆前後の事情から山人～常民の柳田学の変容を探る。その後の柳田学批判の先端として功績は大きい

森田安一

16 **スイス**［三補版］

歴史から現代へ

1995　159-6　四六上製　304頁　¥2200

13世紀スイス盟約者団の成立から流血の歴史をたどり，理想の平和郷スイスの現実を分析して新しい歴史学の先駆と評価され，中世史家の現代史として，中世から現代スイスまでを一望のもとにとらえる

樺山紘一・賀集セリーナ・富永茂樹・鳴海邦碩

17 **アンデス高地都市**　[品切]

ラ・パスの肖像

1981　020-4　四六上製　図版多数　257頁　¥2800

ボリビアの首都ラ・パスに展開するスペイン，インディオ両文明の相克。歴史・建築・文化人類・社会学者の学際協力による報告。図版多数。若く多才な学者たちの協力の成功例の一つといわれる

A．ノーヴ／和田春樹・中井和夫訳　［品切］

18 **スターリンからブレジネフまで**

ソヴェト現代史

1983　043-3　四六上製　315頁　￥2427

スターリン主義はいかに出現し，いかなる性格のものだったか？　冷静で大胆な大局観をもつ第一人者による現代ソ連研究の基礎文献。ソ連崩壊よりはるか前に書かれていた先覚者の業績

19 （欠番）

増井經夫

20 **中国の歴史書**

中国史学史

1984　052-2　四六上製　298頁　￥2500

内藤湖南以後誰も書かなかった中国史学史。尚書・左伝から梁啓超，清朝野史大観まで，古典と現代史学の蘊蓄を傾けて，中国の歴史意識に迫る。自由で闊達な理解で中国学の世界に新風を吹きこむ。ようやく評価が高い

G．P．ローウィック／西川　進訳

21 **日没から夜明けまで**

アメリカ黒人奴隷制の社会史

1986　064-6　四六上製　299頁　￥2400

アメリカの黒人奴隷は，夜の秘密集会を持ち，祈り，歌い，逃亡を助け，人間の誇りを失わなかった。奴隷と奴隷制の常識をくつがえす新しい社会史。人間としての彼らを再評価するとともに，社会の構造自体を見なおすべき衝撃の書

山本　新著／神川正彦・吉澤五郎編

22 **周 辺 文 明 論**

欧化と土着

1985　066-2　四六上製　305頁　￥2200

文明の伝播における様式論・価値論を根底に，ロシア・日本・インド・トルコなど非西洋の近代化＝欧化と反西洋＝土着の相克から現代の文明情況まで。日本文明学の先駆者の業績として忘れ得ない名著

小林多加士

23 **中国の文明と革命**

現代化の構造

1985　067-0　四六上製　274頁　￥2200

万元戸，多国籍企業に象徴される中国現代の意味を文化大革命をへた中国の歴史意識の変革とマルキシズムの新展開に求める新中国史論

R．タカキ／富田虎男・白井洋子訳

24 **パ ウ ・ ハ ナ**

ハワイ移民の社会史

1986　071-9　四六上製　293頁　￥2400

ハワイ王朝末期に，全世界から集められたプランテーション労働者が，人種差別を克服して，ハワイ文化形成にいたる道程。著者は日系3世で，少数民族・多文化主義研究の歴史家として評価が高い

原田淑人

25 **古代人の化粧と装身具**

1987　076-X　四六上製　図版180余点　227頁　￥2200

東洋考古学の創始者，中国服飾史の開拓者による古代人の人間美の集成。エジプト・地中海，インド，中央アジアから中国・日本まで，正倉院御物に及ぶ美の伝播，唯一の概説書

E．ル・ロワ・ラデュリ／井上幸治・渡邊昌美・波木居純一訳

26 **モンタイユー**（上）（下）

ピレネーの村　1294～1324

(上)1990 (下)1991　＊086-7　＊125-3　四六上製　367頁 425頁　￥2800 ￥3301

中世南仏の一寒村の異端審問文書から，当時の農村生活を人類学的手法で描き，75年発刊以来，社会史ブームをまきおこしたアナール派第3世代の代表作。ピレネー山中寒村の，50戸，200人の村人の生活と心性の精細な描写

ダヴ・ローネン／浦野起央・信夫隆司訳

27 **自決とは何か** ［品切］

ナショナリズムからエスニック紛争へ

1988 095-6 四六上製 318頁 ￥2800

自殺ではない。みずからを決定する自決。革命・反植民地・エスニック紛争など，近現代の激動を“自決 Self-determination への希求”で解く新たなる視角。人文・社会科学者の必読書

メアリ・プライア編著／三好洋子編訳

28 **結婚・受胎・労働** ［品切］

イギリス女性史1500～1800

1989 099-9 四六上製 270頁 ￥2500

イギリス女性史の画期的成果。結婚・再婚・出産・授乳，職業生活・日常生活，日記・著作。実証的な掘り起こし作業によって現れる普通の女性たちの生活の歴史

M.I.フィンレイ／柴田平三郎訳

29 **民主主義—古代と現代** ［品切］

1991 118-9 四六上製 199頁 ￥2816

古代ギリシア史の専門家が思想史として対比考察した古代・現代の民主主義。現代の形骸化した制度への正統なアカデミズムからの警鐘であり，民主主義の本質に迫る一書

木崎良平

30 **光太夫とラクスマン**

幕末日露交渉史の一側面

1992 134-0 四六上製 266頁 ￥2524

ひろく史料を探索して見出した光太夫とラクスマンの実像。「鎖国三百年史観」をうち破る新しい事実の発見が，日本の夜明けを告げる。実証史学によってはじめて可能な歴史の本当の姿の発見

青木 豊

31 **和鏡の文化史**

水鑑から魔鏡まで

1992 139-1 四六上製 図版300余点 305頁 ￥2500

水に顔を映す鏡の始まりから，その発達・変遷，鏡にまつわる信仰・民俗，十数年の蓄積による和鏡に関する知識体系化の試み。鏡に寄せた信仰と美の追求に人間の実像が現れる

Y.イチオカ／富田虎男・粂井輝子・篠田左多江訳

32 **一　世**

黎明期アメリカ移民の物語り

1992 141-3 四六上製 283頁 ￥3301

人種差別と排日運動の嵐の中で，日本人留学生，労働者，売春婦はいかに生きたか。日系アメリカ人一世に関する初の本格的研究の始まり，その差別と苦悩と忍耐を見よ（著者は日系二世）

鄧 搏鵬／後藤均平訳

33 **越 南 義 烈 史**

抗仏独立運動の死の記録

1993 143-X 四六上製 230頁 ￥3301

19世紀後半，抗仏独立闘争に殉じたベトナムの志士たちの略伝・追悼文集。反植民地・民族独立思想の原点（1918年上海で秘密出版）。東遊運動で日本に渡った留学生200人は，やがて日本を追われ，各地で母国の独立運動を展開して敗れ，つぎつぎと斃れるその記録

D.ジョルジェヴィチ, S.フィシャー・ガラティ／佐原徹哉訳

34 **バルカン近代史**

ナショナリズムと革命

1994 153-7 四六上製 262頁 ￥2800

かつて世界の火薬庫といわれ，現在もエスニック紛争に明け暮れるバルカンを，異民族支配への抵抗と失敗する農民蜂起の連続ととらえる。現代は，過去の紛争の延長としてあり，一朝にして解決するようなものではない

C.メクゼーパー, E.シュラウト共編／瀬原義生監訳, 赤阪俊一・佐藤専次共訳

35 **ドイツ中世の日常生活**

騎士・農民・都市民

1995 ＊179-6 四六上製 205頁 ￥2800

ドイツ中世史家たちのたしかな目が多くの史料から読みとる新しい日常史。普通の“中世人”の日常と心性を描くが，おのずと重厚なドイツ史学の学風を見せて興味深い

神山四郎　［比較文明学叢書１］

36 比較文明と歴史哲学

1995　182-0　四六上製　257頁　￥2800

歴史哲学者による比較文明案内。歴史をタテに発展とみる旧来の見方に対し，ヨコに比較する多系文明の立場を推奨。ボシュエ，ヴィコ，イブン・ハルドゥーン，トインビーと文明学の流れを簡明に

神川正彦　［比較文明学叢書２］

37 比較文明の方法
新しい知のパラダイムを求めて

1995　184-7　四六上製　275頁　￥2800

地球規模の歴史的大変動の中で，トインビー以降ようやく高まる歴史と現代へのパースペクティヴ，新しい知の枠組み，学の体系化の試み。ニーチェ，ヴェーバー，シュペングラーを超えてトインビー，山本新にいたり，原理と方法を論じる

B.A.トゥゴルコフ／斎藤晨二訳

38 オーロラの民
ユカギール民族誌

1995　183-9　四六上製　220頁　￥2800

北東シベリアの少数民族人口1000人のユカギール人の歴史と文化。多数の資料と現地調査が明らかにするトナカイと犬ぞりの生活・信仰・言語。巻末に調査報告「ユカギール人の現在」

D.W.ローマックス／林　邦夫訳

39 レコンキスタ
中世スペインの国土回復運動

1996　180-4　四六上製　314頁　￥3300

克明に史実を追って，800年間にわたるイスラム教徒の支配からのイベリア半島奪還とばかりはいいきれない，レコンキスタの本格的通史。ユダヤ教徒をふくめ，三者の対立あるいは協力，複雑な800年の情勢に迫る

A.R.マイヤーズ／宮島直機訳

40 中世ヨーロッパの身分制議会
新しいヨーロッパ像の試み（２）

1996　186-3　四六上製　214頁　￥2800

各国の総合的・比較史的研究に基づき，身分制議会をカトリック圏固有のシステムととらえ，近代の人権思想もここから導かれるとする文化史的な画期的発見，その影響に注目が集まる。図写79点

M.ローランソン，J.E.シーヴァー／白井洋子訳

41 インディアンに囚われた白人女性の物語

1996　195-2　四六上製　274頁　￥2800

植民地時代アメリカの実話。捕虜となり生き残った２女性の見たインディアンの心と生活。牧師夫人の手記とインディアンの養女となった少女の生涯。しばしば不幸であった両者の関係を見なおすために

木崎良平

42 仙台漂民とレザノフ
幕末日露交渉史の一側面No.２

1997　198-7　四六上製　261頁　￥2800

日本人最初の世界一周と日露交渉。『環海異聞』などに現れる若宮丸の遭難と漂民16人の数奇な運命。彼らを伴って通商を迫ったロシア使節レザノフ。幕末日本の実相を歴史家が初めて追求した

U.イム・ホーフ／森田安一監訳，岩井隆夫・米原小百合・佐藤るみ子・黒澤隆文・踊共二共訳

43 スイスの歴史

1997　207-X　四六上製　308頁　￥2800

日本初の本格的スイス通史。ドイツ語圏でベストセラーを続ける好著の完訳。独・仏・伊のことばの壁をこえてバランスよくスイス社会と文化を追求，現在の政治情況に及ぶ

E.フリート／柴嵜雅子訳

44 ナチスの陰の子ども時代
あるユダヤ系ドイツ詩人の回想

1998　203-7　四六上製　215頁　￥2800

ナチスの迫害を逃れ，17歳の少年が単身ウィーンからロンドンに亡命する前後の数奇な体験を中心にした回想録。著者は戦後のドイツで著名なユダヤ系詩人で，本書が本邦初訳

今谷明・大濱徹也・尾形勇・樺山紘一・木畑洋一編

45 20世紀の歴史家たち

(1)日本編(上) (2)日本編(下) (5)日本編(続) (3)世界編(上) (4)世界編(下)

1997～2006　四六上製　平均300頁　各￥2800

歴史家は20世紀をどう生きたか，歴史学はいかに展開したか。科学としての歴史学と人間としての歴史家，その生と知とを生々しく見つめようとする。書かれる歴史家と書く歴史家，それを読む読者と三者の生きた時代

日本編(上) 1997 211-8

1 徳富蘇峰（大濱徹也）
2 白鳥庫吉（窪添慶文）
3 鳥居龍蔵（中薗英助）
4 原 勝郎（樺山紘一）
5 喜田貞吉（今谷 明）
6 三浦周行（今谷 明）
7 幸田成友（西垣晴次）
8 柳田國男（西垣晴次）
9 伊波普猷（高良倉吉）
10 今井登志喜（樺山紘一）
11 本庄栄治郎（今谷 明）
12 高群逸枝（栗原 弘）
13 平泉 澄（今谷 明）
14 上原専祿（三木 亘）
15 野呂栄太郎（神田文人）
16 宮崎市定（礪波 護）
17 仁井田陞（尾形 勇）
18 大塚久雄（近藤和彦）
19 高橋幸八郎（遅塚忠躬）
20 石母田正（今谷 明）

日本編(下) 1999 212-6

1 久米邦武（田中 彰）
2 内藤湖南（礪波 護）
3 山路愛山（大濱徹也）
4 津田左右吉（大室幹雄）
5 朝河貫一（甚野尚志）
6 黒板勝美（石井 進）
7 福田徳三（今谷 明）
8 辻善之助（圭室文雄）
9 池内 宏（武田幸男）
10 羽田 亨（羽田 正）
11 村岡典嗣（玉懸博之）
12 田村栄太郎（芳賀 登）
13 山田盛太郎（伊藤 晃）
14 大久保利謙（由井正臣）
15 濱口重國（菊池英夫）
16 村川堅太郎（長谷川博隆）
17 宮本常一（西垣晴次）
18 丸山眞男（坂本多加雄）
19 和歌森太郎（宮田 登）
20 井上光貞（笹山晴生）

日本編(続) 2006 232-0

1 狩野直喜（戸川芳郎）
2 桑原隲蔵（礪波 護）
3 矢野仁一（挾間直樹）
4 加藤 繁（尾形 勇）
5 中村孝也（中田易直）
6 宮地直一（西垣晴次）
7 和辻哲郎（樺山紘一）
8 一志茂樹（古川貞雄）
9 田中惣五郎（本間恂一）
10 西岡虎之助（西垣晴次）
11 岡 正雄（大林太良）
12 羽仁五郎（斉藤 孝）
13 服部之總（大濱徹也）
14 坂本太郎（笹山晴生）
15 前嶋信次（窪寺紘一）
16 中村吉治（岩本由輝）
17 竹内理三（樋口州男）
18 清水三男（網野善彦）
19 江口朴郎（木畑洋一）
20 林屋辰三郎（今谷 明）

世界編(上) 1999 213-4

1 ピレンヌ（河原 温）
2 マイネッケ（坂井榮八郎）
3 ゾンバルト（金森誠也）
4 メネンデス・ピダール（小林一宏）
5 梁啓超（佐藤慎一）
6 トーニー（越智武臣）
7 アレクセーエフ（加藤九祚）
8 マスペロ（池田 温）
9 トインビー（芝井敬司）
10 ウィーラー（小西正捷）
11 カー（木畑洋一）
12 ウィットフォーゲル（鶴間和幸）
13 エリアス（木村靖二）
14 侯外廬（多田狷介）
15 ブローデル（浜名優美）
16 エーバーハルト（大林太良）
17 ウィリアムズ（川北 稔）
18 アリエス（杉山光信）
19 楊 寛（高木智見）
20 クラーク（ドン・ベイカー 藤川隆男訳）
21 ホブズボーム（水田 洋）
22 マクニール（高橋 均）
23 ジャンセン（三谷 博）
24 ダニーロフ（奥田 央）
25 フーコー（福井憲彦）
26 デイヴィス（近藤和彦）
27 サイード（杉田英明）
28 タカキ，R．（富田虎男）

世界編(下) 2001 214-2

1 スタイン（池田 温）
2 ヴェーバー（伊藤貞夫）
3 バルトリド（小松久男）
4 ホイジンガ（樺山紘一）
5 ルフェーヴル（松浦義弘）
6 フェーヴル（長谷川輝夫）
7 グラネ（桐本東太）
8 ブロック（二宮宏之）
9 陳寅恪（尾形 勇）
10 顧頡剛（小倉芳彦）
11 カントロヴィッチ（藤田朋久）
12 ギブ（湯川 武）
13 ゴイテイン（湯川 武）
14 ニーダム（草光俊雄）
15 コーサンビー（山崎利男）
16 フェアバンク（平野健一郎）
17 モミリアーノ（本村凌二）
18 ライシャワー（W.スティール）
19 陳夢家（松丸道雄）
20 フィンリー（桜井万里子）
21 イナルジク（永田雄三）
22 トムスン（近藤和彦）
23 グレーヴィチ（石井規衛）
24 ル・ロワ・ラデュリ（阿河雄二郎）
25 ヴェーラー（木村靖二）
26 イレート（池端雪浦）

戸上　一

46 **千　利　休**

ヒト・モノ・カネ

1998　＊210-6　四六上製　212頁　￥2000

高価な茶道具にまつわる美と醜の世界を視野に入れぬ従来の利休論にあきたらぬ筆者が，書き下ろした利休の実像。モノの美とそれにまつわるカネの醜に対決する筆者の気迫に注目

大濱徹也

47 **日本人と戦争**

歴史としての戦争体験

2002　220-7　四六上製　280頁　￥2400

幕末，尊皇攘夷以来，日本は10年ごとの戦争で大国への道をひた走った。やがて敗戦。大東亜戦争は正義か不正義かは鏡の表と裏にすぎないかもしれない。日本人の“戦争体験”が民族共有の記憶に到達するのはいつか？

K. B. ウルフ／林　邦夫訳

48 **コルドバの殉教者たち**

イスラム・スペインのキリスト教徒

1998　226-6　四六上製　214頁　￥2800

9世紀，イスラム時代のコルドバで，49人のキリスト教徒がイスラム教を批難して首をはねられた。かれらは極刑となって殉教者となることを企図したのである。三つの宗教の混在するスペインの不思議な事件である

U .ブレーカー／阪口修平・鈴木直志訳

49 **スイス傭兵ブレーカーの自伝**

2000　240-1　四六上製　263頁　￥2800

18世紀スイス傭兵の自伝。貧農に生まれ，20歳で騙されてプロイセン軍に売られ，軍隊生活の後，七年戦争中に逃亡。彼の生涯で最も劇的なこの時期の記述は，近代以前の軍隊生活を知る類例のない史料として注目

田中圭一

50 **日本の江戸時代**

舞台に上がった百姓たち

1999　＊233-5　四六上製　259頁　￥2400

日本の古い体質のシンボルである江戸時代封建論に真向から挑戦する江戸近代論。「検地は百姓の土地私有の確認である」ことを実証し，一揆は幕府の約束違反に対するムラの抗議だとして，日本史全体像の変革を迫る

平松幸三編　2001年度 沖縄タイムス出版文化賞受賞

51 **沖縄の反戦ばあちゃん**

松田カメ口述生活史

2001　242-8　四六上製　199頁　￥2000

沖縄に生まれ，内地で女工，結婚後サイパンへ出稼いで，戦争に巻込まれる。帰郷して米軍から返却された土地は騒音下。嘉手納基地爆音訴訟など反戦平和運動の先頭に立ったカメさんの原動力は理屈ではなく，生活体験だ

52　**（缺番）**

原田勝正

53 **日 本 鉄 道 史**

技術と人間

2001　275-4　四六上製　488頁　￥3300

幕末維新から現代まで，日本の鉄道130年の発展を，技術の進歩がもつ意味を社会との関わりの中に確かめながら，改めて見直したユニークな技術文化史

J. キーガン／井上堯裕訳

54 **戦争と人間の歴史**

人間はなぜ戦争をするのか？

2000　264-9　四六上製　205頁　￥2000

人間はなぜ戦争をするのか？　人間本性にその起源を探り，国家や個人と戦争の関わりを考え，現実を見つめながら「戦争はなくなる」と結論づける。原本は豊かな内容で知られるＢＢＣ放送の連続講演（1998年）

M.シェーファー／大津留厚監訳・永島とも子訳

55 **エリザベート—栄光と悲劇**

2000 265-7 四六上製 183頁 ¥2000

ハプスブルク朝の皇后“シシー”の生涯を内面から描く。美貌で頭が良く，自信にあふれ，決断力を持ちながらも孤独に苦しんでいた。従来の映画や小説では得られない“変革の時代”に生きた高貴な人間像

地中海学会編

56 **地中海の暦と祭り**

2002 230-4 四六上製 285頁 ¥2500

季節の巡行や人生・社会の成長・転変に対応する祭は暦や時間と深く連関する。その暦と祭を地中海世界の歴史と地域の広がりの中でとらえ，かつ現在の祭慣行や暦制度をも描いた，歴史から現代までの「地中海世界案内」

堀 敏一

57 **曹 操**

三国志の真の主人公

2001 ＊283-0 四六上製 220頁 ¥2800

諸葛孔明や劉備の活躍する『三国志演義』はおもしろいが，小説であって事実ではない。中国史の第一人者が慎重に選んだ“事実は小説よりも奇”で，人間曹操と三国時代が描かれる

P.ブラウン／宮島直機訳

58 **古代末期の世界** ［改訂新版］

ローマ帝国はなぜキリスト教化したか

2002 ＊354-7 四六上製 233頁 ¥2800

古代末期を中世への移行期とするのではなく独自の文化的世界と見なす画期的な書。鬼才P.ブラウンによる「この数十年の間で最も影響力をもつ歴史書！」（書評から）

宮脇淳子

59 **モンゴルの歴史** ［増補新版］

遊牧民の誕生からモンゴル国まで

2018 ＊446-9 四六上製 320頁 ¥2800

紀元前1000年に中央ユーラシア草原に遊牧騎馬民が誕生してから，現在21世紀のモンゴル系民族の最新情報までを1冊におさめた，世界初の通史。2017年には，モンゴルでも訳書完成

永井三明

60 **ヴェネツィアの歴史**

共和国の残照

2004 285-1 四六上製 270頁 ¥2800

1797年「唐突に」姿を消した共和国。ヴェネツィアの1000年を越える歴史を草創期より説き起こす。貴族から貧困層まで，人々の心の襞までわけ入り描き出される日々の生活，etc. ヴェネツィア史の第一人者による書き下ろし

H.バイアス／内山秀夫・増田修代訳

61 **敵 国 日 本**

太平洋戦争時，アメリカは日本をどう見たか？

2001 286-X 四六上製 215頁 ¥2000

パールハーバーからたった70日で執筆・出版され，アメリカで大ベストセラーとなったニューヨークタイムズ記者の日本論。天皇制・政治経済・軍隊から日本人の心理まで，アメリカは日本人以上に日本を知っていた……

伊東俊太郎 ［比較文明学叢書 3］

62 **文明と自然**

対立から統合へ

2002 293-2 四六上製 256頁 ¥2400

かつて西洋の近代科学は，文明が利用する対象として自然を破壊し，自然は利用すべき資源でしかなかった。いま「自から然る」自然が，生々発展して新しい地球文明が成る。自然と文明の統合の時代である

P.V.グロブ／荒川明久・牧野正憲訳

63 **甦る古代人**

デンマークの湿地埋葬

2002 298-3 四六上製 191頁 ¥2500

デンマーク，北ドイツなど北欧の寒冷な湿地帯から出土した，生々しい古代人の遺体（約700例）をめぐる“謎”の解明。原著の写真全77点を収録した，北欧先史・古代史研究の基本図書

大濱徹也

64 **庶民のみた日清・日露戦争**

帝国への歩み

2003　316-5　四六上製　265頁　¥2200

明治維新以後10年ごとの戦争に明けくれた日本人の戦争観・時代観を根底に，著者は日本の現代を描こうとする。庶民の皮膚感覚に支えられた生々しい日本の現代史像に注目が集まる。『明治の墓標』改題

喜安　朗

65 **天皇の影をめぐるある少年の物語**

戦中戦後私史

2003　312-2　四六上製　251頁　¥2200

第二次大戦の前後を少年から青年へ成長した多くの日本人の誰もが見た敗戦から復興の光景を，今あらためて注視する少年の感性と歴史家の視線。変転する社会状況をくぐりぬけて今現われた日本論

スーザン・W.ハル／佐藤清隆・滝口晴生・菅原秀二訳

66 **女は男に従うもの？**

近世イギリス女性の日常生活

2003　315-7　四六上製　285頁　¥2800

16～17世紀，女性向けに出版されていた多くの結婚生活の手引書や宗教書など（著者は男性）を材料に，あらゆる面で制約の下に生きていた女性達の日常を描く（図版多数集録）

G.スピーニ／森田義之・松本典昭訳

67 **ミケランジェロと政治**

メディチに抵抗した《市民＝芸術家》

2003　318-1　四六上製　181頁　¥2500

フィレンツェの政治的激動期，この天才芸術家が否応なく権力交替劇に巻き込まれながらも，いかに生き抜いたか？　ルネサンス美術史研究における社会史的分析の先駆的議論。ミケランジェロとその時代の理解のために

金七紀男

68 **エンリケ航海王子**

大航海時代の先駆者とその時代

2004　322-X　四六上製　232頁　¥2500

初期大航海時代を導いたポルトガルの王子エンリケは，死後理想化されて「エンリケ伝説」が生れる。本書は，生身で等身大の王子とその時代を描く。付録に「エンリケ伝説の創出」「エンリケの肖像画をめぐる謎」の２論文も

H.バイアス／内山秀夫・増田修代訳

69 **昭和帝国の暗殺政治**

テロとクーデタの時代

2004　314-9　四六上製　341頁　¥2500

戦前，『ニューヨーク・タイムズ』の日本特派員による，日本のテロリズムとクーデタ論。記者の遭遇した5.15事件や2.26事件を，日本人独特の前近代的心象と見て，独自の日本論を展開する。『敵国日本』の姉妹篇

E.L.ミューラー／飯野正子監訳

70 **祖国のために死ぬ自由**

徴兵拒否の日系アメリカ人たち

2004　331-9　四六上製　343頁　¥3000

第二次大戦中，強制収容所に囚われた日系２世は，市民権と自由を奪われながら徴兵された。その中に，法廷で闘って自由を回復しアメリカ人として戦う道を選んだ人々がいた。60年も知られなかった日系人の闘いの記録

松浦高嶺・速水敏彦・高橋　秀

71 **学　生　反　乱**

―1969―　立教大学文学部

2005　335-1　四六上製　281頁　¥2800

1960年代末，世界中を巻きこんだ大学紛争。学生たちの要求に真摯に向合い，かつ果敢に闘った立教大学文学部の教師たち。35年後の今，闘いの歴史はいかに継承されているか？

神川正彦　［比較文明学叢書 5］

72 **比較文明文化への道**

日本文明の多元性

2005　343-2　四六上製　311頁　¥2800

日本文明は中国のみならずアイヌや琉球を含め，多くの文化的要素を吸収して成立している。その文化的要素を重視して“文明文化”を一語として日本を考える新しい視角

藤川隆男編

73 **白人とは何か？**

ホワイトネス・スタディーズ入門

2005 ＊346-2 四六上製 257頁 ¥2200

近年欧米で急速に拡大している「白人性研究」を日本で初めて本格的に紹介。差別の根源「白人」を人類学者が未開の民族を見るように研究の俎上に載せ，社会的・歴史的な存在である事を解明する多分野17人が協力

W. フライシャー／内山秀夫訳

74 **太平洋戦争にいたる道**

あるアメリカ人記者の見た日本

2006 349-1 四六上製 273頁 ¥2800

昭和初・中期の日本が世界の動乱に巻込まれていくさまを，アメリカ人記者の眼で冷静に見つめる。世界の動きを背景に，日本政府の情勢分析の幼稚とテロリズムを描いて，小社既刊『敵国日本』と対をなす必読日本論

白井洋子

75 **ベトナム戦争のアメリカ**

もう一つのアメリカ史

2006 352-1 四六上製 258頁 ¥2500

「インディアン虐殺」の延長線上にベトナム戦争を位置づけ，さらに，ベトナム戦没者記念碑「黒い壁」とそれを訪れる人々の姿の中にアメリカの歴史の新しい可能性を見る。「植民地時代の先住民研究」専門の著者だからこその視点

L. カッソン／新海邦治訳

76 **図書館の誕生**

古代オリエントからローマへ

2007 ＊356-1 四六上製 222頁 ¥2300

古代の図書館についての最初の包括的研究。紀元前3千年紀の古代オリエントの図書館の誕生から，図書館史の流れを根本的に変えた初期ビザンツ時代まで。碑文，遺跡の中の図書館の遺構，墓碑銘など多様な資料は語る

英国王立国際問題研究所／坂井達朗訳

77 **敗北しつつある大日本帝国**

日本敗戦7ヵ月前の英国王立研究所報告

2007 ＊361-5 四六上製 253頁 ¥2700

対日戦略の一環として準備された日本分析。極東の後進国日本が世界経済・政治の中に進出，ファシズムの波にのって戦争を遂行する様を冷静に判断。日本文化社会の理解は，戦中にも拘わらず的確で大英帝国の底力を見る

史学会編

78 **歴史の風**

2007 ＊369-1 四六上製 295頁 ¥2800

『史学雑誌』連載の歴史研究者によるエッセー「コラム 歴史の風」を1巻に編集。1996年の第1回「歴史学雑誌に未来から風が吹く」（樺山紘一）から昨2006年末の「日本の歴史学はどこに向かうのか」（三谷 博）まで11年間55篇を収載

青木 健→99巻『新ゾロアスター教史』

79 **ゾロアスター教史** ［絶版］

古代アーリア・中世ペルシア・現代インド

2008 ＊374-5 四六上製 308頁 ¥2800

本邦初の書下ろし。謎の多い古代アーリア人の宗教，サーサーン朝国教としての全盛期，ムスリム支配後のインドで復活，現代まで。世界諸宗教への影響，ペルシア語文献の解読，ソグドや中国の最新研究成果が注目される

城戸 毅

80 **百 年 戦 争**

中世末期の英仏関係

2010 ＊379-0 四六上製 373頁 ¥3000

今まで我が国にまとまった研究もなく，欧米における理解からずれていたこのテーマ。英仏関係及びフランスの領邦君主諸侯間の関係を通して，戦争の前史から結末までを描いた，本邦初の本格的百年戦争の全体像

R. オズボン／佐藤 昇訳

81 **ギリシアの古代**

歴史はどのように創られるか？

2011 ＊396-7 四六上製 261頁 ¥2800

最新の研究成果から古代ギリシア史研究の重要トピックに新しい光を当て，歴史学的な思考の方法，「歴史の創り方」を入門的に，そして刺戟的に紹介する。まずは「おなじみ」のスポーツ競技，円盤投げの一場面への疑問から始める

藤川隆男

82 **人種差別の世界史**

白人性とは何か？

2011　＊398-1　四六上製　274頁　￥2300

差別と平等が同居する近代世界の特徴を，身近な問題（ファッション他）を取り上げながら，前近代との比較を通じて検討。人種主義と啓蒙主義の問題，白人性とジェンダーや階級の問題などを，世界史的な枠組で解明かす

Ch. ビュヒ／片山淳子訳

83 **もう一つのスイス史**

独語圏・仏語圏の間の深い溝

2012　＊395-0　四六上製　246頁　￥2500

スイスは，なぜそしていかに，多民族国家・多言語国家・多文化国家になったのか，そのため生じた問題にいかに対処してきたか等々。独仏両言語圏の間の隔たりから語る，今までに無い「いわば言語から覗くスイスの歴史」

坂井榮八郎

84 **ドイツの歴史百話**

2012　＊407-0　四六上製　330頁　￥3000

「ドイツ史の語り部」を自任する著者が，半世紀を超える歴史家人生で出会った人，出会った事，出会った本，そして様ざまな歴史のエピソードなどを，百のエッセイに紡いで時代順に語ったユニークなドイツ史

田中圭一

85 **良寛の実像**

歴史家からのメッセージ

2013　＊411-7　四六上製　239頁　￥2400

捏造された「家譜」・「自筆過去帳」や無責任な小説や教訓の類いが，いかに良寛像を過らせたか！　良寛を愛し，良寛の眞実を求め，人間良寛の苦悩を追って，その実像に到達した，唯一，歴史としての良寛伝が本書である

A. ジョティシュキー／森田安一訳

86 **十字軍の歴史**

2013　＊388-2　四六上製　480頁　￥3800

カトリック対ギリシア東方正教対イスラームの抗争という，従来の東方十字軍の視点だけではなく，レコンキスタ・アルビジョワ十字軍・ヴェンデ十字軍なども叙述，中世社会を壮大な絵巻として描いた十字軍の全体史

W. ベーリンガー／長谷川直子訳

87 **魔女と魔女狩り**

2014　＊413-1　四六上製　480頁　￥3500

ヨーロッパ魔女狩りの時代の総合的な概説から，現代の魔女狩りに関する最新の情報まで，初めての魔女の世界史。魔女狩りの歴史の考察から現代世界を照射する問題提起が鋭い。110頁を超える索引・文献・年表も好評

J.＝C. シュミット／小池寿子訳

88 **中世の聖なるイメージと身体**

キリスト教における信仰と実践

2015　＊380-6　四六上製　430頁　￥3800

中世キリスト教文明の中心テーマ！　目に見えない「神性」にどのように「身体」が与えられたか，豊富な具体例で解き明かす。民衆の心性を見つめて歴史人類学という新しい地平を開拓したシュミットの，更なる到達点

W. D. エアハート／白井洋子訳

89 **ある反戦ベトナム帰還兵の回想**

2015　＊420-9　四六上製　480頁　￥3500

詩人で元米国海兵隊員の著者が，ベトナム戦争の従軍体験と，帰還後に反戦平和を訴える闘士となるまでを綴った自伝的回想の記録三部作第二作目 *Passing Time* の全訳。「小説ではないがそのようにも読める」(著者まえがき)

岩崎 賢

90 **アステカ王国の生贄の祭祀**

血・花・笑・戦

2015　＊423-0　四六上製　202頁　￥2200

古代メキシコに偉大な文明を打ち立てたアステカ人の宗教的伝統の中心＝生贄の祭りのリアリティに，古代語文献，考古学・人類学史料及び厳選した図像史料を駆使して肉迫する。本邦ではほとんど他に例のない大胆な挑戦

藤川隆男

91 **妖獣バニヤップの歴史**

オーストラリア先住民と白人侵略者のあいだで

2016 ＊431-5 四六上製 300頁＋カラー口絵８頁 ￥2300

バニヤップはオーストラリア先住民に伝わる水陸両生の幻の生き物。イギリスの侵略が進むなか，白人入植者の民話としても取り入れられ，著名な童話のキャラクターとなる。この動物の記録を通して語るオーストラリア史

ジョー・グルディ＆D.アーミテイジ／平田雅博・細川道久訳

92 **これが歴史だ！**

21世紀の歴史学宣言

2017 ＊429-2 四六上製 250頁 ￥2500

気候変動を始め現代の難問を長期的に捉えるのが歴史家本来の仕事。短期の視点が台頭する今，長期の視点の重要性の再認識を主張。歴史学研究の流れから，膨大な史料データ対応の最新デジタル歴史学の成果までを本書に

杉山博久

93 **直良信夫の世界**

20世紀最後の博物学者

2016 ＊430-8 四六上製 300頁 ￥2500

考古学，古人類学，古生物学，現生動物学，先史地理学，古代農業……。最後の博物学者と評されたその研究領域を可能な限り辿り，没後30年に顕彰。「明石原人」に関わる諸見解も紹介し，今後の再評価が期待される

永田陽一

94 **日系人戦時収容所のベースボール**

ハーブ栗間の輝いた日々

2018 ＊439-1 四六上製 210頁 ￥2000

「やる者も見る者もベースボールが本気だった」カリフォルニアから強制立ち退きでアメリカ南部の収容所に送られた若者たち。屈辱の鉄条網のなかで生き延びるための野球に熱中，数千の観衆を前に強豪チームを迎え撃つ

三佐川亮宏

95 **紀元千年の皇帝**

オットー三世とその時代

2018 ＊437-7 四六上製 430頁＋カラー口絵２頁 ￥3700

その並外れた教養と知性の故に，「世界の奇跡」と呼ばれた若き皇帝。彼の孤高にして大胆な冒険に満ちた儚い生涯と，「紀元千年」の終末論の高揚する中世ローマ帝国の世界に，今日のヨーロッパ統合の原点を探る旅

山﨑耕一

96 **フランス革命**

「共和国」の誕生

2018 ＊443-8 四六上製 370頁 ￥3000

「革命前夜のフランスの状況」から説かれる本書。１冊で，「革命」とは何か，複雑なフランス革命の諸々の動きと人々の生き方，共和国の成立からナポレオンの登場，帝政の開始までの，すべてを理解できる革命史が完成

ヒュー・ボーデン／佐藤昇訳

97 **アレクサンドロス**

2018 ＊442-1 四六上製 200頁 ￥2000

（近刊）

トーマス・W.アルフォード／中田佳昭・村田信行訳

98 **インディアンの「文明化」**

ショーニー族の物語

2018 ＊438-4 四六上製 300頁 ￥3000

小さな部族のエリートが「白人的価値」と「インディアンの価値」の中で苦悩し翻弄されながら，両者の懸け橋を目指して懸命に生きた姿。アメリカ白人社会への強制的同化を受け入れ生き残る ⇒ 現代社会への問いかけ？